安徽省教育科学研究

普通高中育人方式改革的校本探索

宏志教育20年回顾

胡学平　高琦璐　著

江西教育出版社
JIANGXI EDUCATION PUBLISHING HOUSE

·南昌·

图书在版编目（CIP）数据

普通高中育人方式改革的校本探索：宏志教育 20 年回顾 / 胡学平，高琦璐著 . —— 南昌：江西教育出版社，2022.3

ISBN 978-7-5705-3030-4

Ⅰ . ①普… Ⅱ . ①胡… ②高… Ⅲ . ①高中 – 教学研究 – 经验 – 中国 Ⅳ . ① G632.0

中国版本图书馆 CIP 数据核字 (2022) 第 043875 号

普通高中育人方式改革的校本探索：宏志教育 20 年回顾

PUTONG GAOZHONG YUREN FANGSHI GAIGE DE XIAOBEN TANSUO:
HONGZHI JIAOYU 20 NIAN HUIGU

胡学平　高琦璐　著

江西教育出版社出版

（南昌市抚河北路 291 号　　邮编：330008)

各地新华书店经销

南昌市红星印刷有限公司印刷

开本 700 毫米 ×1000 毫米　　1/16　　印张 15　　字数 206 千字

2022 年 3 月第 1 版　　2022 年 3 月第 1 次印刷

ISBN 978-7-5705-3030-4

定价：40.00 元

赣教版图书如有印装质量问题，请向我社调换 电话：0791-86710427

投稿邮箱：JXJYCBS@163.com　　电话：0791-86705643

网址：http://www.jxeph.com

赣版权登字 -02-2022-097

前　言

陶行知曾说："先生不应该专教书，他的责任是教人做人；学生不应该专读书，他的责任是学习人生之道。"

传授、学习课本上的知识不是教育的全部，立德树人乃是教育之根本。

宏：广大、博大。宏是包容，是融合，是理念，是愿景。

志：志气、意愿。志是行动，是态度，是方法，是过程。

宏志教育，以生为本，关注每一个独特的个体。学校通过开展各类教育活动，不仅为学生提供优质的教育教学资源，更重要的是培养学生优良品德，引导学生立志成才。

基于这样的教育观，马鞍山市第二十二中学开始了多层次、全方位的宏志教育育人方式的探索。尤其在《国家中长期教育改革和发展规划纲要（2010—2020年）》颁布后，学校推出了多元化的宏志教育实施路径与方法，提供了一套具有操作性和普适性的实践模式：学生成长导师制、宏志讲坛、翻转课堂教学改革等。

2019年6月，国务院办公厅印发了《关于新时代推进普通高中育人方式改革的指导意见》。在认真学习的基础上，马鞍山市第二十二中学继续优化普通高中育人方式，形成了更具学校特色的宏志教育育人体系。

新时期的宏志教育是以培养"志向高远、全面发展的高中毕业生"为核心内容，在师生中大力弘扬以"六个特别"（特别有礼貌，特别守纪律；特别能吃苦，特别能忍耐；特别有志气，特别有作为）为内涵的宏志精神。通过构建符合高中生身心发展规律的"适应过渡—规律养成—定位起飞—稳步发展—扎实复习—加速冲刺"宏志成长六阶段、促进高中生品德优质发展的宏志德育课程、全方位育人的宏志教育合作共同体，五育并举，培养德智体美劳全面发展的社会主义建设者和接班人。

本书对马鞍山市第二十二中学自2002年开办高中宏志班以来的工作进行了全面的回顾和总结，提炼宏志精神的内涵，拓展宏志教育的外延，并对未来学校宏志教育特色发展进行了展望和思考，为普通高中特色多样化发展提供了参考借鉴。

目　录

第一章　宏志教育形成探源

宏志教育思想的提出和实践在中国教育发展史上由来已久，我国古代教育家孔子就是其中最杰出的代表。孔子的宏志教育思想和策略包括爱的教育、生命教育、理想教育、艰贞教育、礼貌教育和规范教育等。研究孔子的宏志教育思想，对于今天我们办好宏志班，并在全体学生中实施宏志教育、弘扬宏志精神具有重要的借鉴意义。新时代实施宏志教育，就是要坚持以习近平新时代中国特色社会主义思想为指导，全面贯彻党的教育方针，落实立德树人根本任务，遵循教育规律，围绕凝聚人心、完善人格、开发人力、培育人才、造福人民的工作目标，深化育人关键环节和重点领域改革，切实提高育人水平，为学生适应社会生活、接受高等教育和未来职业发展打下良好基础，努力培养德智体美劳全面发展的社会主义建设者和接班人。

第一节　宏志教育提出背景

现代意义上的宏志教育诞生于特殊的社会历史背景之下，它以关注民生，关怀弱势群体为己任，是国家力推的"教育扶贫"项目。宏志教育是教育精准扶贫的必要手段，是维护并实现教育公平的新举措和有效途径，是创建和谐文明社会、实现教育兴邦的时代要求。

一、孔子的宏志教育思想

孔子是我国古代伟大的教育家，他提出"有教无类"的教育理念，破除了只有贵族子弟才能上学的特权。同时，他积极创办私学，不仅社会上层的孩子可以求学，社会下层的孩子也能拜他为师，他开创了教育平等之先河。他的学生当中什么阶层的都有，绝大多数是平民子弟，而且相当多的学生的家庭极为贫穷，如颜路、颜渊、原宪、曾参等。这些家境贫寒的学生在孔子的教育和熏陶下，个个学业有成，尤其是颜渊和曾参，身后一个被封为"复圣"，一个被封为"宗圣"，他们的著述和思想对中国文化产生了深远影响。按理说，穷学生的心理问题比较多，他们对不利于自己的社会秩序心存愤懑，甚至有些学生具有反社会人格。可是孔子门下的穷学生却都很自信、博爱，积极要求进步，心系天下，这是什么原因呢？这与孔子的宏志教育思想有关，他的宏志教育涵盖了爱的教育、生命教育、理想教育、艰贞教育、礼貌教育和规范教育等内容。[1]作为教育工作者，身在新时代，我们仍有必要借鉴孔子的宏志教育思想，教育好每个学生，使学生成长为德智体美劳全面发展的社会主义建设者和接班人。

二、宏志教育呼应了当代教育发展的新要求

1981 年，党的十一届六中全会将我国社会主要矛盾界定为"人民日益增长的物质文化需要同落后的社会生产之间的矛盾"，这是基于我国所处社会主义初级阶段现实情况作出的客观判断。党的十九大将我国新时代社会主要矛盾概括为"人民日益增长的美好生活需要和不平衡不充分的发展之间的矛盾"，这是事关新时代中国社会发展全局的重大理论判断。随着我国综合国力的提升，人民的温饱问题已得到解决，中等收入群体不断扩大，人们希望有更多的获得感、幸福感和安全感，新时代人们更加注重教育、法治、民主、公平、正义等精神文化方面的追求。2013 年，习近平总书记在联合国"教育第一"全球倡议行动一周年纪念活动视频贺词中强调："努力让每个孩子享有受教育的机会，

---

[1] 任民：《孔子的宏志教育思想初探》，《河南教育学院学报》（哲学社会科学版）2009 年第 6 期。

努力让 13 亿人民享有更好更公平的教育，获得自身发展、奉献社会、造福人民的能力。"

进入新时代，宏志教育面临新的机遇和挑战，要在坚持促进教育公平和坚持教育高质量发展的要求下进行理论创新和实践拓展。对于宏志教育而言，既要注重教育公平的实现，维护公平正义的教育秩序，又要处理好教育对象发展不平衡不充分和人们对美好生活的向往之间的矛盾。新时代的宏志教育要以实现人的自由全面发展为目标，致力于使教育对象更好地发挥潜力，学有所教，学有所成，人尽其才。2016 年，习近平总书记在看望北京市八一学校师生时说："教育公平是社会公平的重要基础，要不断促进教育发展成果更多更公平惠及全体人民，以教育公平促进社会公平正义。"因此，新时代的学校宏志教育应改变原有意义上的教育方式，将原本只针对某些特殊群体的教育转变为惠及全体学生的大教育，为促进社会公平正义作出更大贡献。

三、宏志班在全国的实践和发展

宏志班是在党和政府的支持下，依托学校，专门针对品学兼优特困学生，免收学费、书本费甚至补助生活费的一种特殊教育形式。宏志班有宏图大志之意，是国家助学项目之一。

1995 年 9 月 1 日，北京市广渠门中学在全国率先创立宏志班。北京市广渠门中学是北京市示范性普通中学，于 1954 年建校，是被北京市授予"首都文明单位标兵"称号的学校。作为最早创立宏志班的学校，北京市广渠门中学不仅开创了为生活贫困、品学兼优的学生免费提供高中教育的先河，还将六个"特别"——"特别有礼貌，特别守纪律；特别能吃苦，特别能忍耐；特别有志气，特别有作为"作为校训，他们实施的正面教育影响了一大批学生，宏志班的工作受到党和政府的充分肯定，社会反响极为强烈。

2000 年 4 月 10 日，全国第一所专门招收家庭贫困、品学兼优学生的公益学校——北京宏志中学成立。该校全面推行素质教育，提倡教育学生做到六个"最"——"语言最文明，待人最礼貌，纪律最严明，生活最俭朴，意志最坚强，学习最勤奋"，把学生培养成热爱祖国，热爱人民，具有创新精神与实践能力的新型人才。六个"最"与北京市广渠门中学提出的六个"特别"有异曲同工之效。北京宏志中学招收的学生，不仅要关注学业，更要"学会做人，学会学习，学会做事，学会协作，学会健体，学会生存"。北京宏志中学进一步具化了宏志教育的实施模式，为其他学校开展此项工作提供了有效参考。

2002 年，中央宣传部、中央文明办、教育部在发布的联合通知中指出宏志班的创立是"三个代表"重要思想的生动实践，进一步密切了党和政府与人民群众的关系，为贫困家庭的学子铺筑了成才之路。国家在"西部开发助学工程"中把开办高中宏志班作为一种教育模式加以推广。这一年，首批 42 个国家级宏志班正式设立，标志着国家助学工程向西部延伸。21 世纪初，全国各地数百个宏志班相继开办。

2014 年 8 月，拉萨北京实验中学成立，该校是由北京市投资 2.5 亿元援建的公办寄宿制完全中学。学校 70% 的学生来自农牧民家庭，90% 的学生符合当地"三包"政策（包吃、包住、包学习费用），即便享受"三包"政策，仍有部分学生面临辍学风险。而且，学校发现大部分学生因生活环境相对简单，常表现出学习方法单一、学习效率低下、投入与收获不成正比的学习问题。为此，北京市投入 50 万元援藏资金在拉萨北京实验中学初一年级设立了首个"京藏宏志班"，精准招收建档立卡家庭学生，并且为"京藏宏志班"配置优质师资、量身设计相关课程，形成特有的宏志教育模式。

拉萨北京实验中学的宏志教育模式激发了我们对宏志生的内在的深入思考，对于宏志生，除了物质上的关怀和满足，他们的学习方法、学习态度、心理健康、思想观念、人生观、价值观都需要正确的教育引领。

第二节 宏志教育特征分析

一、宏志精神的内涵

"宏志"寄希望于品学兼优的贫困生"宏图寄党恩，志远为国强"，进一步提炼宏志精神内涵并在宏志生群体中加以培育和弘扬。

从贯彻落实党和国家教育方针这个角度来解读宏志精神，主要强调两个方面：一是宏志生要牢记党和人民的教育与关怀，要"志向高远"，有"宏大志向"；二是宏志生要知恩图报，要立志用知识和本领报效祖国和人民。

从具体要求来看，宏志精神可概括为六个特别：特别有礼貌，特别守纪律；特别能吃苦，特别能忍耐；特别有志气，特别有作为。

"特别有礼貌，特别守纪律"是宏志精神的第一层次，也就是要外树形象。

礼貌，是一个人的精神风貌，表现为一种谦虚、恭敬的样子。爱人者，人恒爱之。礼，是一种礼节，一种礼仪。要有一种尊敬的态度，要有一种敬畏之心，不要对对方视而不见，听而不闻，漠视其存在。礼，是一种敬仰的表示和表达，心目中要有对方。要表现在心里，显示在行动和脸上。要和颜悦色，不要动辄怒气冲天。古人说，非礼勿视，非礼勿取。对于学生，在学校内，首先表现在待人接物上，无论是对待老师，还是对待同学。与同学相处，不能以大欺小。以大欺小，是一种自私自利之心的表现。真正的大，是一种大道，大仁，大义，既有利于自己，又有利于他人。要取人之长，补己之短。有了礼，有了礼节，有了礼制，人与人之间就会产生一种和谐，人与人之间才会互相尊重。非礼，表现在缺少人性，是一种非人的表现。人性的集中表现，就是善良。礼貌就是一个人内心良好品德外在表露出的样子。自尊自爱、尊人尊己、毕恭毕敬、和蔼可亲，是一种做人的虔诚所在。礼貌，就是一种恭敬，是一种做人的品质。

纪律，首先表现在对于自己的态度上，要有对于自己身份的认定和鉴别。

纪律，是一种为人之道。道，无处不在，无时不有。道，就是纪律。作为学生，来到学校，就要行学生之"道"。守纪律，就是对于自己和他人学习进步的维护。不遵守纪律，会影响自己的学习，比如不按时交作业、迟到早退、逃学、打架斗殴。守纪律，就是守时间之规范。不守纪律，就是打破和扰乱生活应有的秩序。

作为教育工作者，培养宏志生"特别有礼貌，特别守纪律"这一优秀品质是我们的责任。

"特别能吃苦，特别能忍耐"是宏志精神的第二层次，也就是要内强素质。

任何人都会钦佩一个自力更生、吃苦耐劳的人。自力更生、吃苦耐劳也是我们成功的一个必要条件。

2022年北京冬奥会上，我们看到了"00后"小将们夺目的光彩。2004年出生的苏翊鸣取得了单板滑雪男子坡面障碍技巧亚军、单板滑雪男子大跳台冠军。年轻的他在18岁成人礼之前已是冬奥会历史上最年轻的金牌获得者、中国男子第一个大跳台冠军、中国第一个单板滑雪冠军。有人说，他的成功不可复制，因为他是天才。然而苏翊鸣赛后以极认真的态度表示"每年要花320天的时间训练""每天几乎都是最早上山的人，直到太阳下山或者场地关闭才结束训练""站在雪板上就是我最开心的时候，不管训练有多累有多苦，七八个小时的训练，对我来说都是享受"。

世界冠军用亲身经历告诉我们，从热爱出发，以天赋为基石，受得了辛苦，耐得住寂寞，成功来源于一步一个脚印的努力。

"特别有志气，特别有作为"是宏志精神的第三层次，这是精神的升华。

孟子说："人若无志，与禽兽同类。"一个人活在世上，必须争气。简单地说就是要有目标。一个流传很广的某大学历时25年开展的关于目标对人生影响的跟踪调查，该项调查的对象是一群智力、学历、环境等条件都差不多的年轻人。调查结果显示，在这群人中，27%的人没有目标，60%的人目标模糊，10%的人有比较清晰的短期目标，3%的人有十分清晰的长期目标。25年的跟踪调查发现，他们的生活状况是这样的：3%有十分清晰且长远目标的人，25年来几乎都不曾更改过自己的人生目标，他们始终朝着一个方向不懈地努力，他们几乎都成了社会各界顶尖成功人士，其中不乏创业者、行业领袖、社会精英。10%有比较清晰的短期目标的人，大都生活在社会的中上层，他们最突出的特点是不断实现自己的短期目标，生活质量稳步上升，成为各行各业的专业人士，如医生、律师、工程师、高级主管等。60%目标模糊的人，几乎都生活在社会的中下层，他们能安稳地生活与工作，但都没有什么特别的成绩，普通平庸。而那27%没有目标的人，几乎都生活在社会的最底层，生活都过得很不如意，常常失业，靠社会救济，并且常常抱怨社会、抱怨他人。

提炼出宏志精神以后，我们就要按照上述解读着手对学生进行宏志精神的培育，并且要与健康人格教育、精神教育相结合。

二、宏志教育的特征

"宏图寄党恩，志远为国强。"纵观全国各地举办的宏志班，不难看出宏志教育大致有以下几个特征。

（一）宏志教育是特色教育

《国家中长期教育改革和发展规划纲要（2010—2020年）》中提出要"鼓励普通高中办出特色"，《中国教育现代化2035》也提到要"鼓励普通高中多样化有特色发展"。从举办宏志班的初衷和落脚点来看，宏志教育是特色教育。

依据文件要求，我校在夯实办学特色，拓展办学多元化，努力提高办学品质方面主要做了以下工作。一是配齐、配强宏志班师资队伍，把家境困难、品学兼优的宏志生和其他成绩优秀的学生编排在一个班级，接受优质教育，并在发展中形成良性循环，提高宏志班办班质量，取得最佳社会效益；二是优化教育手段，动员全市名师成为宏志生导师团，使教育形式多样化，从而提高教育质量；三是全方位、多角度打造宏志班，使宏志教育更富有竞争实力，能适应更广泛的社会需求；四是拓宽办学路径，动员企业和个人关注宏志生群体，争取社会各方面的支持，使宏志教育更加贴近社会的发展需求。

（二）宏志教育是爱的教育

宏志生是个特殊的群体，他们最需要关爱。因此，宏志教育是爱的教育。

有句名言："爱，胜过利剑。"利剑总是逼着人往前走，使人畏惧，而爱却能在人心里唤起一种向上的决心。近代教育家夏丏尊说："教育之不能没有爱，犹如池塘之不能没有水，没有爱就没有教育。爱是人类最美的情感，没有情感的教育是苍白的。"有人这样说过："热爱一个学生等于塑造一个学生，而厌弃一个学生则无异于毁坏一个学生。"教育首先是爱的教育，每一位学生都渴望得到教师的爱。正如心理学家威廉·詹姆斯说的"人性中最深刻的本能是被欣赏的渴望"。这句简单的话反映了人类对爱的深切呼唤。所谓爱的教育是指教育者对教育的浓厚情感，主要表现在：一是所有教育者在其教育理念和教育行为上，处处、时时、事事都体现着的爱；二是教育者对其本职工作的爱；三是理念与行动一体化的爱，爱的教育理念是爱的教育的行为的源头活水；四是发自教育者内心的浓厚的情感；五是爱的教育不是为谋私利而去学习爱的知识和技巧，它的唯一目的是被爱者的成长。爱的内涵可以是恒定的，而爱的形式却可以是多样的。爱可以是"春蚕到死丝方尽，蜡炬成灰泪始干"的无私奉献，爱可以是"衣带渐宽终不悔，为伊消得人憔悴"的悉心呵护，爱也可以是"俯首甘为孺子牛"的宽厚博大，爱还可以是"哀其不幸，怒其不争"的忧愤无奈，但绝不是包办代替，也不是一味夸奖，更不是肆意纵容。

（三）宏志教育是优质教育

宏志教育是我国现代化建设进程中教育改革与创新的一个特殊产物，也是我国弱势群体子女在党关怀下享受的一种优质教育。因此，宏志教育是优质教育。

从目标追求来说，优质教育应该是真正为学生的幸福人生奠基，为一个好的社会培养好公民的教育。教育是最应该富有正义感和最应该有良知的事业。[①]

---

① 肖川：《优质教育源于善好生活》，《人民教育》2006 年第 9 期。

优质教育，首先关注的是培育优质的学生。这个"优质"当然不能简单地用学业成绩来衡量。它的核心是关注每个学生内在的需求，帮助学生正确地认识自我、接纳自我、完善自我，在充满正能量的学校生活中形成健康的人格，拥有自尊自信的力量。其次是提供优质的教育教学资源。宏志教育为学生提供学校甚至全市最优质的教育资源，开设宏志讲坛，开展翻转课堂，名师汇集，博采众长。再次是学校的优质课程与硬件设施。从学生本位出发，立足高中阶段学生的身心特点，以立德树人为教育目标，在实施国家课程的基础上开发宏志教育校本课程：宏志研学、生涯规划指导、艺体特长展演等。最后是充满幸福感和爱的校园文化。优质教育是对美好生活的追求，师生关系中的理解、共情、尊重；同伴相处时的互助、有爱、共进；日常管理中的认真、民主、高效；教学工作中的思考、创新、激励。努力将学校打造成每一名师生都乐意前往的地方。

（四）宏志教育是人格教育

宏志教育以促进学生身心发展为直接目的，而学生身心发展以人格的养成为总目标。因此，宏志教育是人格教育。

人格心理学认为，人格是人的身心整体面貌，是个人在社会生活中形成的内部倾向和外在相应行为模式的统一体。具体表现为气质、性格、能力、动机、理想、价值观等方面，具有整体性、稳定性、独特性和社会性等特征。纵观人的成长和发展，人格健全是每个人一生幸福工作和幸福生活的基石。"教育者，养成人格之事业也"，著名教育家蔡元培先生曾提出完全人格教育思想，倡导健全人格教育，并指出人格发展过程中最重要、最根本的因素就是德，人格教育的根本也在于德。德与人的发展关系，如同树木的生长与根的关系。我们在日常生活中可以观察到：一棵树若要长势好，就要让它的根四面八方蔓延。若单让它向一个方向生长，树木一定不会茁壮成长，甚至会长歪。著名教育家林砺儒先生认为，教育就是培养学生人格，而且是完整的人格，人格教育就是经过教育，特别是德育，使学生人格健全，并为学生今后的人生奠定坚实的基础。马克思主义实践观认为，个人与社会不可分离，人需要社会生活，社会生活需要人有德性，而人格教育充当中间桥梁。人格教育，让儿童与社会生活自然联结。《中庸》里面有一句话："尊德性而道问学。"尊德性是中国的传统。学问不是不重要，问学也不是不重要，知识学习也不是不重要，但在中国文化的源头，在中国教育的原点，一定是德性。"教之道，德为先。"德育的本质就是教人如何做人，培养德行，发展德行，即立德。树人就是要培养儿童健全的人格，成为未来家庭的依靠、社会的栋梁。由此可见，立德树人是一个系统工程，立德树人的核心在于人格培养。

作为人格教育培养主渠道的学校，有责任开展多方面的教育活动来培养学生的圆满人格，绝不只限于笼统地提出思想教育，而应该在提高学生人格素质的基础上，去谈思想进步、政治信仰、爱国主义等。为了促进学生独立型人格的养成，我们主要从以下几个方面入手：一是将独立型人格品质作为教育内容的重要部分；二是教育内容的选择充分考虑学生的发展需求；三是让学生参与部分教育内容的选择过程。

（五）宏志教育是和谐教育

和谐教育是从满足社会发展需要和学生身心发展需要的统一出发，协调教育各要素的关系，使学生基本素质获得全面和谐充分发展的教育。宏志教育在促进社会进步、社会和谐方面发挥着重要作用，因此，宏志教育也是和谐教育。

全面科学的教育功能观、和谐共振的教育过程观、全面发展的教育质量观、整合优化的教育方法观、民主融洽的师生关系观及能动发展的学生观是和谐教育对学校教育活动与教育现象的基本认识，没有这种基本认识，就不能破除陈腐教育思想对人的束缚，更无法在教育实践中实现和谐的教育。[①]

和谐教育的核心是以人为本，最终实现人的全面和谐发展。需要教育者遵循人的发展规律，以学生为本、以育人为本、以教师为本，研究教育教学规

---

① 郝秀英：《析"和谐教育"的教育模式》，《中国现代教育研究杂志》2005 年第 30 期。

律，不断深化教育教学改革，充分激发师生教与学的积极性、主动性和创造性，促进学生德智体美劳全面协调发展。这与宏志教育的目标"培养德智体美劳全面发展的合格高中毕业生"是一致的。

（六）宏志教育是感恩教育

感恩教育是教育者运用一定的教育方法与手段，通过一定的感恩教育内容对受教育者实施的识恩、知恩、感恩、报恩和施恩的人文教育学。创办宏志班，让家境困难、品学兼优的学生完成高中学业，体现了社会主义的优越性，体现了党和政府的关怀。受益学生要学会感恩，回报社会。"宏图寄党恩，志远为国强。"因此，宏志教育也是感恩教育。

感恩应该是社会上每个人应该有的基本道德准则，是做人的基本修养。但，感恩多半不是天生的，与孩子的生活环境、家庭教育、社会文化密切相关。感恩是可以感受和习得的，当孩子的父母时刻关怀自己的父母，孩子必然会同样感恩自己的父母；当社会中大力弘扬社会主义核心价值观，我们的下一代就会受到潜移默化的影响；当学校环境中处处彰显尊师重教、礼待他人、善待自我的人和事，那我们的学生定会懂得珍惜所有。因此，我们年年开展"感动校园人物评选""我最喜爱的教师评选""十八岁成人仪式""宏志生在行动"等活动，让学生从书本中抬起头来，发现身边人，发现身边事。学会感恩是宏志教育的重要内容。对我们的学生来说，感恩绝不是简单回报父母的养育之恩，它更是一种责任意识、自立意识、自尊意识和健全人格的体现。

作为培养人的学校，要运用丰富多彩的形式，引导学生知恩感恩；要营造积极向上的氛围，引导学生懂得回报。

第三节 宏志教育形成过程

2002年，以"关注百姓困难，倡导刻苦精神，完善健全人格，体现教育公平"为追求，为帮助困难家庭学生顺利完成学业，让他们免费享受安徽省示范高中的优质教育，马鞍山市设立高中宏志班，由市教育局主办，马鞍山市第二十二中学（简称"二十二中"）承办。20 年的办班历程中，宏志教育经历了从"物质宏志"到"思想宏志"，从关注宏志生的健康成长到以宏志精神引领全体学生的个性成长的转变。学校依据学生发展的心理特点和学校自身的文化特色，全面把握和领会"立德树人"教育宗旨，将"立志（创伟业）、勤奋（炼真才）、质朴（修真德）、文明（律言行）"的校园文化与"特别有礼貌，特别守纪律；特别能吃苦，特别能忍耐；特别有志气，特别有作为"的宏志精神相融合，形成了新的宏志教育办学特色。

一、宏志教育的由来

在中国教育史上，宏志教育的思想由来已久。早在春秋时期，孔子就提出了"不患寡而患不均，不患贫而患不安。盖均无贫，和无寡，安无倾"。孔子针对社会财富分配不均而社会矛盾易于激化的现实，提出"均""和""安"的教育思想，具有充分的现实意义。

当代的宏志教育诞生于特殊的社会历史背景之下。20 世纪 90 年代以来，贫困生就学难日益成为我国教育领域的突出矛盾。由于区域经济发展不平衡，贫困地区、贫困家庭问题十分突出，贫困学生已成为一个规模不小的弱势群体。1995 年 9 月 1 日，在社会各界人士的关心和帮助下，北京市广渠门中学在全国率先创办高中"宏志班"。2000 年 4 月，全国第一所专门招收品学兼优、家境贫困学生的北京宏志中学正式成立。宏志教育是国家力推的"教育扶贫"项目，是实现教育公平的新举措。宏志班的创办不仅是一种慈善事业，也为维护社会稳定、构建和谐社会作出了重要贡献，推进了教育公平。为了不让一个学生因经济困难而辍学，在基本解决教育机会均等的前提下，国家采取财政补贴为主、社会捐助为辅的方式，为家庭贫困而品学兼优的学生提供优质教育资源。当下，开展宏志教育是教育精准扶贫的必要手段，也是维护并实现教育公平正义的有效途径，是创建和谐社会、实现教育兴邦的时代要求。

二、宏志教育新理念的形成

（一）创办专注个体成长的宏志班

2002 年至 2011 年为我校创办宏志班的初期。学校每年面向市区招收 50 名宏志生，独立成班。宏志生在家庭经济状况及学习成绩两方面都有严格的"硬杠子"。家境困难、品学兼优是他们的代名词。宏志生家庭可以说是一个弱势群体的组合，父母无业、残疾、患有精神疾病等。2005 年我校统计数据表明，宏志生家庭中仅父母无业就占 48%，亲人残疾约有 21%；在家庭结构方面，约 28% 的学生来自单亲家庭，其中包括父母离异，或从小就失去了父母，被人领养等。正是生活中的种种不幸和贫困让这些学生过早地经历了艰难困苦，家人辛勤的劳作就是潜移默化的教导，生活的磨难培养了宏志生们坚强不屈的性格，使他们比普通生学习更刻苦、生活更自立，在学习与行为规范上都更为优秀。

关注宏志生的健康成长成了学校宏志教育的核心思想。为坚守"关注百姓困难，倡导刻苦精神，完善健全人格，体现教育公平"的宏志教育追求，我们极力挖掘自身潜力，寻求各种方式动员社会、兄弟学校的力量，给困难中的学生和家庭予以最大的支持。一时间，社会团体的资助、爱心人士的捐款、学校最优质的教育资源、政策条件的倾斜、各界媒体的关注等都集中在了宏志生的身上，因此，宏志生在学校成了一个非常特殊的存在。这些学生不但承受着自身的巨大经济压力，还承受着外来的极大精神负担。在专门针对宏志生心理健康的调查中，我们发现宏志生存在不少心理问题：群体意识淡漠、不合群，心胸不开阔，学习动机单一，自卑、狭隘、封闭、过于好胜、嫉妒，少部分学生的心理问题还比较严重。这种过度聚焦的"物质宏志"教育模式需要改变。

（二）举办兼顾个体与整体的新型宏志班

2012 年 9 月，高中宏志班面向全市（包括下属县区）招生，宏志班办班模式也随之改变。从 2012 年起，二十二中不再把宏志生单独编班，而是把宏志生和其他学生混合编班。甚至，宏志生也不再只是招生的概念。对那些来到学校后，家庭突发变故有困难的学生，经学校认定，都可以享受宏志生待遇。以学生影响学生的指导思想逐渐形成，"思想宏志"教育则成为这一阶段的重点。其中的"学生成长导师制"成为我校育人方式的重要改革。

宏志教育之"学生成长导师制"是基于马鞍山市二十二中学校生源现状，根据本校学生实际而采取的一种注重学生全面发展的育人模式，该模式既重视学生的学业成长又关注学生的道德品行，并力图探索两者之间的相互影响，通过《学生成长记录》这一形式，试图在新的现实条件下，充分借鉴国内外导师制实践的经验，以构建满足不同学生多样化发展需要、强化学生的人生规划和终身发展素养、学业指导与道德指导同步的、一体化的育人新模式。

结合学校实际与学生家庭实际，我们采用"双线并进、家校联动"的方式，创新学校德育工作。一方面，通过《学生成长记录》这一平台，记录学生每天的思想变化，导师在批阅日志过程中，及时发现学生的所思所想，并快速向班主任反馈每位学生的思想、行为等情况，让班主任做学生思想工作时，能做到心中有底、有的放矢，从而取得实效。另一方面，政教处每学期收集每位班主任反馈的学生情况，确定"八必访"家庭，即父母离异的单亲家庭、生活有特殊困难的学生家庭、病残学生家庭、行为偏差的学生家庭、思想与学业上有重大变化的学生家庭、学习困难的学生家庭、外来务工子女家庭与住宿生家庭等，只要具备上述情形之一就是集体家访的对象。通过全员家访、家校联动的方式，做好学生的思想教育工作，使教书育人真正落到实处。

全校教师承担了 2000 余名学生的成长导师教育任务，全员关注学生的成长过程，师生关系更加和谐，学风、班风、校风呈现良好态势，学生学习的积极性与主动性逐渐提高，良好的学习习惯与生活习惯正在养成。

三、宏志教育的新征程

随着国家经济实力的增强和教育资助体系的完善，宏志教育育人模式也发生变革：2021 年秋季起，我们淡化过去行政建制意义上的宏志班，全方位建构校园宏志文化，倡导宏志精神。这将是新时代学校宏志教育的主要发展模式，即以培养全面发展的人为核心，以人格教育、感恩教育、励志教育、责任教育和爱的教育为主要内容，通过线上线下相融合的模式，面向全体学生全方位立体开展"立宏志""助寒门""增智慧"等教育教学系列活动或工作，从而实现"成英才"的办学目标。

充分发挥线上与线下的优势，取长补短，产生整体功能大于部分之和的效应。

线下宏志教育是指通过优秀人物的言行引领、宏志生的榜样示范、宏志课堂与实践中的收获与感悟等，让学生实现对宏志精神的自我认同。但线下宏志教育也存在整齐划一、时空受限、教学模式单一、海量资源不能有效利用等弊端。

线上宏志教育不仅可以弥补线下宏志教育的弊端，而且具有不可替代的优势：

一是互联互通。互联网突破了宏志课堂教学局限，形成了宏志帮扶网络社区这一虚拟人际交往空间，宏志帮扶从助寒门到成英才，教师根据学生的特点，通过网络点对点对学生进行生活、学业、心理等宏志帮扶活动。

二是时空无限。在新冠肺炎疫情期间，我们对宏志讲堂进行了拓展和延伸，高考热点分析、学科专题讲座、励志教育、心理辅导、感恩教育等各种专题教育同时"发声"，学生可根据自己的需要进行个性化选择。

三是群体共享。我们不主张"一言堂"，理越辩越明，道越论越清，没有激烈的思想交锋就没有对自身的深层认知。线上宏志教育的讨论分享为学生提供了思想交锋的平台。

四是整合重构。宏志教育翻转课堂就是重构的一个例证。宏志教育空中课堂的开设，让部分教学内容从线下转移到线上，这样学生利用周末或寒暑假时间，点播回放相关教学视频，或提前预习、或课后复习，与课堂教学互相补充，相得益彰。

打通观念、管理、家校之间的壁垒，构建各成员各司其职、积极协同的融合机制。

线上线下相融合开展具有学校特色的"宏志教育"，需要学校领导、部门负责人和每位教师各司其职，积极协同，只有这样才能充分发挥好教育的各自优势，从而提升教育效果。

观念上要融合。需要将线上线下作为统一的系统来考虑，充分发挥各自的优势，取长补短，构成一种新的教学环境和管理方式。管理者、教师、家长，各自发挥好自身作用，共同努力，发挥好教书育人的合力作用。

管理上要融合。学校管理者要将所有学科、所有课程、所有教师的教学行为和风格打通，提供整体展示、广泛交流的新空间。教师要有机地将线上线下的教育结合起来，将学生在线上线下组织起来，构建网络背景下的合作学习新方式。

家校间要融通。新冠肺炎疫情的暴发，将学校和家庭在物理空间上的分割打破了，家即是校，校即是家。但是线上教育具有的巨大优势远远没有得到充分发挥，家庭的教育优势、家长的教育优势还远未开发。因此，实现两者融合从而构建一种新的教育生态大有可为。

深化融合，逐步实现从大规模标准化教育走向大规模个性化教育。

教育信息化正在从辅助阶段走向融合阶段，将来还要进入超越阶段。

辅助阶段是将信息技术、网络技术运用于教育教学过程中，可以起到增强效果、节省时间、替代部分简单操作等作用。如我们已经开展的多媒体宏志讲堂、声光电实验课堂等。

融合阶段是指线上、线下教育相互交融，互相依赖，互相取长补短，不可分割。这次疫情暴发期间，就凸显了网络教育的不可替代作用。宏志生信息库建设使"助寒门"更为精准，结合时事开展的网络宏志教育使"立宏志"及时生动，宏志教育课堂的实时直播和随时点播使"增智慧"的途径更加便捷。

超越阶段是指线上、线下教育的有机结合，实现教育范式的根本转换，从大规模标准化教育走向大规模个性化教育，实现人类教育形态的第三次大变革。

我们正在进行宏志教育个性化探索，从学生进校开始，为其建立网络宏志生档案，包括自我认知、性格能力测试、兴趣爱好培养等，通过点对点的宏志导师制，结合大数据的应用，助其进行知"己"、知"彼"、"匹配"的宏志规划。

四、宏志教育归于初心

宏志教育，再度审视之，其教育理念、教育目标和教育教学管理机制等都似乎在悄然发生着变化，又或者其实它并没有发生变化，只是我们爬山过坎后，才明白一路走来的方向正是其初心所在。

宏志教育，实为宏——"志"，而何为"志"？

"志"字始见于春秋金文，形声字，从心之声。"志"本义为意念、心意，引申为意向、意愿，又引申表示愿意做、决心做，再由意向引申指目标，即为从心出发，立志高远，以志为向，全力达之。

孔子说："志于道。"人生的第一件事，就在于立志。道是宇宙生命的终极真理。但无论是人道还是天道，都是高远的理想，是现在的人们还无法达到的境界。因此所谓"取乎上者得其中，取乎中者得其下"，人的立志不妨高远一点，难以达到，这一生才有奋斗的动机。

"志"可立，而何以达志——"据于德"。

"据于德"，孔子告诉我们，立志虽要高远，但必须从人道起步。所谓"天人合一"，天道和人道是要从道德的行为开始。"据于德"，即是要以道德为根据。如果说"志于道"是望向远处的眼光，那么"据于德"就是人生奋斗的底线。"志于道"而"据于德"的人，知道人生应该有所追求，但同时应遵循内心的守则，不逾越道德的界线。

宏志教育回望初心——"德"为基本。

我们一切的教育都是为了培养合格的社会主义接班人。宏其志、立其德。"时代楷模"陈立群曾说："教育脱贫攻坚，必须以扶教师的志、扶学生的志、扶家长的志为切入点。"国无德不兴，人无德不立。习近平总书记指出："要全面贯彻党的教育方针，落实立德树人根本任务，发展素质教育，推进教育公平，培养德智体美劳全面发展的社会主义建设者和接班人。"我想，这才是宏志教育初心的回归。

附二十二中校歌，与大家共赏：

波光粼粼的雨山湖畔，美丽的二十二中，雪松苍劲，玉兰飘香；芳草菁菁的佳山南麓，可爱的二十二中，书声琅琅，歌声嘹亮。

敬业爱生，炽热的情怀，饱含对教育的忠诚；严谨创新，智慧的甘霖，浇灌着民族的希望。

认真刻苦，欣喜的笑容，展开了青春的花蕾；好学多思，理想的风帆，扬起对未来的向往！

啊，二十二中！我们立志，我们勤奋，我们质朴，我们文明，你因我们蓬勃兴旺，我们为你骄傲，为你荣光。

第四节　宏志教育基本目标

每一种教育思想和教育追求都会有相应的目标作为指引，这种目标反过来又促进教育思想的提升和改进。二十年来，我们在探索宏志教育的过程中，也在不断思考宏志教育的基本目标，即我们要通过实施宏志教育达到什么样的目的。我们认为，思考宏志教育的目标，首先需要明确学校发展的主体责任。当今中国，学校发展主体呈现出多元特征，包括政府、特定语境的专业人员、学校管理者、教师、学生、家长等。虽然关心和参与学校教育的人很多，但就学校发展而言，我们认为主要包括五个主体：一是学校。学校是实施各类教育的重要场所，要努力构建有利于学生成长的环境，实施宏志教育就是要打造"中国爱生学校"。二是管理者。优秀的管理者引领学校发展，管理者中党政主要负责人的作用是不言而喻的，要努力引导每一位管理者都能成为宏志教育的实践者。三是教师。教师是一所学校持续发展的支撑和动力，教师的水平和素质是学校发展的重要保障和关键，一所好的学校要有一批好的教师，要鼓励教师成为实施宏志教育的引领者。四是学生。学生是学校存在的唯一理由，在教育教学中我们要坚持学生第一的观点，要努力让学生成为实施宏志教育的主人。五是家长。今天，教育竞争日趋激烈，家长都希望自己的孩子接受更加优质的教育，他们对孩子的发展有着很高的期望，对学校和教师的要求也越来越高，家长已成为学校发展的重要力量，我们要发动更多家长成为实施宏志教育的同盟军。

一、学校：打造"中国爱生学校"

20 世纪 90 年代后期，联合国儿童基金会等国际组织与东亚一些国家开展了基础教育合作项目——面向爱生的学习环境(Towards Child-Friendly Learning Environments)，项目取得了比较好的成效。2000 年 8 月，我国教育部派人参加了泰国举办的专题国际研讨会。由此，"爱生学校"的概念和思想被引入国内，并把最初强调学校是"儿童友好的环境（Child-Friendly Environments）"逐步变成了"儿童友好的学校（Child-Friendly Schools）"，简称为"爱生学校"。

在 2001—2005 年联合国儿童基金会与我国教育部合作开展基础教育项目的过程中，"爱生学校"成了"贫困地区基础教育和早期关爱"项目的一个部分，并已在内蒙古、重庆和广西三地启动"爱生学校"试点，试图以教师队伍建设为抓手来开展爱生学校的建设。实践表明，这些试点学校通过参与项目活动和学校自主探究，都在一定程度上改变了学校原有的面貌，取得了一些成果。[1]

宏志教育在学校层面上的基本目标就是将学校打造成有利于学生成长的"中国爱生学校"。对学生而言，就要在这样的学习环境中（如把宏志生集中安排在宏志班）得到德智体美劳全面发展；对教师而言，就要更加聚焦受众群体，更多给予学生关爱。再进一步，在全校所有班级提倡和追求宏志精神，通

---

① 朱益明：《有效的教与学：爱生学校的核心》，《基础教育改革动态》2009 年第 5 期。

过打造"中国爱生学校",把学校办成一所让每个学生都能学有所得,都能淋漓尽致地展现才华的宏志学校;办成一所使每位教师都能感受职业幸福,都能在提升自我的舞台上大显身手的宏志教育特色学校;办成一所让家长放心、让社会满意的优质学校。要在实施宏志教育中,通过我们的努力,打造师生共同成长的幸福家园,建设管理高品质、设施高标准、教师高水平、学生高素质、特色鲜明的省级示范高中。

打造"中国爱生学校"这一宏志教育目标的确立,既体现出学校谋划发展的主动性,也明确了学校的硬件和软件发展建设的方向,有力地指导着二十二中方方面面的工作。"中国爱生学校"的打造可以让学校成为师生成长的幸福乐园,成为学生走向未来最好的排练场,有利于学生的健康成长,有利于教师的专业发展。"让学生全面发展、让教师愉快教学"是我们对宏志教育特色学校的全部追求。

二、管理者:努力成为实施宏志教育的实践者

宏志教育要努力使每一位管理者成为追求宏志精神的实践者。二十二中在近 20 年实施宏志教育的过程中尝试过各种各样的管理模式。如我们曾经实行过层级式管理模式,管理者包括校长(书记)、副校长、部门主任、年级主任、班主任等,这样的结构从上到下层次分明,但十分庞杂,较难调动管理者的积极性,只有少数人真正参与到学校的管理中,影响了管理的效率。当下,我们在管理上进行了大胆尝试和改革,构筑了以扁平化管理为核心的高效低位运行机制。除了校长(书记)统领学校全局,校级副职安排到各个年级部,直接分管指导年级部工作,同时设年级部主任一名,年级部委员两名(德育委员与班主任对接,教学委员与备课组长和任课教师对接),按照"支部建在连上"的原则,校级副职就是这个年级部的党支部书记,年级部主任兼任党支部副书记,年级部委员兼任党支部委员。所有部门中层管理者作为管理者直接对校长负责,同时协助年级部完成各项工作,这样就形成了以年级部主任为核心的"合作共同体"。扁平化管理减少了管理层级,充分调动了每一个管理者的

积极性，每一个管理者都把实施宏志教育作为自己的追求，成为宏志教育的实践者。

三、教师：努力成为实施宏志教育的引领者

教师是宏志教育能否实施成功的关键人物。习近平总书记同北京师范大学师生代表座谈时指出："教师重要，就在于教师的工作是塑造灵魂、塑造生命、塑造人的工作。一个人遇到好老师是人生的幸运，一个学校拥有好老师是学校的光荣，一个民族源源不断涌现出一批又一批好老师则是民族的希望。国家繁荣、民族振兴、教育发展，需要我们大力培养造就一支师德高尚、业务精湛、结构合理、充满活力的高素质专业化教师队伍，需要涌现一大批好老师。"

我们在实施宏志教育过程中，要注重打造具有宏志精神的教师队伍，使教师成为宏志教育的引领者和执行者。教育不是把知识从一个脑袋装进另外一个脑袋，而是要培养真正的人。教师的工作特点，决定了教育是一项极其复杂的劳动，需要竭尽全力投入。教师不仅是在塑造学生的心灵，塑造人的生命，其实也是在塑造未来社会的形象，提升未来社会的品质。习近平总书记在北京市八一学校考察时，提出了四个"引路人"："广大教师要做学生锤炼品格的引路人，做学生学习知识的引路人，做学生创新思维的引路人，做学生奉献祖国的引路人。"因此，宏志教育要发展，就是要形成一个有理想信念、有道德情操、有扎实学识、有仁爱之心的优秀教师群体。

四、学生：努力成为实施宏志教育的主人

教育是国之大计、党之大计。习近平总书记强调，培养什么人，是教育的首要问题。广大教育工作者要深入学习贯彻习近平总书记重要讲话精神，激励学生坚定理想信念，把自己的人生追求同国家发展进步、人民伟大实践紧密结合起来，努力成为德智体美劳全面发展的社会主义建设者和接班人。

人无德不立，育人的根本在于立德。加强品德修养，培养奋斗精神，既要教育引导学生培育和践行社会主义核心价值观，踏踏实实修好品德，成为有大爱、大德、大情怀的人，也要教育引导学生树立高远志向，历练敢于担当、不

懈奋斗精神，具有勇于奋斗的精神状态、乐观向上的人生态度，做到刚健有为、自强不息。

教育是培养人的活动，在教育中教师是主导，学生是主体。宏志教育要让学生成为追求宏志精神的主人。具体来说，一是要忠于祖国、忠于人民，了解中华民族历史，秉承中华优秀文化基因，有民族自豪感和文化自信心，把自己的理想同祖国的前途、把自己的人生同民族的命运紧密联系在一起，扎根人民，奉献国家。二是要立鸿鹄志，做奋斗者，做到理想坚定，信念执着，不怕困难，勇于开拓，顽强拼搏，永不气馁。三是要求真学问、练真本领，通过学习知识，掌握事物发展规律，通晓天下道理，丰富学识，增长见识，更好为国争光、为民造福。四是要知行合一、做实干家，面向实际、深入实践，严谨务实、苦干实干，在新时代干出一番事业。五是要以社会主义建设者和接班人的使命担当，为全面建成小康社会、全面建设社会主义现代化强国而努力奋斗，让中华民族伟大复兴在我们的奋斗中梦想成真。

让每位学生坚定理想信念、练就过硬本领、勇于创新创造、矢志艰苦奋斗、锤炼高尚品格就是宏志教育对学生的培养目标。

五、家长：努力成为实施宏志教育的同盟军

学生成长是学校教育、家庭教育和社会教育共同作用的结果，教育历来就不只是一种单边活动，学校教育也早已不再是学生成长唯一的动力源泉。在实施宏志教育过程中，我们要充分发挥家长的作用，让家长成为学校教育的外在力量，成为学校教育的同盟军。让每个家长都参与到学校教育中来，释放所有家长对教育的爱、对教育的关注、对教育的支持。由此，我们看到的将是学校教育与家庭教育的融合、学校教育与社会教育的融合。也正是从这样的角度，我们希望借助家长委员会这个有力的杠杆，使得我们的学校教育能够与每一位家长始终保持着心心相印的精神契合，由此能与家长形成合力，向着社区、街道、家庭以及学生生活的每一个领域渗透。

让每位家长认同学校的教育理念，成为学校教育的同路人，参与到学校教

育中来，这是我们实施宏志教育过程中对家长的全部期待。

第五节 宏志教育五大支柱

宏志教育作为学校贯彻和落实党和国家教育方针的校本主张，需要渗透到学校教育的方方面面。为此，我们构建了宏志教育的五大支柱，以期在丰富多彩的教育实践中、在不断推进的新课程改革中，追求"以人为本、和谐发展"的教育理念，落实立德树人的根本任务，实现人的全面发展。

德智体美劳是对人的素质定位的基本准则，也是人类社会教育的趋向目标，所以人类社会的教育离不开德智体美劳这个根本。

一、从德育维度实施宏志教育

德育是培养学生正确的人生观、价值观，培养学生具有良好的道德品质和正确的政治观念，培养学生形成正确的思想方法的教育。

《中小学生守则（2015年修订）》对学生德育要求是这样阐述的：爱党爱国爱人民。了解党史国情，珍视国家荣誉，热爱祖国，热爱人民，热爱中国共产党。明礼守法讲美德。遵守国法校纪，自觉礼让排队，保持公共卫生，爱护公共财物。孝亲尊师善待人。孝父母敬师长，爱集体助同学，虚心接受批评，学会合作共处。

宏志教育是素质教育实施过程中涌现出来的特色教育。20年来，二十二中在宏志教育的实践和探索中，取得了良好的成效，2013年第12届宏志班被评为全国先进班集体并被命名为"许继慎班"。宏志教育的良好成效受到全社会的一致好评。

我们在深刻理解、明确方向的基础上，把握机遇，及时构建了符合新课程要求，符合二十二中实际的宏志教育德育育人体系。一是开展"宏志游学"社会实践专题教育。每年组织全体宏志生进行为期一周的暑期游学社会实践教育活动。二是开展"立宏志·报国恩"生涯规划主题教育。以学生成长导师制为载体，帮助全体宏志生认识自我、接纳自我，树立正确的人生观、价值观，树立明确的发展目标，制订适合的职业生涯规划，提高综合素养。三是开展"爱上真正的自己"宏志生团体心理辅导活动。了解不同年级的宏志生在心理健康方面存在的主要问题，以他们的身心特点为依据，开展提高心理素质、提升应对能力的挫折教育，减轻他们的心理压力，保持良好的心理健康状态，成长为更好的自己。四是开展"宏志生在行动"系列志愿服务活动。加强和完善"宏志生在行动"系列志愿活动，结合校园、周边社区、场馆、单位的有利条件，让宏志生更多地参与到志愿服务中去，拟增加"我当博物馆讲解员""文明监督岗"等活动，让志愿服务更频繁、更自主、更实效。经过近20年实践，二十二中以实现德育课程化为目标，逐渐完善了"学生成长导师制"管理体系，初步形成特色鲜明的宏志育人模式。

二、从智育维度实施宏志教育

智育是传授学生系统的科学文化知识、技能，发展他们的智力的教育。

《中小学生守则（2015年修订）》对学生智育要求是这样阐述的：好学多问肯钻研。上课专心听讲，积极发表见解，乐于科学探索，养成阅读习惯。

宏志教育的一个重要目标是"增智慧"，也就是培养学生良好的学习习惯，提高学生的学习能力和文化水平。为此，我们成立了以马鞍山市学科带头人、骨干教师为主体的宏志生导师团，搭建符合我校实际的宏志教育课程体系。一是实施假日"宏志公益课程"。以文化课辅导为主，融合艺术、体育、科技等内容，建设特色宏志课程。聘请校内外名师，打造精品课，为宏志生学业进步、顺利升学提供智力扶持。二是举办周末"宏志讲坛"。邀请校内外专家学者、名师，为宏志生思想品德、学习学业、心理健康、人文自然科学素养等进行专题指导。三是学校党总支动员党员教师开展"党员献爱心"活动，利用教师中午等休息时间辅导宏志生。四是教导处对每一位宏志生进行成绩跟踪，在高中三年每个阶段根据宏志生成绩变化情况进行分析，及时精准地帮助宏志生解决学习障碍，提升学科成绩。五是学校立足培养宏志生学习兴趣，通过引导宏志生参加科技创新大赛、机器人比赛、宏志合唱团等活动，培养宏志生的兴趣爱好和终身学习的能力。

三、从体育维度实施宏志教育

体育是传授学生健康的知识、技能，发展他们的体力，增强他们的体质，培养他们的意志力的教育。

《中小学生守则（2015年修订）》对学生体育要求是这样阐述的：自强自律健身心。坚持锻炼身体，乐观开朗向上，不吸烟不喝酒，文明绿色上网。

习近平总书记强调："加强学校体育工作，推动青少年文化学习和体育锻炼协调发展，帮助学生在体育锻炼中享受乐趣、增强体质、健全人格、锻炼意志。"体育是教育的重要组成部分，其功能既包括锻炼身体、增强体质，也包括塑造品格、养成精神。

"强体魄，塑品格"是实施宏志教育的应有之义。宏志教育落实到体育上就是要培养学生的体育精神。一是坚韧不拔的意志。体育是艰苦而愉悦的活动，追求的是更高更快更强。学生在体育运动中不仅面临体力上的考验，更要经受意志力的磨炼。体育没有捷径。唯有奋发向上、积极进取、艰苦训练、坚持不懈，才能取得进步，获得成功的喜悦。在体育运动中，学生要迫使自己走出"舒适圈"，走向运动场，向自己的惰性、体力、运动技能发起一次次挑战，在经年累月的坚持中挥洒汗水、磨炼意志和享受快乐，最终养成坚韧不拔的意志和乐观向上的品格。二是团结协作的精神。团体体育项目要求每个成员齐心协力、团结协作，充分发挥每个人的优势、特长和潜能，才能凝聚成强大的团队合力，在激烈竞争中脱颖而出。在学科教育中，学生们的学科学习考验的是个人学习能力，而体育运动则可弥补学科教育的不足，打破以自我为中心、孤军奋战的格局，增强集体凝聚力，培养学生团结协作精神，让学生拥有开放的心态和主动合作的意识。当今时代，单打独斗已很难成功，唯有团结协作方可取得胜利。体育带给学生的团结协作精神，将使其在今后的工作和生活中更好地与人共处、与人交往、与人合作。三是遵守规则的意识。体育运动有明确的竞技规则。规则面前人人平等。每个参与者都必须遵守规则，服从裁判。因此，体育是学生规则意识培养的重要途径。现代社会是法治社会，讲规矩、讲规则是合格公民的基本要求。在体育中养成的规则意识有助于培养学生对法律规范和社会公德的认同与遵循，从而促进学生成为自觉遵纪守法的好公民。

学校体育是落实立德树人根本任务、提升学生综合素质的基础性工程，对于培养学生奋发向上、顽强拼搏的意志品质具有独特功能，有助于实现以体育智、以体育心。因此，我们应在加强体育上下大力气，并基于育人功能设计和体育课的教学目标、教学内容和教学方法，培养出担当民族复兴大任的社会主义建设者和接班人。

四、从美育维度实施宏志教育

美育是培养学生的审美观，发展他们鉴赏美、创造美的能力，培养他们的高尚情操和文明素质的教育。

2020 年 10 月，中共中央办公厅、国务院办公厅印发了《关于全面加强和改进新时代学校美育工作的意见》，就全面贯彻党的教育方针，加强和改进新时代学校美育工作进行了系统设计和全面部署。美育是党的教育方针的重要组成部分。学校美育工作是立德树人、培根铸魂的事业。习近平总书记在教育文化卫生体育领域专家代表座谈会上，再次强调加强和改进学校美育。学校美育必须以习近平新时代中国特色社会主义思想为指导，不断提升思想自觉、政治自觉、行动自觉，与党中央、国务院的要求同向同行，与推进素质教育的要求同向同行，与学生全面发展的迫切要求同向同行。

宏志教育是优质教育，当然少不了美育教育。美是纯洁道德、丰富精神的重要源泉。美育是审美教育、情操教育、心灵教育，也是丰富想象力和培养创新意识的教育，能提升审美素养、陶冶情操、温润心灵、激发创新创造活力。宏志教育落实到美育教育上，就是要培养学生的高尚情操和文明素质。一是要将学校美育作为立德树人的重要载体，坚持弘扬社会主义核心价值观，强化中华优秀传统文化、革命文化、社会主义先进文化教育，引领学生树立正确的历史观、民族观、国家观、文化观，陶冶高尚情操，塑造美好心灵，增强文化自信。二是要健全面向人人的学校美育育人机制，让所有在校学生都享有接受美育的机会，整体推进学校美育发展，办出有学校特色的美育品牌。三是要全面深化学校美育综合改革，坚持德智体美劳五育并举，加强各学科有机融合，整合美育资源，补齐发展短板，强化实践体验，完善评价机制，全员全过程全方位育人，形成充满活力、多方协作、开放高效的学校美育新格局。

五、从劳动教育维度实施宏志教育

劳动教育是培养学生的劳动观念和劳动技能的教育。

《中小学生守则（2015 年修订）》对学生劳动教育要求是这样阐述的：勤劳笃行乐奉献。自己事自己做，主动分担家务，参与劳动实践，热心志愿服务。

2020 年 3 月 20 日，中共中央、国务院印发了《关于全面加强新时代大中小学劳动教育的意见》（以下简称《意见》），就全面贯彻党的教育方针，加强大中小学劳动教育进行了系统设计和全面部署。

《意见》对劳动教育的内涵进行了界定：劳动教育是国民教育体系的重要内容，是学生成长的必要途径，具有树德、增智、强体、育美的综合育人价值。实施劳动教育重点是在系统的文化知识学习之外，有目的、有计划地组织学生参加日常生活劳动、生产劳动和服务性劳动，让学生动手实践、出力流汗，接受锻炼、磨炼意志，培养学生正确劳动价值观和良好劳动品质。

《意见》明确了劳动教育总体目标。通过劳动教育，使学生能够理解和形成马克思主义劳动观，牢固树立劳动最光荣、劳动最崇高、劳动最伟大、劳动最美丽的观念；体会劳动创造美好生活，体认劳动不分贵贱，热爱劳动，尊重普通劳动者，培养勤俭、奋斗、创新、奉献的劳动精神；具备满足生存发展需要的基本劳动能力，形成良好劳动习惯。

宏志教育是人格教育，当然离不开劳动教育。作为普通高中，要注重围绕丰富职业体验，开展服务性劳动、参加生产劳动，使学生熟练掌握几项劳动技能，理解劳动创造价值，具有劳动自立意识和主动服务他人、服务社会的情怀。具体来说，一是要做好课程的有机渗透。依据上级要求，开好国家规定的综合实践活动课程，在其他学科教育中有效渗透劳动观念、劳动态度、劳动美德、劳动技术的教育。要在综合实践课有机地融入劳动教育内容，在语文、数学、道德与法治等学科教学中加大劳动观念和态度的培养。二是要开展校内劳动。学校常规工作中要渗透劳动教育，组织学生做好值日，认真清扫校园，增强责任感和主人翁意识。开展结合学生实际的劳动竞赛活动，提高学生劳动意识和劳动技能；开展与劳动有关的兴趣小组、社团活动，进行手工制作、室内装饰、班务整理等实践活动；开展"爱学校集体劳动"教育，积极组织学生参与校园卫生保洁和绿化美化。可开辟专门区域种植花草树木或农作物，让班级、学生认领绿植或"责任田"，予以精心呵护，在为集体、为他人服务的过程中让学生体验劳动的快乐，培养学生尊重劳动、热爱劳动，以劳动为荣的观念和态度，培养责任感。三是要开展社会实践活动。结合实际情况利用学雷锋活动日、志愿者日、劳动节、元旦、春节等，组织学生参加各种有益的社会实践活动、志愿者服务。四是要鼓励参与家务劳动。教育学生自己的事情自己做，家里的事情帮着做，弘扬优良家风，参与孝亲、敬老、爱幼等方面的劳动。结合重大节假日、寒暑假，根据学生年龄特点和个性差异，适量地安排家庭劳动作业，如洗碗、扫地、洗衣、整理房间等，鼓励学生主动参与力所能及的家务劳动，体会父母的辛苦，为父母分忧，锻炼学生的生活自理能力和劳动能力，增强劳动意识。

第二章　名师走进宏志讲坛

2011年9月，第10届宏志班组建后，在马鞍山市教育局领导的支持下，我们邀请了全市26位省特级教师、市学科带头人，组成宏志班导师团，不定期为宏志班学生讲学。至2021年12月，宏志班导师团的成员不断更新，讲学内容也越发丰富多彩，据不完全统计，宏志讲坛专家讲座累计举办300余场。

第一节　宏志讲坛开班回眸

2011年9月3日上午，由市教育局主办、二十二中承办的高中宏志班宏志讲坛在二十二中举行隆重的开班仪式。下面选取仪式过程中部分代表的讲话或发言（内容有删减）。

今天我非常高兴，到我们二十二中来参加宏志讲坛开班仪式。我一直想来二十二中，今天借宏志讲坛开班这个机会，在这么多老师、宏志班的学生和新聘的26位教师面前讲讲话。

我讲三个要点，一是二十二中，二是宏志班，三是特聘的26位教师。

二十二中自1985年创办起，也快30年了。我记得当年创办二十二中的时候，在全市反响很好。创办二十二中，是马鞍山市人民政府当年为马鞍山市民办的实事，是当年的市政府为民办的十四项好事之一。当年二十二中的宿舍楼在马鞍山市是最好的，学校吸引了一批优秀的教师，所以二十二中的起点很高，当时的教师起点就很高，后来办学水平就一直很高。在近30年的发展中，学校取得了很好的成绩，获得多项表彰，2006年成为安徽省示范高中，一直延续到现在。在2002年，根据市教育局的倡议，二十二中举办了马鞍山市首届宏志班，它的宗旨、目标是明确的，是教育公平和公正的一个重要体现，实际上也是教育的民生工程，是为人民办实事。如果把这两件事连起来，二十二中体现了政府的意愿，体现或者代表了人民群众的意愿，是为人民群众办实事、办好事的一所学校，学校办学的精神体现了这些。

　　从过去到现在，应该充分肯定二十二中办学的优良传统。二十二中办学到现在，发展到现在，办学上有一些优势和契机，我也归纳一下：第一，办学将近30年了，所谓"三十而立"，在而立之年，看看能不能把学校的传统，把学校的成果好好地总结归纳一下。2012年宏志班办班满10年，也要总结归纳一下其办班成果，办了10年，应该进入成熟期了。第二，搬迁新校。新大楼已经破土动工，我们一直在与市政府重点工程建设管理局保持联系，力争在2012年9月1日，宏志班10年的时候，能整体搬迁到新校。第三，教师队伍。我们评价过，在全市4所省级示范高中当中，二十二中的教师队伍是比较强的。我们每次评学科带头人，二十二中教师浮出水面的也好，进入我们视线的也好，都是比较多的，这就反映了这所学校应该有一批素质比较高的教师群体。如果一个学校没有一定的基础，没有一定的积累，没有尽心敬业的一批人，你想要出成果是不可能的。如果一个学校出成果了，实际上反映了这个学校有一批人达到了这个水平。二十二中的教师队伍，总体素质是比较高的。第四，市教育局集聚了全市最优秀的教师，集聚了我市教育教学行业中最优秀的劳动骨干，来到这个讲坛，这其实也是一个社会公益活动。我对志愿者非常感兴趣，我也一直想把我们教育系统的志愿者组织起来，这是与国际接轨的事。凡是需要有人帮助的地方，都要有志愿者。今天在座的26位特聘教师，其中一些不是二十二中的老师，应该说是我市教师中的志愿者，实际上就是为我们宏志班同学"义诊"。第五，宏志班应该是我们学校的老师、学生及家长都要关注的，都要认识到宏志班是二十二中办学的优势和契机。

对管理者的要求，我想说：管理者要有想法，要有作为，还要有胸怀。

有想法就是有思路，办学一定要有思路。我觉得现在很好，从今年招生开始，我们就把全市优秀教师共同打造宏志班这个事做起来。其实这个事我在三年前一到教育局就提出来了，后来没搞起来，直到今年招生的时候学校又再次提出来，教育局至少研究了三次，最后决定全力支持。这个事我早就想干，只要对学生有益，看准了就要干，不再犹豫。我听到二十二中开始实施导师制，特别是在高二、高三年级。导师制是新课程改革里面的具体要求和实施素质教育的具体方法，我在马鞍山市第二中学任职的时候也实施过导师制，这是一个非常好的育人制度。我当时带了12名学生，我从二中离开的时候把这12名学生写的一些东西带到了教育局的办公室。一所学校要想顺势提升，需要有好的平台，有许多成功的经验值得我们借鉴。所以，和胡学平同志交流时，我说："你去干，我全力支持你，我非常关注这件事情。"

要有作为。有作为，简单地讲就是要有执行力，一旦定下来的事，要坚决贯彻，不撞南墙不回头，撞了南墙也不回头。你要坚信，这个决策已经经过民主程序，是民主集中制下集体智慧的产物，符合教育政策和教育规律，你就不要有怀疑，要坚决地执行下去。所以我对治教、治宏志班的人讲，撞了南墙也不回头，你要相信你是对的。当然，如果这个事情和素质教育有偏离，也不经过民主程序，那这个事情就不能继续。教育是有规律的，要躬身践行，实现目标，一抓到底。我特别在意和欣赏的就是不折腾，所有的事，不能折腾，只要你想办的，干一件事，就要干好。实践证明，在政策之下是对的事情不能停止，要把它办好。咱们的教师队伍建设中一些好的做法是有效果的，不能轻易否定，尤其是不能轻易否定前面的好传统。我和学平在交流的时候说了一句话："我希望你尽快在工作上否定，尤其是在办学思路上要否定，讲真话，你在你自己的工作上否定，实际上才叫大度。"

要有胸怀。老师、学生跟学校领导在一条船上，领导就是舵手，台风来了，大浪来了，他们就看你这个舵手，大家是一荣俱荣，一损俱损，共存亡，老师们要有这个意识，管理者也要有这个意识。

第二点关于宏志班，这是二十二中现在办学的一个标杆，是一张名片，办学近10年来，取得了很好的成绩，这个应该充分地肯定。宏志班办学要学会借助优势，借力机遇，借鉴经验。借助优势，二十二中有很多优势，只要对宏志班有利，所有能调动的资源，都要放到宏志班来。既然宏志班是教育局促办的，甚至是主办的，今天这个聘书盖的是教育局公章，那么教育局掌握的资源，我们也要尽可能地用，都拿到宏志班来，这就叫借助优势。借力机遇，今天这个仪式就是一个很好的机遇，马上开办的讲坛就是一个很好的机遇。我们在总结宏志班开办10年的时候，借力机遇，要好好地借力。借鉴经验，我也主张我们教师队伍，包括宏志班的班主任、部分任课老师，学校领导，在国庆节前后到省内省外的宏志班去考察，看看人家有什么好的办法。学习现成的经验可能是更好的学习方式，去看一看，借鉴全国好的经验把宏志班办好。

我对今天在座的宏志班学生讲一句话，"寒门多才俊，英雄出少年"。这句话我们经常听到，所以，我再加一句话，"你们正当时，既是少年亦是寒门，你们千万不要因为所谓的寒门而感到不自信，我感觉这一条非常重要"。你们的"六特"我也看了，宏志班就是要有"六特"：特别有礼貌，特别守纪律；特别能吃苦，特别能忍耐；特别有志气，特别有作为。我觉得"六特"蛮好的，志气里面就包括了自信。我建议宏志班的学生可以去收集一下寒门多才俊的例子，然后由学生自己组织，搞一个论坛，交流一下，这样有利于改善你们的心态，改变你们的理想，进而改变你们人生的轨迹，我相信对你们有好处。现在市场上比较热卖的，是状元的学习笔记，价格不菲，我们宏志班学生能不能每个人出一本寒门才俊集，等到你们毕业的时候，留给你们后面宏志班的学生呢？那才是最宝贵的一笔精神财富。我们宏志班出来的学生，我看也可以编一本《宏志群星》，群星闪耀。这本书里，我们不以成绩高低，不以考上所谓"几本"为标准，人才应该是一个全面的标准，你如果让过一次座位，参与过一次有益于社会的公益活动，受过家长、老师一次表扬，都可以记录在册。这对我们宏志班的学生应该是一个全面的教育，建议学校尝试一下，要坚决改变以成绩论英雄、评价人的标准。我们现在正在努力改变这种情况，在宏志班讲对人才的要求更有必要。

最后是对我们26位特聘教师讲的。刚才我也讲了，你们就是马鞍山市教育系统的志愿者，是全市最优秀的教师。我打个比方，在任何一所新学校，我把这26位教师放进去，那这个学校肯定是最好的。教育大计，教师为本，确实是这样。在座的都是马鞍山市的资深教师、名师，有些开过研讨会，有些出了书，有教育思想了，可不是一般的名师了，而是属于空间上影响一帮、时间上影响长远的大师了。

我们宏志班的学生应该感觉到很幸福。同学们确实是非常幸福的，我可以说这26位老师是马鞍山基础教育界最优秀的，也是安徽省基础教育界最优秀的，他们的课就是顶尖的。我们特聘的26位老师，要帮助我们宏志班的学生，把眼界放远，一定要有自己的人生规划，它比理想更具体。这是对宏志班老师的第一个要求，也建议我们26位老师，要带着感情给宏志生讲课，讲出水平，受到欢迎，这三句话是我的希望。

学校要处理好各方关系：第一是宏志班学生和非宏志班学生的关系。不要把学校的所有精力都集中在宏志班，宏志班只是其中一个班，不要把他们搞成对立，而应该是相辅相成的。这里面肯定有文章，但是你要是搞不好，肯定会出问题。第二是学校和家长的关系。今天现场也有家长，学校和家长的关系，处理得好是合力，处理得不好是矛盾。第三是26位老师和二十二中其他老师的关系。我们今天就要在这讲明，我们请这26位老师来不是挤对我们二十二中的老师，每一位老师要有胸怀。我建议，特聘老师来讲课时，同学科的老师都来听听，借此机会免费来学习一下，那么特聘老师不仅讲得更认真，而且我相信我们年轻老师听了也大有帮助，这样多好。对此，学校要有调节能力，三对关系都要处理好。

最后，希望二十二中发展成一所我们市民关心、政府认可、家长与学生信赖的学校。

时任马鞍山市教育局局长万亚平

各位家长、老师、同学、同志：

大家上午好！今天上午是宏志班的开班典礼，我想借这个机会说三点。

第一，我们要充分肯定宏志班办班 10 年来所取得的成绩。我们这个宏志班是 2002 年开始举办的，由市教育局主办，二十二中承办，充分体现了政府、学校对教育公平的追求。我们面对的群体是家庭暂时困难、品学兼优、志存高远的学生，10 年来，我们学校付出了辛勤的努力，培养了一批合格的人才，这让我感觉到，宏志班已经逐渐成为我们二十二中的一个办学品牌，已经越来越为社会所关注，日益为社会所重视。

第二，我们要清醒地认识到宏志班在办学的过程中还需要进一步努力，宏志班办学的水平和质量要进一步提高。尽管我刚才说到宏志班办学 10 年取得了很多成绩，积累了很多经验，但由于主观和客观的原因，学校的办学水平与质量和教育局的期望、我们家长的预期，还是有一定的差距，所以，还要继续努力，套用一句话就是："革命尚未成功，同志仍需努力。"宏志班的品牌效应还需要进一步地强化，宏志班的品牌效应已经突显但是仍然不够，宏志班的成果已经突显但仍然需要巩固。宏志班的发展需要通过一些非常办法，使它快速发展，成为我们学校乃至我市教育的一个品牌。

第三点，我们要提高认识，齐抓共管，共同努力来办好宏志班。我想在这里说几个方面的内容：一要提高认识。宏志班是教育局非常重视的一个班，我们每年开会都要研究宏志班。教育局对宏志班非常重视，希望学校也要高度重视。另外，我觉得宏志班是体现教育公平，促进教育和谐的一个重要形式，一个重要方面，也是我们基础教育的一个窗口，必须办好，要办出社会效益，让马鞍山的老百姓都知道有这么一个班。该怎么办班，要让招生不再成为难题。说实话，宏志班这几年的招生还是有些困难的，每年计划都没招满，今年也是这样，这其中有一些客观的因素，但是我们要去研究，并加以解决问题。二要齐抓共管，共同努力办好宏志班。齐抓共管，我想涉及我们在座的所有的人。前天播放的教育部与中央电视台合作的大型公益节目《开学第一课》的主题是"幸福"，希望同学们，通过努力去获得幸福，在生活和学习的过程中体验幸福，同时要珍惜今天的幸福，这是开学的第一课。同时我们要用优异的表现来影响我们身边的同学，影响我们学校的风气，体现宏志班的精神。我建议，学校对宏志班要有个精神上的提炼，到底什么是宏志精神，以区别于其他的班级，区别于其他学校的学生。今天来了一些学生家长代表，我讲两个方面的希望：一是希望我们的家长努力配合学校抓好宏志班的各项工作；二是希望我们的家长能发挥表率作用来影响孩子健康成长。尽管我们目前暂时家庭经济困难一点，但这并不能说明什么问题。家长对孩子最大的作用就是影响，一种潜移默化的影响，家长要做好表率。

对于二十二中，我也讲三点希望：第一是希望进一步加强对宏志班的管理，第二是进一步安排好宏志班教育教学活动，第三是努力让我们宏志班成为学校办学的特色和突破。今年胡校长有一个举措，除了我们的特聘教师以外，还安排了导师制，要把这项工作安排好，抓扎实。我们今天聘请了第一批26位特聘教师，特聘教师都是我市教育界的大师、名师。我希望特聘教师把宏志班的学生当成自己的学生，不仅仅是来讲一节课、讲几节课，更多的是让我们这些名师用高尚的师德和高水平的教学来影响宏志生，同时希望把宏志讲坛活动做扎实。根据市教育局的分工，由我来负责这项工作，我们会一如既往支持宏志班的办学，努力把这个班办成一个马鞍山教育品牌的窗口，我们会更加关注、更加支持、更加倾斜来办好这个班。谢谢大家！

时任马鞍山市教育局副局长汪昌斌

尊敬的各位领导、来宾，亲爱的老师们、同学们：

大家上午好！在这丹桂飘香、硕果累累的金秋时节，我们在这里隆重举行马鞍山市二十二中宏志讲坛开班仪式。我代表学校向关心、支持我校发展的市教育局领导表示衷心的感谢！向承担宏志讲坛任务的各位专家表示衷心的感谢！向宏志班全体同学表示祝贺！

开办宏志班是党和政府为贫困学生排忧解难、助其成才的希望工程，是情系百姓、利为民谋的民生工程，是功在当代、惠及后人的德政工程。只有品学兼优、家庭困难的应届初中毕业生才能成为宏志班的学生，受助完成三年的高中学习。我市高中宏志班自开办以来，已毕业 80 余人，其中本科上线 49 人，上线率为 61.25%，宏志班良好的办班成效得到了社会、家长的广泛赞誉。

今年高中入学的是我校第十届高中宏志班，共有 27 名同学，加上高二、高三年级的宏志生，全校现有 97 名宏志生。市教育局把承办宏志班的重任交给我校，这是对我校的信任和支持，我们深感荣幸，同时也深感责任重大，我们有决心、有能力把新一届宏志班办好，绝不辜负上级领导对我校的信任和期望。

同学们，你们能进入宏志班学习是非常幸运的，也是值得骄傲的，应该感谢党和国家对你们的关心和培养。希望同学们特别能吃苦，变困难为动力；希望同学们特别能忍耐，锻炼意志，奋发图强；希望同学们特别爱学习，认识到今天的学习机会来之不易，每个人都要刻苦学习，立志成才；希望同学们特别守纪律，严格要求自己，严格遵守校纪；希望同学们特别有志气，做到人穷志不短，穷则思变；希望同学们特别有礼貌，尊师爱友，懂礼貌、讲道德，争做大写的人。学校希望你们努力塑造良好班风，为其他班级树立榜样。

为办好 2011 级高中宏志班，学校安排了师德高尚、业务精湛、责任心强、年富力强的教师担任宏志班班主任和科任教师。同时，在市教育局的大力支持下，又聘请了 16 名我市高中在职的省特级教师和众多市级学科带头人、省教坛新星共同担任宏志班指导教师。宏志班除了正常的文化课学习之外，每个周六上午，举办宏志讲坛，邀请特聘教师为宏志班学生讲学，拓宽同学们的视野，丰富同学们的文化生活。

同学们，宏志讲坛第一课今天正式开讲了。希望同学们珍惜来之不易的机会，认真聆听专家们的每一次讲座，从中感悟做人的真谛，从中汲取知识的营养，从中得到精神的力量。

我相信，新一届宏志班的同学一定会严格要求自己，自觉遵守学校各项规章制度，通过三年的高中学习，在德智体美劳各方面得到和谐发展，最终成为国家有用人才。

谢谢大家！

马鞍山市第二十二中学校长胡学平

九月是收获的季节，对于学校而言，它又是一个播种时分。很高兴能有这个机会代表全市 26 位老师，在二十二中宏志讲坛开班仪式上发表一点感想，讲一些感言。

假如某一天在街角路边，在餐厅，有一个年轻的陌生面孔来到我的面前喊一声"郭老师"，我会在记忆中搜索这个同学的名字，然后他会说几个关键词——"2011 年 9 月 3 日二十二中""宏志班"，我就能反应过来了。这样的经历在我们的生活中可能经常会遇到。某一个学生想认识我，想跟我在 QQ 群、人人网等社交平台聊两句，我觉得是生命中莫大的幸福。市教育局和二十二中给了我们这样一种幸福，我非常高兴，我也很钦佩教育局和二十二中有这么一个举措，这样一个行为。开办宏志班，全国各地都有，而开办宏志讲坛，为这些学生量身定做这样一个班级讲坛，却并不是所有的宏志班都有的。二十二中办学的过程当中，试图用这样一种方式来引领学生有更好的发展，同时这个平台又让我们更多的老师在这个讲台上发表观点，展示对教学认识的理解，我想，不仅仅这里的同学受益，更大的受益者是这个学校和教师，对于整个学校是一种改变——关键性的改变。因为我们知道，百年大计，教育为本，教育之本在于教师。教师观念的更新，理念的改革，首要的核心衡量标准是一个学校能不能上台阶，有层次。我相信，在未来的某一天，一个全新的二十二中，一个伟大的二十二中，将在江东大地的教育舞台，重振它的雄风，这一天为时不远。

对我们的同学，我想表达一点。宏志，所谓宏，就是宏大广博的意思。我们每个人都怀有梦想，有科学调查发现，在成长过程当中，有过大愿景、大理想，而且能为之努力的人，往往他的后续发展都非常好。我们知道，有宏志还要有宏毅，要有坚强的毅力。我们26位老师不是神仙，也不是算命先生，更没有什么独特的特异功能，通过一两个讲座就能改变你的学业，改变你的人生，我们没有这个能耐，我们只能给你一点帮助，给你一点启迪，更多的是在你们科任老师平时的一堂堂课的教学，在你们一张张的试卷和作业中，在你们一次又一次的活动中历练自己，提高素养，成就自己伟大的事业。古人说，有志者事竟成。我相信有宏志者一定能成轰轰烈烈的大事。

我代表26位老师表个态，我们只是在某个学科里面有一点技术的技术人员而已，我们愿在这样一个讲坛当中，和这样一批学生共同交流，共同学习，我们会竭尽全力。我也希望，如果有什么不当之处，不妥之处，或者有疏漏的地方，也请学校和同学们能够谅解。在播种一粒种子的时候，我们就会许下愿望。我相信，在座的每一位同学都是一粒饱满的种子，我相信二十二中是一片肥沃、适宜成长的土壤，我们相信学校为大家创造适宜每一粒种子成长的空间，我更相信在座的每一位同学会茁壮成长，相信二十二中一定能够成为中华名校。谢谢大家！

时任马鞍山市第二中学副校长郭惠宇

尊敬的各位领导、老师，各位来宾，亲爱的同学们：

大家好！

我是高一宏志班的霍然。今天，当我捧着发言稿站在这里，我的心情激动万分，因为我正享受着一种神奇而温暖的幸福。这种幸福看不见、听不到、摸不着，但却能真实地感受到。它是一种热忱、道义和公平的结晶，它坚强有力，与美丽希望并存。

宏图寄党恩，志远为国强。宏志班是在政府的支持下，在社会的关爱下，为品学兼优而家庭经济困难的学生，实行免收学费、书本费，甚至补助生活费的一种特殊教育形式，是体现社会公正公平的一项民生工程，更是一项为贫困学子铺筑成才之路的希望工程。

对我们来说，宏志班是梦想开始的地方。作为一名宏志生，学校为我们免去了所有的学杂费以帮助我们顺利完成学业，对此我们深表感激。来到高中，很多同学会发现，学习进度越来越快了，作业越来越难了，不懂的问题越来越多了，对于知识充满了困惑，对于陌生的环境充满了不适应。而宏志讲坛的举办如同雪中送炭，指明了我们前进的方向，鼓起我们吃苦的勇气。

宏志讲坛汇聚了我市教育界的精英，来自各个学校的特级教师、学科带头人、省级教坛新星，他们不辞辛苦，不计较个人利益的得失，携手用爱和智慧，为我们的梦想插上成功的翅膀，用责任和信念为我们的理想护航。从此，每个星期六上午，都将成为我们期盼的"节日"，我和我的同学们一定不会忘记社会的支援和关爱，不忘老师的教诲和帮助，我们将会写在人生的扉页上，以今天为起点，以明天为感召，做学习的主人，做生活的强者，感谢学校，回馈社会，报效祖国。

今天，在这里，我们共同见证了这次爱的传递，我们要把这份爱和希望传递下去，让更多的人感受到温暖，让人生因爱而美丽。在这里我再次代表全体宏志生真诚地感谢社会的关爱，感谢学校给予我们的真切关怀。

最后祝老师和家长们身体健康、工作顺利，祝同学们生活愉快、学习进步。

谢谢大家！

宏志生代表霍然

第二节　宏志讲坛专家简介

他们来自马鞍山市各中学或教研室，有的是安徽省特级教师，有的是马鞍山市学科带头人。从 2011 年 9 月 3 日起，这些老师利用周六时间，轮流做客二十二中宏志讲坛，与学生面对面交流。

以下为首批宏志班导师团成员简介。

郭惠宇：马鞍山市第二中学高中语文教师，中学语文正高级教师，安徽省特级教师，全国模范教师。曾获全国先进工作者、全国中青年语文教师教学大赛一等奖。论文多次获安徽省一等奖，发表教学论文百余篇，参与编写语文教材。导师团团长。

盛庆丰：马鞍山市第二中学高中语文教师，中学语文正高级教师，安徽省特级教师，马鞍山市优秀教师。曾获全国语文教学大赛一等奖，多篇教学论文在全国语文核心期刊上发表。导师团成员。

俞仁凤：马鞍山市教育局教研室高中语文教研员，中学语文正高级教师，马鞍山市高中语文学科带头人。主持多项省市级课题并获奖，多篇论文获奖。导师团成员。

赵汛：马鞍山市第二中学高中数学教师，中学数学高级教师，安徽省特级教师，数学奥赛一级教练，安徽省数学会理事，安徽省高师数学会常务理事，安徽省中数会理事。多次参加省内各级考试的命题和多种教辅用书的编写。导师团成员。

胡学平：马鞍山市第二十二中学高中数学教师，中学数学正高级教师，安徽省特级教师，安徽省高师数学会常务理事。主编、参编或主持审定教辅用书十多册。导师团成员。

张艳秋：安徽工业大学附属中学高中数学教师，中学数学高级教师，安徽省特级教师，安徽省高师数学会常务理事。主持的省级课题多次在省级评比中获奖,发表论文多篇。导师团成员。

何鸣:马鞍山市第二十二中学高中数学教师,中学数学高级教师,马鞍山市高中学科带头人。撰写的论文多次在省级评比中获奖,发表论文多篇。多次参加市高考模拟命题工作。导师团成员。

孙滨:马鞍山市第二十二中学高中数学教师,中学数学高级教师,安徽省特级教师,马鞍山市高中数学学科带头人。参与初中实验教材等编写工作。导师团成员。

许荣德:马鞍山市第二中学高中英语教师,中学英语高级教师,安徽省特级教师。导师团成员。

阎明:马鞍山市第二中学高中英语教师,中学英语高级教师,安徽省特级教师,马鞍山市中学英语学科带头人,市优秀教师,市中学英语课程改革指导组成员。在省、市级刊物上发表论文多篇,出版著作三本,课题研究获省二等奖。导师团成员。

倪宏:马鞍山市教育局教研室高中英语教研员,中学英语高级教师,安徽省特级教师,马鞍山市中学英语学科带头人,市优秀教师,市中学英语课程改革指导组成员。主持多项省、市级课题并获奖,多篇论文获奖。导师团成员。

宋世骏:马鞍山市教育局教研室高中物理教研员,中学物理高级教师,安徽省特级教师,市中学物理课程改革指导组成员。主持多项省、市级课题并获奖,多篇论文获奖。导师团成员。

谢宏:马鞍山市第二中学高中物理教师,中学物理正高级教师,安徽省特级教师,全国优秀教师,教育部"特级教师计划"课题子课题组长,马鞍山市名教师工作室主持人。发表论文30篇,参与编著6部。导师团成员。

钱其保:马鞍山市第二十二中学高中化学教师,中学化学高级教师,安徽省特级教师。主持多项省、市级课题并获奖,多篇论文获奖。导师团成员。

后勇军:马鞍山市第二十二中学高中化学教师,中学化学正高级教师,马鞍山市高中化学学科带头人,二十二中化学教研组组长。获市优秀教师、市师德标兵、市优秀班主任、省优秀教师等称号。导师团成员。

王忠文：马鞍山市第二中学高中生物教师，中学生物正高级教师，安徽省特级教师。获马鞍山市先进、优秀教师3次。导师团成员。

姜文芳：马鞍山市第二十二中学高中生物教师，中学生物高级教师，马鞍山市高中生物学科带头人，二十二中生物学科组长。先后获得马鞍山市"十佳青年教师"、马鞍山市教育系统优秀共产党员、市教科研先进个人、第三届安徽省"教坛新星"等荣誉称号。导师团成员。

吴望民：马鞍山市教育局教研室高中政治教研员，中学政治高级教师，安徽省特级教师。多次参加安徽省高考命题工作。主持多项省、市级课题并获奖，多篇论文获奖。导师团成员。

王怡：马鞍山市第二中学高中政治教师，中学政治正高级教师，安徽省特级教师，马鞍山市教育系统先进个人，市优秀班主任。多次组织省、市级教育课题研究，论文及教育成果4次获国家级一等奖。导师团成员。

伍玉魁：马鞍山市第二中学高中政治教师，中学政治正高级教师，安徽省特级教师。曾获马鞍山市师德标兵、省优秀教师、省现代教育技术先进个人等称号。多篇教学论文在学术刊物发表，多次参加安徽省高考命题工作。导师团成员。

李代贵：马鞍山市第二中学高中历史教师，中学历史正高级教师，安徽省特级教师。曾多次参加教材编写，论文获全国一等奖，出版发表教学成果逾百万字。导师团成员。

徐仁龙：马鞍山市第二十二中学高中历史教师，中学历史高级教师，安徽省历史学会会员，马鞍山市历史学会常务理事，市历史学科教学指导组成员，历史学科常态教学指导组副组长。多次参加安徽省高考命题工作。导师团成员。

金红艺：马鞍山市第二中学高中地理教师，中学地理高级教师，安徽省特级教师，安徽市地理学科带头人。多篇论文获省、市一等奖。多次参加马鞍山市高考模拟命题工作。导师团成员。

张建勋：马鞍山市第二中学高中地理教师，中学地理高级教师，安徽省第二届"教坛新星"。多次参加马鞍山市高考模拟命题工作。导师团成员。

周鹰：马鞍山市红星中学高中音乐教师，中学音乐高级教师，安徽省特级教师，马鞍山市名教师。导师团成员。

王珺：马鞍山市第二十二中学高中音乐教师，安徽省第三届"教坛新星"。导师团成员。

第三节　宏志讲坛讲义摘录

从2011年9月至2021年12月，做客宏志讲坛的教师达到30余位，10年中，专题讲座达到300余场。以下摘录部分讲座内容，通过这些以窥全貌。

语文天生重要——高中语文学习方法谈

■ 什么是语文

语文是一口流利的普通话，是一手秀丽的方块字，是从笔端流出的锦绣文章，是侃侃而谈的风度和气魄，是举手投足间的书卷气，是与对手辩论时的智慧应对，是和他人聊天时的得体话语。语文是中华民族历史的缩影，是五千年古老文明的积淀，是中国人审美性格的精灵，是博大而丰满的精神元素。

语文是楚辞公屈原脚下的汨罗江，是宋名将岳飞背上的精忠报国，是庄子的逍遥云游，是孔子的颠沛流离，是魏王的老骥之志，是诸葛的锦囊妙计，是李白的杯中酒，是曹雪芹的梦中泪，是文天祥"人生自古谁无死"的丹心汗青，是毛泽东诗中秦皇岛外的滔天的打鱼船。

语文是山重水复的柳暗花明，是沉舟侧畔的万点白帆，是朝霞洒脱下的点点银露，是夕阳沐浴下的棵棵红杉，是万里长城上巍巍不倒的雄风，是风狂大漠皑皑雪原的博大情怀，是璀璨夜空中那颗最亮的星，是千古绝唱的诗词曲赋，是功垂青史的四库全书……

语文，就是说铿锵有力中国话，写方方正正中国字，书洋洋洒洒中国文，做堂堂正正中国人！

■ 为什么学语文

因为高考要考语文。

语文是其他学科的基础。

学习语文可以陶冶你的情操，提升你的气质。

语文是一个人一生中离不开的工具。

■ 怎样学语文

1. 语文能力的构成

语文能力包括情感、态度、价值观，知识与能力和过程与方法等三个方面。如图 2-1，三者的关系不是平面的，而是从一个原点（被培养人的基础）出发，向人的发展空间的三个方向（或称作"三个维度"），构建的类似圆锥体的立体式结构关系。语文能力是在对语文知识的具体运用中形成的。学生的知识与能力正是在文本与学生在情感、态度、价值观的相互碰撞并使学生的情感、态度和价值观的不断升华中得到发展的。而这二者（情感、态度、价值观，知识与能力），又是在运用正确的学习方法和学习过程中完成的。

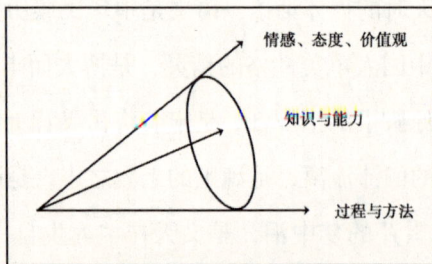

图 2-1　语文能力

2. 如何积累、整合语文基础知识与学习方法？

（1）文章不是"无情物"，激发兴趣，热爱语文。

（2）正音、正字常抓不懈。会查、勤查工具书。

（3）有目标地预习，初感文本，知性探知。

（4）具化知识，系统学习，打牢知识根基，学会迁移形成较为完整的知识架构。

（5）带着问题，明确学习目标，积极思考，善于反思。

（6）"不动笔墨不读书"，圈点勾画并切分。读写结合，修改落实。

总之，积累、整合语文基础知识与学习方法需要做到：把课文与注释结合起来，把作业与书法结合起来，把课本与名著结合起来，把阅读与写作结合起来，把背诵与理解结合起来，把接受与怀疑结合起来，把学习与生活结合起来。

3. 如何感受、鉴赏阅读文本？

为何读：腹有诗书气自华。

要明确读书的目的。第一，读书是我们掌握知识、技能，创造物质财富的重要手段。第二，读书可以使人益智。第三，读书可以陶冶人的情操，提高人的素养，培育人的意志。第四，读书可以不断发展人的能力，实现人的价值最大化。第五，阅读能够提高全民族的素质，使人类变得更加美好。

阅读不能改变生命的长度，但它可以改变人生的宽度；阅读不能改变身体的重量，但它可以改变人生的分量；阅读不能改变人的出身，但它可以改变人生的命运；阅读不能改变人生的物相，但它可以改变人生的气象。人的精神发育史就是阅读史。

读什么：书到用时方恨少。

既要为升学功利而读，也要为职业准备而读，更要为人生修养而读。也就是，既要有硬实力、硬知识，也要有软实力、软知识。

要读"两头的书"：一方面要选择经过人类历史考验的经典书籍，提高应对人生挑战的能力；另一方面要读当下的书籍，了解当下人的思想，与同代人保持交流，在经典与流行的交融中找准自我的生命位置。

怎样读：读书万卷始通神。

一本新书像一艘船，带领着我们从狭隘的地方驶向无限广阔的海洋。读书就是终生的旅行。要做到：勤、选、活、思、用、乐。

勤：就是要持之以恒。"读书勤乃成，不勤腹中空"。只有勤于读书，才能到达知识的彼岸。学习再忙，生活再累，每天都抽出一点时间读书，逐渐养成"一天不读书，浑身不舒服"的好习惯，日复一日，年复一年，就会聚沙成塔、集腋成裘，进一步坚定信念、通达情理、知晓荣辱。

选：就是要有所选择。开卷有益，是针对好书、益书而言的；埋首庸俗低劣之作，花费了时间和精力却一无所获。凡书必读，一辈子也读不完，只能有所选择，读其精要。

活：就是要方法灵活。阅读方法对路，才能事半功倍。对思想博大精深的传世经典，要反复研读、求深求细，把握精神实质；对颇有新意但开掘不深的书籍，可以快速浏览，掌握大概，知其创新所在；对精华与糟粕混杂在一起的书，则进行分析式阅读，去粗取精、去伪存真；对内容粗俗、质量低下的书，就要坚决弃之如弊履。

思：就是边读书边思考。尽信书不如不读书，善思考才能得真知。要善于质疑，敢于发问，使自己和作者平等交流，形成思想互动；要善于比较，分清高下，排除谬误，认识真理；要善于举一反三，闻一知十，融会贯通。

用：就是学以致用。"纸上得来终觉浅，绝知此事要躬行"。读书应注意理论联系实际，把学习知识同提高修养相结合，转化为优良品格和高雅气质；同经验相结合，转化为理论概括和真知灼见；同学习、工作相结合，转化为专业素质和业务能力。

乐：就是找到读书的乐趣。快乐读书的"五部曲"：非常地想读书；充分了解自己；确立读书的目标；适当的读书规则；善用资源，发挥潜能。

4. 如何应用、拓展语文能力？

一要善于"发现"：发现，就是你观察到的、体验到的、感悟到的。"美是到处都有的，不是缺少美，而是我们的眼睛缺少发现。"要学会自己主动去发现自然、发现社会、发现生活。

二要善于"表达"：表达，就是有了倾诉、交流的欲望，对社会、对生活开始有了自己的见解，有了自己的思想，渴望着发出自己独立的声音，与社会进行对话。

（1）细心观察、体验和感悟。

如果我们细心观察社会，随时看、细心听，做有心人，留意体察自我和他人的思想、学习、生活，我们对自然、对自我、对社会、对人生就会有很多发现。眼睛可以看，耳朵可以听，手足可以触摸，心灵可以感受。

生动的周围世界为发展我们的审美能力提供了广阔的天地，巍峨的高山、呼啸的大海、碧绿的原野、灿烂的山花、柔和的轻风、欢快的小鸟，这一切美好的事物只有热情地去拥抱，才会有天真美丽的遐想，欢悦愉快的体验。

家人的关爱、师生的交往、同学的趣闻、学习的乐趣、考试的苦恼、活动的滋味，这一切流动的生活只要悉心地去感知，就有可能产生热烈的创造欲望、汩汩滔滔的文思才情。

（2）学会不断追问，懂得联想和想象。

观察一件事、一种现象，可以多问几个问题：这是什么？为什么会这样？与之相关的人或物是什么？如何解决？

当你推开窗子，把头伸出窗外，你观察到了什么？发现了什么？听到外面的风声雨声，你想到了什么？你能听到远处传来的呼唤声？你听到了一片森林被毁灭的痛苦呻吟吗？你听到了一片农田被侵占的沉重叹息吗？你听到了一条崭新的铁路延伸的刺耳呼啸吗？你听到了社会变革的呐喊吗？

事实上，一个人内在情感的储存越丰富，心理结构的建设越完善，对新鲜材料发现的能力也就越强。

（3）明确写作的意义。

通过写作来内省，来缓解自己内心的紧张，从而记录下自己在这个漫长的内心搏斗过程中，作为一个个体在这个时代的生活"供词"与精神"供词"。

通过写作去发现人生的意义，探寻真理的美，审视现实的苦难、不幸、残缺和种种威胁。威廉·福克纳曾说："提醒人们记住勇气、荣誉、希望、自豪、同情、怜悯之心和牺牲精神，这些是人类昔日的荣耀。"

通过写作来战胜自己的自私与偏狭，以良知的真诚去发现繁纷复杂的生活现象背后的真实存在，用自己心灵的感受去弥补眼睛的局限，写出人类心灵深处最真实的声音。

总之，作文就是生活世界的延展，是千奇百怪的幻想，是情感操行的外化，是思想悸动的记录，是知识累积的呈现，是言语技巧的游戏，是交流，是倾诉，是再现，是创造……

（4）写好作文的策略。

一是要精于分解，捕捉亮点。写作是一项复杂的系统工程，要完成这样一个高难度动作，需要做动作分解，让分解后的每个动作元素都成为亮点。属于亮点的元素很多，诸如以标题为棱镜，可以折射出睿智的光芒；抓住开头这一闪亮登场的机会，打开成功的大门；在结尾处留下余韵，珍惜最后亮相的片刻；笔中注满修辞的墨水，营造出光华灿烂的文章殿堂；精心巧构文章的框架，玩转文章的设计魔方；在每个段落的衔接处安装好转动装置，给文章添加润滑剂；积累材料，信手拈来，可以提升文章的档次；精心设计细节，使之凝聚成形，让每个瞬间成为永恒；以精彩的文体呈现，拥有耳目一新的包装；即便是卷面，当它清爽宜人时，也会人见人爱的。

二是要不断修改，锻造精品。一篇未经修改过的文章，只能算是半成品。拟写与修改是不可分割的作文过程，其运行中存在着互动：修改主题，便于训练锁定立意的方法；取舍材料，便于锻炼匹配材料与主题的能力；斟酌词语，便于提高遣词技巧；调遣段落，便于构建文章的大局观。文章不厌百回改，拟写与修改的次数多了，文章的规律也就烂熟于心。同时，还可以"一题多做"，反复实践，从不同角度、不同立意对同一个题材、同一个文题作不同训练，提高独辟蹊径、锻造精品的能力。

郭惠宇

文章三读——阅读文本的层次

■ 第一个层次：读懂——用自己的眼睛看文本

阅读的起点是读懂文本。这是最简单不过的道理了。可是，由于读者的浮躁，不能沉下心来细读；由于迷信教参，不能独立思考；由于过分自信，不愿意查找资料等。读不懂，也成了阅读中常见的"毛病"了。

1. 字词误读

望文生义，主观臆断，是阅读中常见的现象。

例如：

"文不加点"中"点"是标点吗？（正解：涂上一点，表示删去）

曾子曰："吾日三省吾身——为人谋而不忠乎？与朋友交而不信乎？传不习乎？"其中"三"，是多次，还是三个方面？（正解：多次）

七月流火的"火"是比喻吗，像火一样？（正解：火星）

苏轼《赤壁赋》："寄蜉蝣于天地，渺沧海之一粟。"其中"粟"不是米粒，而是像米粒一样细小的沙子（比喻义）。

有人撰文，中学课本中的注释错误上千。虽夸大，但也说出一个事实：错误实实在在存在。

2. 文本误读

《从百草园到三味书屋》的课后练习一中的问题三中有这样一种说法："用百草园的自由快乐衬托三味书屋的枯燥无味，揭露和批判封建腐朽、脱离儿童实际的私塾教育。"

代表人物是寿镜吾，于是，他是"不自觉地为旧制度效劳，是旧教育制度的忠实执行者。他不懂得少年儿童的心理，他没有像长妈妈那样讲故事能够抓住儿童的心，他也没有像闰土的父亲那样耐心诚恳地回答儿童提出的问题，而是不顾教育对象的心理特点，拒绝学生的提问，泯灭他们的求知欲，这些都是错误的教学态度与教学方法"。

【正解】鲁迅先生对百草园固然喜爱，对三味书屋又何尝不是深情绵绵？

对长妈妈和闰土父亲一往情深，对寿镜吾先生又何尝不是敬重有加呢？文中明明写着："我对他很恭敬，因为我早听到，他是本城中极方正，质朴，博学的人。"

《丑小鸭》的阅读提示中，编者是这样说的："作者笔下的这只丑小鸭，处处受排挤，受嘲笑，受打击。但他并没有绝望，也没有沉沦，而是始终不屈地奋斗，终于变成了一只美丽、高贵的天鹅。这一切缘于他心中那一份恒久的梦想。你我都能成为一只天鹅，你会成功的，不过有很长的路要走……"

编者将这篇作品解读为：每一个平凡普通的人就像丑小鸭，通过奋斗最终能变成美丽的天鹅，只要始终不屈地奋斗，就能取得成功。在实际的课堂教学中，教师的确是根据这样的"提示"来理解作品，并把这种理解当作主要的教学目标来落实。

【正解】原文是这样表述的："只要你是一只天鹅蛋，就算是生在养鸭场里也没有什么关系。"只要你是天才，只要你有才华，总有一天你会被人们所认识，而最后受到嘲笑的，将是那些嘲笑天才的无知和短视的世人。

也就是说，假如这是一只鸭蛋，你就是再怎么努力，也不可能成为天鹅啊。天才，加上对美的追求和向往，加上不懈的努力，才是成功正途。他们也可能受到委屈、蒙受冤枉，甚至遭到灭亡，但会永远活在人们心中，启发人们向着生命的最高境界前进。

玛蒂尔德是小资人物的代表，是"虚荣"的典型。课文前的提示和教参中的解读是：主人公玛蒂尔德是"小资产阶级妇女形象"（教育部小职员路瓦栽夫人），尖锐地讽刺了虚荣心和追求享乐的思想。

【正解】"人生真是古怪，真是变化无常啊。无论是害您或者救您，只消一点点小事。"恰恰是这件小事，成全了玛蒂尔德。假如，以前的玛蒂尔德是"小资"，经过这件事情以后呢？她成了一个非常实在的人了。另，虚荣是不是资产阶级独有的呢？一定不是。有人解读，这个故事向我们展示了玛蒂尔德、路瓦栽和佛来思节夫人诚实守信的优良品质，张扬了人性之美。

《窦娥冤》一文，教参与教材对其主题判定是：《窦娥冤》以窦娥的悲惨遭遇反映了封建吏治压迫人民、贪赃枉法的腐朽本质。

解读《窦娥冤》，应当提炼出具有普遍意义的价值内核：该剧写一个弱小无助的寡妇在昏官的迫害下冤屈而死的故事。窦娥的悲剧尽管发生在过去的时代，但它揭示了一个具有普遍意义的社会问题：社会的不公正。

王维《相思》："红豆生南国，春来发几枝？愿君多采撷，此物最相思。"

现在的读者，多把这首诗看作情诗，表现男女之间"相思"之情。

事情的真相究竟是什么呢？

此诗题一作《江上赠李龟年》，也就是说，这首诗是王维题赠李龟年的。李龟年，唐时乐工，善歌、擅乐器，也长于作曲。由此可见，诗中抒写的是眷念朋友的情绪。

■ 第二个层次：读深——用自己的心灵感悟文本

读出言外之意、内在意蕴。了解作者真实的创作意图，能够透过现象看本质，不能浅尝辄止。例如：

"孝公既没，惠文、武、昭襄蒙故业，因遗策"。这句中的"没"，课文中没有注释，联系上下文来看，解释为"死亡"应该没有错误。问题是，孝公死亡，该不该称"没"？

古人讳死，讲究分明：天子死曰崩，诸侯死曰薨，大夫死曰卒，士曰不禄，庶人曰死。天子死，除了崩、薨外，还可以称崩殂、宴驾、山陵崩等。人君死后，未定谥号之前，叫大行。一般官员和百姓死亡，则称殁、殂、千古、殒命、捐生、就木、溘逝、作古、弃世、故、终等。

查查历史，有案可稽。举出两条，以为证明。其一，鲁文公薨——《左传·昭公三十二年》；其二，昭王薨——《史记·魏公子列传》。

这样看来，如果写作"孝公既薨"，才是本色行文。

贾谊不是不知道，但他偏偏选择了"没"，为什么？细细品来，正是这个"没"字，体现出了作者的情感、态度：对秦孝公窥视周室、以下犯上的极度不满和鄙视。

《廉颇蔺相如传》中有"秦王坐章台，见相如"一句。"章台"，秦宫名，是一般的宫殿。单独来看，并没有什么特别的意义。可是，联系到下文"赵王乃斋戒五日，使臣奉璧，拜送书于庭""严大国之威以修敬也"等文字，其文化内涵便立刻丰富起来。对比中，我们读出了这样的内容：赵弱，对秦国尊崇有加；秦强，对赵国轻慢无礼。

整体和局部，不可分割。从局部，到整体，再从整体观照局部，文化的内蕴需要一点一点地细心挖掘。

《烛之武退秦师》的第一段是这样写的："晋侯、秦伯围郑，以其无礼于晋，且贰于楚也。晋军函陵，秦军汜南。"如果依据教参，限于读懂，那么，这一段交代了晋、秦两国围攻郑国的原因。面临强军压境，郑国岌岌可危，如是而已。

换个角度，联系时代背景和全文来看，就会读出内在的"文化"来。

其一，晋、秦围郑的理由能不能成立？实际情况是，这个"理由"完全是晋、秦强加给郑的。从郑的立场出发，郑之所以"无礼于晋""贰于楚"，都是因为国小力弱，力求自保的正确举动，没有什么不妥。秦、晋围郑，从本质上看，如狼吃小羊，不管羊如何无辜，狼总有吃羊的理由。这样看来，它再次印证了那个特殊时代的一个普遍真理——春秋无义战。

其二，郑对晋"无礼"，于秦无涉；郑在依附晋的同时又依附楚，也只是对晋的不忠，那么，秦出兵的理由在哪里呢？有人说，秦、晋存在着姻缘关系，一损俱损、一荣俱荣，因为姻缘关系两国结盟，这是十分正常的。不错，两国是有姻缘关系，但维系这种姻缘关系的根本是"利"。在大国争霸中，上演的惊心动魄的故事，都是"利"的驱使。秦参与围郑，表面上似乎在替晋讨回"公道"，实际上仍是逐"利"的。正因为如此，洞悉时势的烛之武要用"利"来游说秦伯，而秦伯在权衡之后，为了得"利"，不仅退兵了，还与郑国结盟了。

这样读来，钱币的"另一个面"才渐渐明晰起来：狼烟滚滚的背面，是争利争霸。

《记梁任公先生的一次演讲》中写道："公无渡河，公竟渡河；渡河而亡，其奈公何？"一般教师讲解，大抵会解释诗意及背景。"《箜篌引》者，朝鲜津卒霍里子高妻丽玉所作也。子高晨起刺船，有一白首狂夫，被发提壶，乱流而渡，其妻随而止之，不及，遂堕河而死。于是援箜篌而歌曰：'公无渡河，公竟渡河，堕河而死，将奈公何！'声甚凄怆，曲终亦投河而死。子高还，以语丽玉。丽玉伤之，乃引箜篌而写其声，闻者莫不堕泪饮泣。丽玉以其曲传邻女丽容，名曰《箜篌引》。"可是，为什么梁先生对《箜篌引》情有独钟呢？其实，他在说他自己呢。叫你不要革命、不要热衷政治，你偏要固执，要做什么维新派领袖，要搞什么戊戌变法，还做了司法总长（袁世凯）、财政总长（段祺瑞）。结果如何？处处碰壁了吧，理想破灭了吧，无意政治了吧。叫我说你什么好！

■ 第三个层次：读出个性——用自己的思想分析文本

阅读文本，要调动自己的知识积累，结合自己生活的体验，读出自己的见解来。

《说"木叶"》："可是问题却在于我们在古代的诗歌中为什么很少看见用'树叶'的呢？"作者林庚先生是北大教授，文史学家，对他的观点，本不应该质疑。有一天，我在网上搜索"树叶"进入相应的诗词词条，有关"树叶"的诗词太多太多。有9个页面，现仅举数例：

戎昱《秋望兴庆宫》："随风秋树叶"；

白居易《前庭凉夜》："坐愁树叶落"；

白居易《答梦得秋日书怀见寄》："树叶霜红日"；

杜牧《送沈处士赴苏州李中丞招以诗赠行》："山城树叶红"；

王勃《冬郊行望》："梨疏树叶红"；

卢纶《同李益伤秋》："秋来树叶黄"。

这样看来，"很少看见用'树叶'"，很难站得住脚。假如，这个立论有问题，其他立论恐怕也有影响。

敢于怀疑，自己求证，是读出个性来的一条途径。

《烛之武退秦师》选自《左传》，烛之武有没有说退秦师？各种资料都说：烛之武凭借个人智慧，晓以利害，说服了秦伯，秦国退军，郑国得以保全。

事情真的是这样吗？原文中，有这样一句："秦伯说，与郑人盟。使杞子、逢孙、杨孙戍之，乃还。"

烛之武说退秦师了吗？表面上看，大部队已经走了。而实际上，秦师不仅没有退，反而"戍之"，这意味着什么？对郑国来说，已经成了秦国的口中食物了，这种结局仅比亡国强那么一点点。虽然如此，烛之武仍然功不可没。但可笑的是教参不仅没有认识到"戍之"的危害，反而对"戍之"还津津乐道，大有意外收获之喜。这种认识，不值得读者反思吗？

《桃花源记》仅仅描绘了"世外桃源"吗？分析者通常认为，作者构想出他心目中的理想社会——世外桃源。在这个社会里，没有压迫，没有剥削，没有纷扰；人人各尽所能地参加劳动，老人和孩子都生活得幸福、愉快，人与人之间都极其融洽、友好。

就文中描绘的"桃花源"来看，这样的分析，是没有问题的。但是，一般读者往往会忽略文本中的一个人物——渔人。就是关注到这个人物，也认为他是一个见证的人。

可是，细细读读，看看"渔人"的表现吧："此中人语云：'不足为外人道也。'既出，得其船，便扶向路，处处志之。及郡下，诣太守，说如此。"

桃花源中的人，把渔人当作上宾，送他走的时候，特别交代："不足为外人道也。"可是，渔人呢？他"处处志之"，且立即赴郡报告太守，这说明什么？失信、邀赏！丑陋吧。

假如，太守找到了桃花源，桃花源还会是桃花源吗？

桃花源中的人物是不是和"渔人"形成对比了？如果形成对比，目的是什么？这样想来，对现实世界的不满与批判，也隐含在《桃花源记》中。

《泊船瓜洲》中的"春风又绿江南岸"，是"又"重要，还是"绿"重要？

这首诗中的"绿"字，将无形的春风化为鲜明的形象，极其传神，广为传颂。"绿"真如此神奇了吗？

我们将"又""绿"进行比较看：从炼字角度看，这两个字都很有讲究。"绿"，比"到""满""入""过"等字好；可是，"又"，也比"再""三""重"等字好，它表示重复，一年又一年，写出时间之长。

从炼意角度看，"绿"，表现春天到来后，江南岸一片新绿的景物变化。"又"，表现出一年又一年，盼着归家而不能够的愁绪。

这首诗，是要写江南的春天景色变化，还是要表现"思归"呢？这样看来，最能体现作者情感的，就是这个"又"字。

千百年来，人们一直误读，津津乐道于"绿"，是捡了芝麻丢西瓜。

我们的价值观，为什么总是平面的？琵琶女，该不该批判？《囚绿记》好在哪里？荆轲该不该歌颂？《归去来兮辞》"八十一天"为什么辞归？我们学习的文本，为什么屡遭删节？

有些读者往往迷信课本，迷信教参，迷信别人的观点和看法，迷信自己的感觉，不愿意查资料，望文生义，人云亦云，睁着眼睛说瞎话。为此，我们倡导——用自己的眼睛看文本。

作者的观点，有些是透明的，有些是隐含的，文学作品更是讲求"曲折"。有些读者浅尝辄止，只看到文本的表层，难以看到言外之意、内在意蕴。为此，我们倡导要透过现象看本质——用自己的心灵感悟文本。

好的作品，一旦交给读者，读者也成为"创作者"，这就是"一千个读者就有一千个哈姆雷特"。鲁迅先生说："一部《红楼梦》，经学家看见《易》，道学家看见淫，才子看见缠绵，流言家看见宫闱秘事。"我们阅读文本，最怕万众一词，因此，我们倡导——用自己的思想分析文本。

俞仁凤

梦想与坚持

2007年夏季，我登顶了昆仑山脉第三高峰，海拔7546米的慕士塔格峰；2008年秋季，登顶世界第六高峰，海拔8201米的卓奥友峰；2009年春季，登顶世界最高峰，海拔8848米的珠穆朗玛峰（以下简称珠峰）；2009年夏季，攀登四川境内海拔6168米的雀儿山；2010年夏季，登顶北美第一高峰，海拔6193米的麦金利峰；2011年春季，登顶非洲第一高峰，海拔5895米的乞力马扎罗峰。

每个人心中都有一座珠峰，想一想，你的那座，在哪？

山，就在那里了，怎样才能攀登上去？

珠峰，海拔8848米。世界攀登死亡率最高的十座雪山，珠峰排名第六。峰顶的最低气温常年在零下34摄氏度，每天都刮七八级大风，十二级大风也不少见。8.27%的攀登死亡率，200多具尸体留在了山上。

2009年春，珠峰，我终于来了！十多天前这里发生过冰崩，600多米的线路绳都被埋了。唯有勇敢者，才能不断超越。

快接近营地的时候，过金属梯，这是难点之一，以前发生过雪崩，7位登山者遇难。

向后看去，其实是走在一个巨大雪脊上，营地隐约可见。

16日早晨8点，海拔7990米的C2营地，检查氧气装置。昨晚睡觉时才发现我的面罩坏了，只能用备用的了。

路上，备用的也坏了，有三分之一的路程是无氧攀登的。半途中，我还拉肚子。那天，我是最后一个到达营地的。

最后100多米路程，我用了40多分钟。海拔8300米的C3营地也称突击营地，是建在一个斜坡上的，附近还有好几具遇难山友的尸体。

晚上8点58分珠峰的一抹温暖，让我充满了对人世的感动和眷念。

晚上10点，我、旦增和格桑三个人挤在凹凸不平并倾斜着的帐篷里，穿着羽绒服裹着羽绒睡袋迷糊了有半小时左右。夜里11点被旦增叫醒，早餐和昨晚的一样，一听八宝粥和一杯奶茶。

17日凌晨1点，攻顶开始。这段路程有三个难点，全是悬崖，俗称三个台阶。第一台阶约三层楼高，近乎垂直，在海拔8500米处。在第一台阶处有一个队员被落石砸中，当场休克，导致三个队员下撤。

从第一台阶到第二台阶的大部分路段是在崖壁上横切的，横切的路往往只有一只脚宽的距离，路线绳更多的作用是心理上的，一旦滑坠，生还的可能极小。

第二台阶在海拔8700米处，是由两段悬崖组成的，有20多米高。出名的"中国梯"则是指上方那具梯子，但下面那段悬崖上的两具金属梯更难爬些，梯子由绳子吊着，是晃动的。第二台阶下面，有一具年轻女尸，俯卧在路线下方，让我误以为是队友。

爬过梯子后，还要爬上右边那块光滑的岩石，岩石不仅光滑，而且无处着力，穿着冰爪攀登本身就很笨拙，如果不慎滑倒，就会摔下万丈深渊。

哪怕仅仅只是摔伤了一条腿，也不可能下来了，因为在第一、二台阶间，许多路线的宽度只能容下一只脚，再多的向导也是无能为力的。

7点25分，珠峰8000米以上那段空间，金碧辉煌的样子，震撼了所有人的心。

我走在队伍的最后，可以看到前面的队友已经接近第三台阶了。第三台阶附近有具尸体，一只手抬起，还指着前方，抬起的胳膊上破碎的羽绒服，像无数面破碎的小旗子，在风中飘扬，特别悲壮。

顶峰下方的最后十几米雪坡，积雪是坚硬的，极易滑堕。我对珠峰的敬畏是在心里的，我没敢用脚踩上去。我只是坐在下面，那一刻，很幸福了。

风很大，天很冷，我却感到温暖，只是在那里坐一坐，却平生第一次感受到生命里从没经历过的庄严和永恒。

甚至，我感到自己也是经幡的一部分了，在风中战栗着，我开始祈祷，为万物，为家人，为朋友，也为自己。

后来，我站了起来，当我站起来的时候，我意识到自己成了在这世上最高的人了，可那时我心里却想着一件事：如果这次能活着下去，就好了。我对自己说，如果能活着下去，我一定要好好工作，好好生活，好好对待家人。

海拔 8000 米以上，350 米垂直空间的生与死。

氧气已经用完，零下 40 摄氏度气温已经将输氧管里的热气冷冻成冰河了。我的向导在海拔 8650 米的地方也走了。无氧、无水、无向导、高寒、高空风、滑堕，每一个都足以致命。

在下第一台阶时，两次捡回命。

18 日中午，我在 C1 营地的帐篷里找出手机，给捷子打了电话，第一句是这样说的：九死一生，活着真好。

23 日晚，在南京禄口机场，我终于见到了朝思暮想的亲人，抱着妻儿时，不禁悲喜交加：三生有幸，作为人父、人夫还能活着从山上下来，以尽自己的责任和享受天伦。

性格中很重要的四个字：坚持、专注。

6 年磨一剑，锻炼体能，耐寒训练，制订攀登计划并实施。

从 2003 年起，锻炼从没有间断过，尤其是攀登珠峰的头两年，每天坚持长跑 1 万米。除每天长跑 1 万米外，一个月内还利用星期六或者星期天进行两次强化训练，每次在郊外越野长跑 32 公里。

为提高耐寒能力，从 2003 年秋季开始，我就试着穿短袖越野长跑，以后就再也没有穿过长袖了。

从 2004 年环青海湖之行算起，2005 年徒步喀纳斯、赛里木湖，2006 年转神山岗仁波齐翻越海拔 5700 多米的卓玛拉山口，都是为了攀登雪山而作的前期准备。

2007 年夏季，在 48 个人的攀登队伍中，在左腿十字韧带拉伤的情况下，第二个登顶了海拔 7546 米的慕士塔格峰，那次的收获是知道了自己可以适应高海拔雪山的攀登。

2008 年初，我通过了中国登山协会在双桥沟举办的攀冰课程考试。

2008 年秋季，我也是第二个登顶海拔 8201 米卓奥友峰的，那次的收获，是给了自己攀登 8000 米以上雪山的经验和信心。

2009 年初，去北京桃源仙谷和云蒙山峡谷进行了攀冰训练。

作为一个攀登者，不攀登时，你要专注训练。作为一个学生，则要专注于学习。多看书，多思考，做一个坚持、有梦想的人。

陈钧钧

成长中的几个故事

■ 年轻的设计师

他是一位年轻英俊的英国建筑设计师，运气很好，被邀请参与温泽市政府大厅的设计。他运用自己熟知的工程力学知识，根据自己的设计经验，设计了只用一根柱子支撑大厅顶的很奇特的方案。

一年后，市政府请权威人士进行质量检验，对他设计的一根支柱表示异议，他们认为，用一根柱子支撑天花板安全系数太小，要求他再多加几根柱子。

年轻的设计师异常自信，他说："只要用一根柱子便足以保证整个大楼的稳固。"他相当娴熟地计算和列举相关设计事例加以说明，对工程验收专家们的建议予以拒绝。

他的固执惹恼了市政官员，年轻的设计师险些因此被送上法庭。

在情非得已的情况下，他只好在大厅四周增加了 4 根柱子。

时光更迭，岁月如梭，一晃就是 300 年。

300 年的时间里，市政官员如同走马灯似的换了一批又一批，市政府大厅依然坚固如初。直到 20 世纪后期，市政府准备修缮大厅的天花板时，才揭开这个秘密：这 4 根柱子全部没有接触天花板，而是与天花板相差 2 毫米。

消息传出，世界各国的游客和建筑师慕名而来，观赏这几根神奇的柱子，人们把这个市政大厅称作"嘲笑无知的建筑"。这位建筑师当年留在中央圆柱顶端的一行字最为人们称奇：真理和自信只用一根支柱。

这位年轻的设计师就是克里斯托·莱伊恩，一个对我们来说很陌生的名字。今天，能够找到的有关他的资料实在微乎其微了，但在仅存的一点资料中，记录了他当时说过的一句话："我很自信。至少 100 年后，当你们面对这根柱子时，只能哑口无言，甚至瞠目结舌。我要说明的是，你们看到的不是什么奇迹，而是我对自信的一点坚持。"

■ 非洲尖毛草

尖毛草为雨季的来临做了精心的准备，打下了坚实的基础，并为之付出了艰辛的努力，最后在草原上一枝独秀。尖毛草之所以被人记住，并不仅仅在于它修长的身躯，更在于它那后来居上的生长历程和它那给人启迪的生存智慧。当同伴迫不及待地朝上生长时，尖毛草却能"我心岿然不动"，仍然顽强伸长自己脚下的根脉。俗话说，万丈高楼从地起，没有一个坚实的基础，哪有万丈高楼入云霄的气派？没有一个个知识点的积淀，哪有学科知识系统的构架？没有一个个英语单词的积累，哪有英语阅读的快速理解？没有对一个个重点、难点知识的理解，哪有高考做题时的潇洒、自如？

不鸣则已，一鸣惊人，是有原因的，原因就在于像非洲尖毛草那样平时注重默默积累。打好基础，厚积薄发。

■ 高效的工作方法

美国著名的伯利恒钢铁公司总裁理查斯·舒瓦普，曾为自己和公司的工作效率低下而十分忧虑，就去找效率专家艾维·李寻求帮助，希望艾维·李能卖给他一套思维方法，告诉他如何在更短的时间里完成更多的工作。

艾维·李说："好！我 10 分钟就可以教你一套至少提高 50% 效率的方法。把你明天必须要做的、最重要的工作记下来，按重要程度编上号码。最重要的排在首位，以此类推。早上一上班，马上从第一项工作做起，直到完成。然后用同样的方法对待第二项工作、第三项工作……做到你下班为止。即使你花了一整天的时间才完成了第一项工作也没关系，只要它是最重要的工作，就坚持做下去。每一天都要这样做。你对这种方法的价值深信不疑之后，叫你公司的其他人也这样做。这套方法你愿意试多久就试多久。最后给我寄张支票，你认为值多少就给我多少。"

理查斯尝试了几次之后，认为这个方法很有用，不久就填了一张25000美元的支票给艾维·李。理查斯后来坚持使用艾维·李教给他的这套方法，5年后，伯利恒钢铁公司从一家不为人知的小钢铁厂一跃成为最大的钢铁生产企业。理查斯常对朋友说："要事第一，与各种所谓高深复杂的办法相比，这是我学到的最简单、最得益的一种。我和整个团队始终坚持拣最重要的事情先做。我认为这是我的公司多年来最有价值的一笔投资！"

事情都有轻重缓急之分，你的行动表明你对一件事的重视程度。在我们的一生中，有好多事情等着我们去做，但是，我们千万不要忘记把我们每天遇到的事情排个顺序，次要的事情都应该给主要的事情让路。

对于成长中的青少年来说，我们应该具备一种能力，一种分清事情轻重缓急的能力，懂得哪些事情是今天必须完成的，哪些是可以暂时放一放的。

生活中，那些愚蠢的人只会以为每件事都是一样重要，只要每天的时间被填得满满的，他们就会很高兴。然而，聪明的人却不是这样，他们通常是按优先顺序展开学习和工作，将要事摆在第一位，这样，就不会再因为没有时间做所有的事情而抱怨了。

■ 培养专注的能力

IBM（国际商业机器公司）在招聘员工时，特别注重考察应聘者的专心致志的工作作风。通常在面试最后一关时，都由总裁亲自考核应聘者。

营销部经理约翰在回忆当时应聘的情景时说："那是我一生中最重要的一个转折点，一个人如果没有专注工作的精神，那么他就无法抓住成功的机会。"

那天面试时，公司总裁找出一篇文章对约翰说："请你把这篇文章一字不漏地读一遍，最好能一刻不停地读完。"说完，总裁就走出了办公室。

约翰心想，不就读一篇文章吗？这太简单了。他深吸一口气，开始认真地读起来。过了一会儿，一位漂亮的金发女郎款款走来。"先生，休息一会儿吧，请用茶。"她把茶杯放在桌子上，冲约翰微笑着。约翰好像没有听见也没有看见似的，还在不停地读。又过了一会儿，一只可爱的小猫伏在他右脚边，用舌头舔他的脚踝。他只是本能地移动了一下他的脚，丝毫没有影响他的阅读，他似乎不知道有只小猫在他脚下。

过了一会，那位漂亮的金发女郎又飘然而至，要他帮她抱起小猫。约翰还在大声地读，根本没有理会金发女郎的话。

终于读完了，约翰松了一口气。这时总裁走了进来问："你注意到那位美丽的小姐和她的小猫了吗？"

"没有，先生。"

总裁又说道："那位小姐可是我的秘书，她请求了你几次，你都没有理她。"

约翰很认真地说："你要我一刻不停地读完那篇文章，我只想如何集中精力去读它，这是考试，关系到我的前途，我不能不专注一些。别的事情我就不太清楚了。"

总裁听了，满意地点了点头，说："小伙子，你表现不错，你被录取了！在你之前，已经有50人参加考试，可没有一个人及格。"他接着说："在纽约，像你这样有专业技能的人很多，但像你这样专注工作的人太少了！你会有很好的前途。"

果然，约翰进入公司后，靠自己的业务能力和对工作的专注热情，很快就被总裁提拔为经理。

专注对青少年来说，是学习和思维活动中的一项优良品质。因为人只有在专注时才能进入最佳学习状态，思维才能高度活跃和敏捷，有时甚至会产生灵感。因此，同学们在课堂上应该排除一切干扰，克服一切不良习惯，全神贯注地听好每一节课。

獐跑得很快，马都追不上，它之所以常常被猎人捕获，只因为它时时分心，回头张望。冬夏两季不能同时形成，野草和庄稼不能一同长大，果实繁多的树林往往长得低矮，思想不专一的人难以成功，这都是自然的规律。

做事应该培养自己专注的能力，不能三心二意。

■ 失败了也要昂首挺胸

当巴西足球队在1958年瑞典世界杯获得第一个世界杯冠军的时候，其专机一入巴西国境，就迎来了极其热烈的欢迎仪式：16架喷气式战斗机立刻为其护航。当飞机降落在机场的时候，聚集在机场上的欢迎者多达3万人。从机场到首都广场短短不到20公里的路上，自发聚集的人群总数超过了100万人。市长晚出发了不长时间，竟然无法驱车到达机场。他只得从他的官邸乘直升机前往机场。在途中，大多数球员被请进了豪华汽车，几个主力队员如贝利等人则直接被人用手臂一直向前传送。长达4个多小时的路程，途中他们脚不沾地，一直被传送到了总统府。

面对如此激动人心的盛大场面，让人不由得记起4年前机场上那静悄悄的一幕：巴西人都以为巴西队能够获得世界杯冠军，可是，天有不测风云，巴西队却在半决赛中意外地输给了法国队，最终的结果是那个金灿灿的奖杯没有被带回巴西。

球员们悲痛之至，他们想，去迎接球迷的辱骂、嘲笑和汽水瓶吧。足球可是巴西的国魂啊！飞机进入巴西的领空，他们立刻就坐立不安，因为他们心里十分清楚，这次回国"凶多吉少"。可是，当飞机降落在首都机场时，映入他们眼帘的却是另外一种景象。总统和2万多球迷默默站在机场之上，他们看到总统和球迷共举一条大横幅，上面写着：失败了也要昂首挺胸。队员们见此情景顿时潸然泪下。总统和球迷们都没有说话，他们默默目送球员们离开机场。

失败其实并不可怕，可怕的是因此而失去了斗志。即使面对挫折也要昂首挺胸，只有这样才能迎接下一轮的胜利。

或许，从我们出生、哭出了生命中的第一声的时候，我们就开始感受到，人生必定充满了泪水与艰辛。但是，也唯有这些艰难，才能突显出生命的可贵与不凡，这样，才能让我们在撒手人寰的时候笑着离开。

人生在世，谁人无过？适度的挫折在一定程度上也具有积极意义，它可以帮助人们驱散惰性，催人奋进。挫折同时也是一种考验和挑战。

■ 做一个有智慧的人

一位哲学家把自己的学生带到了郊外的一片草地上，想在那儿给他们上最后一课。在草地上，他对他的学生说道："经历了10年的苦读，你们都已成为饱学之士了，而现在你们的学业即将结束，让我们一起来上最后一节课吧！"

于是学生们围着哲学家坐了下来。哲学家问道："我们现在是坐在什么地方？"学生们回答道："我们现在坐在旷野里。"哲学家又问："那么旷野里长着什么呢？"学生们回答道："旷野里长满了杂草。"

哲学家说道："是的，旷野里长满了杂草，而我现在想知道的却是怎样去除掉这些杂草。"学生们十分惊讶，他们没有想到一直在探讨人生奥秘的哲学家，最后一课却问了这样一个简单的问题。

一位学生首先开口回答道："老师，只需要铲子就可以了。"哲学家听了，点了点头。

另一位学生接着回答说："用一把火烧掉也是一种很好的办法。"哲学家微微笑了一下，示意下一位学生回答。

第三位学生说："撒上除草剂就可以除掉所有杂草了。"

接着回答的是第四位学生，他说："斩草要连根除掉，只要把根挖出来就可以了。"

直到所有学生都回答完毕，哲学家自己站了起来，说道："课就到此结束了，你们回去以后，按照各自的办法除掉一片杂草，如果有谁没有除掉，一年后再来这里相聚。"

一年之后，他们又来到了这个地方，不过原来相聚的地方已经不是杂草丛生，而是变成了一片长满谷子的庄稼地。于是，大家都围着这片谷地坐了下来，等待哲学家到来，可是哲学家却始终没有出现。

几年之后，哲学家去世了，学生们在整理其言论的时候，私自在书的最后补了一章：如果想要除掉旷野里的杂草，唯一的方法就是在这片地上种上庄稼。

生活中总是有许多限制，不论限制是正面或负面的，不加思索地跟随会让人不知其所以然！但有时只要换一种思维方式去思考，那么，有些难题就会迎刃而解。人明智不明智，区别就在于会不会换一种方式思考。如果只会一条胡同走到底地思考问题，那他就是一个愚人、蠢人，甚至会因为冲动而铸成大错。如果能换一种方式思考问题，那他就是一个聪明、灵活的人，一个快乐的人。

让我们一起学会做一个有智慧的人吧！

■ 拥有一座潜能的宝藏

约翰是哈佛大学音乐系的一名学生，这天，他和往常一样走进了练习室，在钢琴上，摆着一份全新的乐谱。

"超高难度……"他翻着乐谱，喃喃自语，感觉自己对弹奏钢琴的信心似乎跌到了谷底。已经3个月了！自从跟了这位新的指导教授之后，约翰不知道教授为什么要以这种方式整人。他勉强打起精神，开始用自己的十指奋战、奋战、奋战……琴音盖住了教室外面教授走来的脚步声。

指导教授是个极其有名的音乐大师。授课的第一天，他递给约翰一份乐谱。"试试看吧！"他说。乐谱的难度颇高，约翰弹得生涩僵滞、错误百出。"还不成熟，回去好好练习！"教授在下课时，如此叮嘱约翰。

约翰练习了一个星期，第二周上课时正准备让教授验收，没想到教授又给他一份难度更高的乐谱。"试试看吧！"上星期的课教授也没提。约翰再次挣扎于更高难度的技巧挑战。第三周，更难的乐谱出现了。

这样的情形持续着，约翰每次在课堂上都会被一份新的乐谱所困扰，然后把它带回去练习，接着再回到课堂上，面临难度更大的乐谱，却怎么都跟不上进度，一点也没有因为上周的练习而有驾轻就熟的感觉，约翰感到越来越不安、沮丧和气馁。

像往常一样，教授走进了练习室。约翰再也忍不住了，他必须问钢琴大师，这 3 个月来为何不断折磨自己。教授没开口，他抽出最早的那份乐谱，交给了约翰："你来弹弹这份乐谱吧！"

不可思议的事情发生了，连约翰自己都惊讶万分，他居然可以将这首曲子弹奏得如此美妙、如此精湛！教授又让约翰试了第二堂课的乐谱，约翰依然有超高水准的表现……演奏结束后，约翰怔怔地望着教授，说不出话来。

"如果我不这样训练你，可能你现在还在练习最早的那份乐谱，也就不会有现在这样的程度……"教授缓缓地说。

■ 你比你想象的更优秀

1796 年的一天，在德国哥廷根大学，一个很有数学天赋的 19 岁青年吃完晚饭，开始做导师单独布置给他的每天例行的三道数学题。

前两道题他在两个小时内就顺利完成了。第三道题在另一张小纸条上：要求只用圆规和一把没有刻度的直尺，画出一个正十七边形。

他感到非常吃力。时间一分一秒地过去了，第三道题毫无进展。这位青年绞尽脑汁，他发现，自己学过的所有数学知识似乎对解开这道题都没有任何帮助。

困难反而激起了他的斗志：我一定要把它做出来！他拿起圆规和直尺，一边思索一边在纸上画着，尝试着用一些超常规的思路去寻找答案。

当窗口露出曙光时，青年长舒了一口气，他终于完成了这道难题。

见到导师时，青年有些内疚和自责。他对导师说："您给我布置的第三道题，我竟然花了整整一个晚上，我辜负了您对我的栽培……"

导师接过学生的作业一看，当即惊呆了。他用颤抖的声音对青年说："这是你自己做出来的吗？"

青年有些疑惑地看着导师，回答道："是我做的。但是，我花了整整一个晚上。"

导师请他坐下，取出圆规和直尺，在书桌上铺开纸，让他当着自己的面再做出一个正十七边形。

　　青年很快做出了一个正十七边形。导师激动地对他说:"你知不知道,你解开了一桩有两千多年历史的数学悬案! 阿基米德没有解决,牛顿也没有解决,你竟然一个晚上就解出来了,你是一个真正的天才!"

　　原来,导师也一直想解开这道难题。那天,他是因为失误,才将写有这道题目的纸条交给了这位青年。

　　每当这位青年回忆起这一幕时,总是说:"如果有人告诉我,这是一道有两千多年历史的数学难题,我可能永远也没有信心将它解出来。"

　　这个青年就是数学王子高斯。

　　美国学者詹姆斯说:"普通人只开发了他蕴藏能力的十分之一。与应该取得的成就相比较,我们不过是在沉睡。我们只利用了我们身心资源的很小的一部分,甚至可以说一直在荒废。"没有人知道自己到底具有多大的潜能,因而没有人知道自己会有多么伟大,所以我们应该找寻内心真实的自我,激发自己无穷的潜能。

　　请记住这句话:你比自己想象的更优秀!

梅立新

第四节　宏志讲坛听课心得

　　每一次讲座,都给参加听课的老师们、同学们留下深刻印象,使大家受益匪浅。他们期盼着下一场讲座早日到来,他们感激学校提供的良好机会,更感谢讲座专家们的精心准备。下面摘录部分师生的听课心得。

《旅游景观的欣赏》听课有感

　　2011年11月5日上午,马鞍山市学科带头人金红艺老师在百忙之中,放弃节假日休息,给二十二中宏志班学生做了一场精彩的讲座。有幸聆听金老师主讲的宏志讲坛,我感到非常高兴,同时,也感谢学校领导给我这次学习的机会。参与这次宏志讲坛活动，感触颇多，有太多的经验值得自己借鉴和学习。

听完课后，同学和老师们一致认为金老师的课内容丰富、信息量大，课堂形式生动活泼，结构紧凑。

金红艺老师之所以能上出这样高品质的课，成功的秘诀在于她那深厚的教学功底和语言优势。俗话说："台上一分钟，台下十年功"，"冰冻三尺非一日之寒"。

金红艺老师的课内容之所以能够如此丰富，首先在于平时注意知识的积累。例如，金老师以大量精美的图片，多方面地向同学们介绍了九寨沟等多处旅游胜地的景观，结合各种景观图片详细解释了峡谷、峰林、瀑布、溶洞等地貌的形成原因，以及地质景观的欣赏方法。从主讲内容来看，侧重创新、典型、趣味，注重培养学生从材料中得到启发，去发现问题，运用所学知识解决实际问题的能力。这一知识的讲解让我们可以看出，金老师在平时的研究中注重收集资料，归纳分类，比较分析，课上展示的很多图片都是金老师自己旅游时拍下的相片，很具有真实感。

其次，金老师的教学引人入胜还得益于其语言优势——简洁、通俗、准确、幽默、富有激情、生动。

最后，金老师在讲课的过程中，给学生讲了许多我们身边的例子，这些例子对我们来说并不陌生，但我们不得不惊叹于这些例子对所讲授的知识点的证明力和说服力。为什么金老师能把大家所熟悉的事件运用得如此恰如其分，我想这是金老师对大家所熟知的事件进行了认真的思考，进一步挖掘事件背后的意义，并与所要讲授的内容巧妙地联系起来。整场讲座，金老师循循善诱地讲解，同学们如痴如醉地听讲，一场讲座在不知不觉中就结束了。

通过金老师的这节课，我体会到了"处处留心皆学问"这句话的深意。我想只要我们像金老师那样留心收集资料、勤于思考、认真对待教学，每次上课前精心准备，不断地寻找发现自己不足之处并加以改进，在备课的过程中不断地补充新资料、新内容，我们也能够把课上得很好。

董圣亮

宏志讲坛听课心得

上学期学校开展了宏志讲坛活动，我们都受益匪浅，更是从中学到了不少知识。在听过特级教师李代贵老师的"读史是中国人的一种生活态度"讲座后，我们学会了如何读历史，如何理解历史。他的讲座轻松幽默、妙语连珠，又发人深思，为我们发现历史、解读历史起到了鉴往知今的效果。

在宏志讲坛活动中，印象最深的是特级教师周鹰老师的课。她从发声的位置到身体各部位参与合唱训练的讲解，循序渐进，生动易学，化难为易，化繁为简，从我们平时的生活认知切入，深入浅出。我们从理论到实践，对于合唱这一陌生的领域有了较高的认知和较深的理解。周老师对合唱的起源和发展寻根探源，旁征博引，归纳总结，给我们每一位学生打开了一扇通向合唱领域的大门。

宏志讲坛每一次笑声和掌声都交相辉映，师生互动积极踊跃，课堂氛围活跃。老师们认真严谨的教学态度，渊博的知识都使我们增长了知识，开阔了眼界。

谢谢老师们为我们的无私付出，我们一定要好好学习，将来做一名对社会有用的人，来回报每一位辛勤的园丁。

学生俞成浩

语文天生很重要

语文天生很重要，起初我并不这么认为。可是那一天短短的两个小时，却使我彻底地改变了这一看法。

语文是语言和文字，是中华民族五千年来的精髓。

积累整合是语文的基础；感受、鉴赏、思考、领悟是语文的阅读；应用、拓展、发现、创新是语文的实践；文章不是"无情物"，它蕴含了作者的思想，读者只有用心领悟，才会明白其中蕴藏的真谛。文章只会对那些囫囵吞枣的人无情，读文章是一个学习的过程。俗话说：不动笔墨不读书，圈点勾画，读写结合，这是读文章不可缺少的条件。

语文是人生修养，是人的精神的发育史，是人的阅读史。

腹有诗书气自华！

读书不改变生命长度，改变人生宽度。

读书不改变身体重量，改变人生分量。

读书不改变个人出身，改变人生命运。

读书不改变人生物象，改变人生气象。

读书万卷使通神，要勤学、活思、巧用，发现其中的快乐。

语文是知识，是实力，是这一生都丢不掉的东西。

读万卷书，行万里路，为了升学，为了职业准备，我们要学语文，用语文！

我们的情感、态度、价值观，我们的道德，我们的社会，都离不开语文，书到用时方恨少，这是硬道理……

语文，天生很重要。

学生夏清雅

言有尽　意无穷——诗情、诗理

说到诗歌，我们是最熟悉不过的了。从刚上幼儿园时起，我们便在家长和老师的教导下摇头晃脑地背起了诗歌。直到今天，能脱口而出的诗句更是数不胜数。多数时间，我背诗歌仅是为了完成老师布置的任务，为了在考试中取得高分，直到那一天……

那一天，特级教师盛庆丰老师亲临我校宏志讲坛，他主讲的《如何把握古典诗词中的理趣》一课，让我对诗歌有了新一层的认识。

盛老师从我们初中阶段所学的诗歌入手，由简到难，层层深入。教我们从诗歌的情境描写，人物个性化的动作和人物的情绪变化等多角度把握诗歌的理解，为我们打开了一扇从未关注过的鉴赏诗歌的大门。

整堂课上，没有一个走神的学生，因为大家都被老师激昂的情绪带动了……"葵藿倾太阳，物性固唯夺"表达了杜工部葵藿向阳的执着；"寻寻觅觅，冷冷清清，凄凄惨惨戚戚"突显了李易安家国沦亡的悲戚；"打起黄莺儿，莫教枝上啼"写出了闺中少妇的哀怨;"复恐匆匆说不尽,行人临发又开封"抒发了归途行人的乡思……当我们和着盛老师的节拍,或快或慢、或急或缓地深情朗读我们已经背得滚瓜烂熟的诗句时,涌上心头的却是另一种名为"美"的感受……

我想,如果每一个老师都能像盛老师这样热爱着自己的工作,那这个世界上的老师和学生应该都是幸福的吧!

短短的九十分钟,我们却强烈地感受到了盛老师从每一个动作、每一个眼神中流露出来的对古诗词的深情,这种深情也深深地感染着我们。

"言有尽,意无穷",盛老师用他严谨的思路、渊博的知识、生动的语言、丰富多彩的互动将这句话做了最完美的诠释!

学生霍然

收获——宏志讲坛感想

坐在书桌前,翻开那本散发着油墨气息的笔记本,上面记满了端端正正的讲座笔记,那不是字,是知识。本学期学校开展了宏志讲坛,我很荣幸能够成为听讲座的一分子。每次听完,我都有意外的收获。虽然讲座的时间只有短短的一个半小时,但我们所听到的都是精中之精,在必要时还会把重要内容记录下来。那种听完之后满载而归的感觉真的很过瘾。

每当太阳悬在天边露出金色光芒的时候,教室里总会爆发出雷鸣般的掌声,那是为名校老师鼓掌的。每个外校老师上课前都做了充分的准备,让我们收获巨大。

语文课上,我们学习阅读的技巧,了解伟大古人留下的诗歌里丰富的蕴含;数学课上,我们了解了学习数学的方法,和老师一起做题,一起讨论;外语课上,我们知道了阅读理解、完形填空的做题技巧;地理课上,我们领略了奇伟瑰怪的大好河山;政治课上,我们探讨了各个国家政治上的问题;历史课上,我们领略了历史人物的伟大。

这些都是一学期以来的收获，将这些财富都集中在一个本子上，那么这将是无价之本。在这个丰收的季节，我拎着满箩筐的果实回家，慢慢回味其给我的精神和心灵上的享受。

学生方茜

怀念，并期待下一次

转眼，我们步入高中的第一个学期结束了。伴随我们的除了老师们的耐心教学与悉心关照，同学间深厚的友谊，还有一样很特殊的东西——那就是我们的宏志讲坛。

每个周六的上午，虽然大家不能睡个懒觉，但是大家还是很精神，因为我们有宏志讲坛。

周六清晨，走到四楼的阶梯教室，怀着期待的目光看着那位外校的优秀教师，期待着我们可以在这一个半小时的时间里与老师畅游学海，与老师互相交流，学到很多书本上学不到的知识。我们是为了更好地生活、更好地学习，所以我们怀着最纯粹的梦想，进入宏志讲坛学习，并把它当作了习惯。

我们所接触的不仅仅是书本上的东西了，范围更加广泛。我们更加深入地了解了每一门学科，学了许多课外的知识和技能。知识不应该仅仅和分数挂钩，它是可以充实我们的营养物质，有了它，我们更加苗壮。

每一场讲座都是精彩的，每一位老师都是精心准备教学内容的，每一个学生都是满怀期待的，宏志讲坛给每个人都带来很大的收获，因为每个人在讲座中都是不可或缺的一部分，都是重要的存在，所以，每个人都想尽力让每一次的讲座接近完美。

每当讲座结束时，老师鞠躬，随后爆发出持久的掌声，掌声中会有不舍，会希望时间再长一点点；掌声中会有开心，会觉得自己又收获了好多好多；掌声中会有感谢，谢谢老师们在百忙之中来到讲座，授予我们知识与许多珍贵的东西，也谢谢教育局领导和校领导给了我们宏志班学生这么好的一个学习的机会，我们会铭记在心。

第一学期的宏志讲坛结束了，我们怀念并期待着下学期讲座的到来。

学生周梦蝶

宏志有你

你们来自四面八方

满怀诲人不倦的希望

我们虽是萍水相逢

却照样洋溢着师生深情

虽然每次只有九十分钟

但我们总是被快乐包围着

你们在讲台上侃侃而谈

我们赚得了盆满钵丰

天下没有不散的筵席

我们虽只是擦肩而过

但那一定是因为我们前生有过无数次的回眸

才会迸发出思想的火花

撒下的是希望的种子

收获的是又一园桃李

感谢陌生而又熟悉的您

给了我们那么多余音绕梁般的感悟

老师您辛苦了

如果哪一天我们在街头相遇

我会立刻认出您

您也是我们亲爱的老师

学生邢俊岭

第三章　　育人方式校本探索

　　普通高中教育是国民教育体系的重要组成部分，在人才培养中起着承上启下的关键作用。办好普通高中教育，对于进一步提高国民整体素质具有重要意义。为此，2019 年 6 月国务院办公厅发布了《关于新时代推进普通高中育人方式改革的指导意见》，指导意见明确了改革目标：到 2022 年，德智体美劳全面培养体系进一步完善，立德树人落实机制进一步健全。具体目标包含 6 项：一是普通高中新课程新教材全面实施；二是适应学生全面而有个性发展的教育教学改革深入推进；三是选课走班教学管理机制基本完善；四是科学的教育评价和考试招生制度基本建立；五是师资和办学条件得到有效保障；六是普通高中多样化有特色发展的格局基本形成。

　　马鞍山市第二十二中学自 2002 年创办高中宏志班以来，在全校师生中大力弘扬以"六个特别"为内涵的宏志教育精神。随着我国小康社会的建成，宏志教育的办学理念、办学目标和管理机制等都在悄然发生变化，因而完善德智体美劳全面培养体系，健全立德树人落实机制，丰富校园宏志文化，已成为新时代学校实施宏志教育的发展方向。

第一节　宏志教育德育课程

国无德不兴，人无德不立。习近平总书记一贯高度重视培养社会主义建设者和接班人，把立德树人作为教育的根本任务。

立德树人是教育的根本任务。宏志教育实施20年，我们一直在思考并践行的就是如何让我们培养的人——学生——立德、扬德、善德。这里的"学生"已经不仅仅是少数的特指的宏志生，而是大多数的普通学生。我们的优势就是由宏志生的特殊性形成的宏志精神——"特别有礼貌，特别守纪律；特别能吃苦，特别能忍耐；特别有志气，特别有作为"。我们需要做的就是用好宏志精神，去影响教育更多的普通学生，从而营造至善至美的校园，实现教育真正的目标——培养全面发展的人。

一、宏志德育课程之背景

对于学校管理者来说，学校开展的德育活动是非常丰富的。一般来说，学校都会开展思想教育、价值观教育、学雷锋活动、主题活动、仪式教育、文体节、演讲比赛、歌唱比赛等，管理者们领着一群学生呼啦啦地去，又呼啦啦地回，这些活动渠道多、种类杂，突发多、常态少，场面大、收效小，应付多、内化少。

陶行知先生曾说，教学做合一。我们看似是这样了，横幅打了，事情做了，报道有了，材料交了，但是作为被教育者的学生怎样了？始终是一个问号。

行是知之始，知是行之成。我们提倡要去做，去实践，不做不实践，连个形式都没有就更为敷衍。中国教育一个普遍的误解是：用嘴讲便是教，用耳听便是学，用手干便是做。这样不但是误解了做，也误解了学与教。我们主张教学做是一件事的三方面：对事说是做，对自己之进步说是学，对别人的影响说是教。我们需要的不是形式的"做"，而是在劳力之上劳心。

曾经有一次我们想带学生去市里的福利院看望那里的孩子。学生自己联系了院长，却发现难度很大，福利院不让外人进去开展活动。开始的时候学生向我们寻求帮助无果后，学生自己不放弃，几次三番，终于用真诚打动了院长，活动在某天午后开始了。结束后，学生们自发写了感受，此为其中一篇：

刚到孤儿院门口的时候，我们远远地就看见一群孩子在玩耍，其中一个雪白头发的小女孩，笑容明媚，莹白的头发在阳光下耀了我们的眼。我们带来了很多糖果，一一分发，他们没有吃，而是分外珍惜地放在了自己的口袋。短短的几个小时里，我们充分感受到了来自他们的热情。他们多希望有人来多陪陪他们啊，那些赤忱的眼神，纯澈得像北方的白山和黑水。其实我们每一个人都应该学会感恩，学会发现近在身边的幸福。看到这些孩子，用稚嫩的肩膀和坚韧的勇气共同托起了一颗自己的太阳，照亮他们一路走过来的人生，我们应该更珍惜今天来之不易的幸福，对生活少一些抱怨，多一些感激。临走之际，有一个女生，试图挽留我们，我说："我们要走了，再见。"她怔了，然后和我深深地拥抱了一下。然后他们在相机前，把幸福的微笑定格成了永远。

活动延续了下去，也成了学生人生中忘不了的记忆。多年后学生说："那些孩子的笑总会在某些时刻撞击我的心，让我坚信世间的美好。"心存美好，感恩生活。这不就是我们希望德育可以达到的效果吗？

德育如果具象化，在我看来应该是春秋的阳光，它从冬夏走来，带着历经寒暑的温暖，可以握住人心，它明亮清澈却没有刺眼的炫目，但也会直射人心。我们的教育就是要让学生感知理解这种温暖，不惧入眼入心的不适，需要潜移默化、细节浸润。宏志德育就是要打破传统德育的浮在空中的虚无感，让学生能亲眼见到，亲耳闻到，亲手触到，亲身感到，进而有所得。

每一个学生都是一个独立复杂的生命体，在不同的学段又有不同的生理心理特点，在学校教育中要让每一个学生都形成美好的内环境，单一、枯燥、零碎的德育方式很难触发他们的兴趣、感悟与内化。根据学生特点，结合学校实际，通过构建校本德育课程体系，探索开发出让学生积极响应、舒展个性、主动内化的德育课程，才能有效地提升学校德育的实效性。

近年来，在校长、书记的带领下，学校组织全校教师对宏志教育进行了大量的相关探索和研究工作，研究成果有《普通高中开展全员"学生成长导师制"的实践探索》（2011 年）、《高中宏志生心理健康状况分析及心理干预策略研究》（2013 年）、《基于微课的高中学科翻转课堂的实践研究》（2013年）、《中学翻转课堂案例研究》（2014—2017 年）、《新高考背景下教师评价策略研究》（2016 年）等，获得了社会的广泛认可。其中我校《基于"微课"的翻转课堂应用成果案例》被评选为教育部"基础教育课堂改革典型案例"。在这些研究的基础上，学校以宏志教育思想为指导，以打造高中版的"中国爱生学校"为目标，全方位立体开发宏志德育课程，打造师生共同成长的幸福家园。

二、宏志德育课程之实践

（一）一个核心

宏志德育课程的一个核心，即培养学生的健全人格。德育工作是构建健全人格，提升生命品质的教育，它的目标是指向学生人格的生成和一生的发展。人格在心理学上是指人的个性是个体在先天生理素质的基础上，在一定社会历史条件下，通过社会交往而逐渐形成和发展起来的个人稳定的心理特征的总和。在现代社会，健全的人格就是能够正面积极地对待世界、他人和自己，对待过去、现在与未来。人格教育，突出以人为本，突出对人的发展需要的满足。青少年的成长首先要解决"成人"的问题，使他们成为人格健全的人，这是我们学校德育课程的核心。

学校宏志德育课程，注重教育的整体性、综合性和实践性，注重与学科课程的融合，同时突出学生的主体性，根据不同年段学生的心理、生理特征，设置各个学段的宏志德育课程，包括德育认知课程、德育实践课程，以及不同学段符合家长、学生心理特点的德育家长学校课程。

（二）两大板块

宏志德育课程通过两大板块实施，即宏志显性德育课程和宏志隐性德育课程。显性德育是指教学大纲规定的，有步骤、有目的的一切德育教育。宏志德育课程开发了四条路线，即德育认知课程、德育实践课程、德育微课程和学科德育课程。常言道，知之深，爱之切，行之坚。任何一种道德品质的形成过程，都包含道德认识、道德情感、道德意志、道德行为等基本因素，是知、情、意、行四个方面的统一。一个人对道德原则和规范有了深刻的认识，才能产生强烈的道德情感，才能知道为什么去行动和怎样去行动。而在学生接受理论知识的同时，教师的言行、课堂气氛、班级布局等隐性德育的因素已渗透到他们的意识中激发起他们的情感。道德情感的自觉性使学生从有意识的接受到无意识的熏陶，深化了显性德育的教育成果。

隐性德育是指显性德育课程之外的一切德育因素，是使学生无意识地获取教育，提高学生思想品德素质，并以一种隐蔽德育意图、手段进行的有目的的活动。正如美国教育家杜威认为，道德教育不仅要考虑学生真正的道德思维能力与道德判断水平的发展，更要通过积极的道德活动，"通过学校生活的一切媒介、工具和材料来发展道德"。宏志德育课程中，我们关注校园文化的建设，包括各种物件的摆放、花草的种植、班级的语录、班牌和标语等都经过精心设计，"刻意"营造一种德育教育的氛围，有意识地对学生进行文化的熏陶。隐性课程的内容经过有目的、有计划的设计和布局转而成为显性课程中的一个内容。社会教育学家科尔说："物体在空间里的摆设并不是随心所欲的，房间以其物质形式表示着该场所与机构的精神与灵魂。"学校中的制度、环境、人际氛围等诸多因素都是生动而形象的德育环境，可以通过舆论、警示、从众等心理因素，约束、规范学生的道德行为，有效地克服了显性德育的强制性，起到"随风潜入夜，润物细无声"的作用。

除了物理空间的设计，我们还将家校共建中的"家长学校"放在了这个板块。对于家长的教育是每个学校管理者必须思考的问题。学生和家庭是无法割离的整体，孩子的表现、行为、心理状态都与家庭有着密不可分的关系。多年的教育管理经验告诉我们，学生问题的根在家庭。我们在校内通过百千种方法培育好孩子，回到家中，环境一旦发生变化，百千种方法也就只是吹过的风、飘过的雨，等孩子再回到学校时，我们会发现德育的努力没有实效。社会没有"家长学校"这样的场所，学校在教育学生的同时，必须承担起教育家长的责任。只有保持学校、家庭德育的同步，才能保障学生德育的收效。为此，我们根据不同年段父母学生心理状态的差异、亲子关系的特点，设计不同的家长学校课程。希望通过学校的德育首先影响父母，再让父母去影响学生，从而形成一个良好的家校德育共建的生态系统。①

（三）三个层次

随着新时代的到来，学校管理者对宏志精神的六个特别——"特别有礼貌，特别守纪律；特别能吃苦，特别能忍耐；特别有志气，特别有作为"进行了更深层的探索，形成了"外—内—外"紧密关联的三个层次：外树形象、内强素质、精神升华。

前面我们说过，任何一种道德品质的形成过程，都包含道德认识、道德情感、道德意志、道德行为等基本因素，是知、情、意、行四个方面的统一。宏志精神的三个层次与道德品质形成的四个因素紧密相关，为此，我们从三个层次出发设计相关课程。如：外树形象的"入境教育""文明监督岗""宏志生在行动"等课程，让学生在认知上明理懂礼，在实践中践行道德礼仪，从外在形象上对自己进行管理和约束，成为德育内化的第一步。通过"军训""宏志研学""宏志讲坛""感动校园人物评选"等课程，让学生从榜样身上感知德行的意义，收获品德的感动，激发学生内在的道德情感需求，激励学生的道德意志。再以"学生成长导师制""百日誓师""生涯规划""成人仪式"课程引导学生立宏志、展宏图，坚定学生道德行为。

---

① 杨树虹：《论显性德育与隐性德育的辩证关系》，《商业文化》2012年第1期。

（四）四个原则

主体性原则。要充分研究学生、了解学生、尊重学生。课程从学生的兴趣和需要出发，尊重学生的主体性和主体地位，给予他们发挥和展示的机会，体现自觉自愿性和自主参与性。

实践性原则。德育应把以道德为基础的道德实践作为其终极目的，付诸实践。实践是德育活动的根本特性。陶行知曾说："所有的问题，都是从生活中发生出来的。从生活中发生出来的困难和疑问，才是实际的问题；用这种实际的问题来解决才是实际的学问。它的实验室是大自然和大社会。"学生需要在生活实践和社会实践中获得新的感知、体验，从而引导自己达到自我激励、自我完善的崇高境界。

系统性原则。摒弃德育碎片化。德育是一个系统工程，德育课程的设计和编排要关注不同年段的学生心理和需求，结合德育的内在规律，考虑其系统性，决不能随意、随便地进行，才能保证做到"德育目标，一以贯之；德育内容，循序渐进"。

整体性原则。以"全员德育"的观念来制订管理策略、课程内容、实施途径，合理组织与调动学校各个部门、各年级部以及家庭、社会的力量，使其协调一致地和谐联动，取得最佳的教育效果。

（五）宏志德育课程体系框架

宏志德育课程就是以人为本，深入挖掘和延伸宏志精神，用爱和温暖影响学生，培育学生阳光心态和健康人格；以实践体验为主导，内化良好行为习惯，为学生终身发展奠定扎实基础；以提供富有活力的优质教育为要求，构建和谐校园文化，打造师生共同成长的幸福家园。

表 3-1 宏志德育课程体系框架

年段	显性德育课程				隐性德育课程	
	德育认知课程	德育实践课程	德育微课程	学科德育课程	德育家长学校课程	
高一	适应性指导	军训	国旗下讲话、集会、青年大学习、微团课、"感动校园人物"评选等	一是德育学科课程,即高中思政课。二是学科渗透课程	学生心理知识普及、生涯规划指导	1.优美校园环境建设、美丽班级评比
高一	自我认知辅导	宏志生在行动志愿服务				2.制度建设,以尊重平等的管理评价制度育人——《学生成长记录》
高一	人际交往指导	入境教育				3.《二十二中教育》校刊、班级板报、校园广播、校园网等
高一	情绪管理辅导	校园文明监督岗				
高二	生涯规划指导	宏志研学				
高二	青春期教育	宏志生在行动志愿服务				
高二	价值观辅导	重温入团誓词				
高三	生涯规划指导	百日誓师			助力高考指导	
高三	迎考系列辅导	高三徒步				
高三	成人仪式	毕业典礼				

第二节　宏志教育五育并举

宏志教育作为学校贯彻和落实党和国家教育方针的校本主张，需要渗透到学校教育的方方面面。为此，我们构建了宏志教育的五大支柱，通过丰富多彩的教育实践，在不断推进的新课程改革中追求"以人为本、和谐发展"的教育理念，落实"立德树人"的根本任务，实现人的全面发展。

德智体美劳是对人的素质定位的基本准则，也是人类社会教育的趋向目标，所以人类社会的教育就离不开德智体美劳这个根本。

一、宏志教育德育案例

宏志教育是素质教育实施过程中涌现出来的特色教育。20年来，我校在宏志教育的实践和探索中，取得了良好的成效，2013年我校第12届宏志班被评为全国先进班集体并被命名为"许继慎班"。宏志教育的良好成效受到全社会的一致好评。

案例：文明监督岗

■　实施方案

学校文明监督岗由校团委牵头组织管理，政教处、学生会等部门共同参与协助，主要目的是加强学生出入校园管理，增强学生主人翁意识。

1.人员组成

高一年级以班级为单位征集学生志愿者，每班一周轮流执勤。每班24人，分为两组（早晨组和中午组），每组12人，每组任命1名组长。

2.工作内容

门岗执勤：学校大门，早上和中午的学生入校检查。

操场执勤：升旗仪式和课间操检查。

课间巡视：课间学生活动不文明行为检查。

食堂巡视：学生插队等不文明行为检查。

3. 检查内容

严禁学生带食品、电子产品进入学校。

严禁学生衣着不规范进入学校（要求学生穿校服，不戴耳环，不染发、烫发，不穿拖鞋；男生不得穿背心；女生不得穿吊带、超短裙、嘻哈服，不化妆）。

严禁学生在校内公共场合有过于亲密的行为，严禁学生在食堂随意插队的不文明行为。

其他校园内不文明行为：随地吐痰；践踏草坪、摘花折木；乱贴乱画、乱吐乱扔、乱泼乱倒；损坏公物；说脏话、谩骂、打架斗殴；吸烟；等等。

升旗仪式和课间操检查：举行升旗仪式时，全体成员首先面向国旗，立正站好，等待唱国歌结束后，各检查人员下到所检查班级的队伍中，核实到场人数和穿校服的情况；课间操时，全体成员面向全校学生，立正站好，等待广播操音乐响起后，再下到队伍中检查。

4. 工作要求

文明监督岗成员在值勤时间需统一穿志愿者服装，文明执勤。文明监督岗主要以规劝的方式制止校园内的不文明行为。文明监督岗成员有权责令违反纪律者当场改正，并消除影响；对于态度不好者，有权提出口头批评，并记录在案，超过三次通报其所在班级，班级通报超过三次取消本学期文明班级评比资格。

文明监督岗记录表格必须认真填写，由各班负责人统一收齐，于本班执勤的周五下午将检查记录送至团委。

志愿者服装必须保管好，并于本班执勤的周五下午将志愿者服装收好，送至团委。

请每周执勤班级班主任提前选出值日人员，并于前一周周五下午第四节课让执勤学生至团委办公室集中开会。

各班文明监督岗成员的执勤时间将计入个人的志愿服务时间。

■ 学生感悟

文明是什么？记得以前看过一个央视的公益广告，里面讲到："有时候，文明离我们只不过是 10 厘米的距离；有时候，也许只是几十厘米的宽度；也有时候，可能只是一张纸的厚度；我相信，其实文明就在我们心中。我们会在生活中不经意地流露着。"作为一名高中生，我们承载着祖国未来的希望，培养自己的文明素养尤为重要。

于是当学校文明监督岗报名一开始，我就第一个举手，加入了这个志愿者组织，成了光荣的一员。每天上午 7:10—7:30、中午 1:50—2:10，我们文明监督岗的成员在学校大门口检查入校学生穿校服情况，制止不文明行为；上午 9:20—9:50 在操场检查各班升旗仪式和课间操情况，并记录缺勤人数；每一个课间和用餐时间，我们轮流值守在教学楼的走道里和食堂的大厅里，检查同学们的不文明行为。

经过一段时间的工作，我对于校园中存在的许多文明以及不文明现象有所感想。当代高中生，经过多年的学习与思想教育，自身的文明程度与素质已经很高了。食堂里，同学们能做到耐心排队不插队，吃完饭自觉将餐盘端到收拾整理处；校门口的自行车也能做到排列整齐有序；举行升旗仪式时认真肃静；走道里很少有追逐打闹的同学，许多不经意的地方，都体现着这一代作为未来的主人自身所具备的良好素养。

但是在看到上述的种种好的一面时，我们也同时看到学校里仍旧存在的一些不文明现象：食堂窗口少，排队长，有的时候同学们就耐不住性子，着急起来，存在插队、小的肢体接触等；载人骑车，或者骑电瓶车进校门；来不及吃早饭，带早饭进校门，虽然情有可原，但是早起一点还是对的。

对于我个人而言，参与此次文明监督岗工作让我学到很多。

首先，文明监督岗工作体现了团队合作的重要性，我们需要协调好时间，安排好人员的巡视时间。我们是一个团队，每个人都需要有团队意识，积极配合团队工作，我们才能取得成功。

其次，在工作中发现不文明现象我们会耐心劝阻，讲道理，并且通过实际行动让我们的校园变得更美更整洁。每次做完监督工作我们都认真填写表格，仔细总结，按时交报告。

最后，最大的收获是参与文明监督岗工作让我认识了很多新的朋友，我不是一个内向的人，但我很少会去和陌生的人交往，之前也没有积极参加学生会以及社团工作。虽然高二了，认识的人还是不多，参与这次文明监督岗活动让我认识了许多人，拓展了我的交友圈。其实，我发现每一名文明监督岗的同学都非常认真，烈日炎炎下，24 名文明监督岗成员身着志愿者服，坚守岗位，为学校良好的校园环境献上自己的一份力量。当然，我们的团队也存在一些问题：个别成员对文明监督岗的认识和重视程度不够，出现了早退现象；时间紧急及个别成员有突发情况，导致有的岗位不能及时执勤。

我认为身为文明监督岗的一员，我们必须先以身作则，如果自己都不能做到文明，那如何有资格去劝导别人讲文明呢？我自己本身也确实存在许多问题，比如会带零食进班级，但我会在今后的学习与生活中积极改正。

文明监督岗工作让我受益良多，文明监督岗活动帮助我们的校园建立起一个干净整洁的环境，以助于我们更好地学习生活，文明监督岗工作培养我们的文明意识，以助于将来更好地为祖国做贡献。

案例：信鸽小分队

■ 实施方案

1. 活动背景

该活动是我校"宏志生在行动"系列志愿服务活动之一。多年来，我校宏志教育深受社会各界的关注和爱护，我们希望通过自己的努力，感恩社会、回馈社会。

2. 活动主题

图书伴我成长。

3. 活动目的及意义

引导更多的同学走进图书馆，熟悉并利用有价值的图书资源，爱书护书，遵守图书馆秩序，创造良好的读书环境。

丰富学生课外生活，锻炼学生实践能力，热心服务社会，积极投身公益活动，传播正能量。

4. 参加活动人员

"信鸽小分队"成员以高一、高二年级的宏志生为主，并在高一、高二年级招募部分志愿者，每周活动安排 4—6 名同学。

5. 活动时间

每周日下午 2:00—5:00。

6. 活动地点

马鞍山市图书馆。

7. 活动内容

有序、分类整理图书，搬运期刊。

协助开展前台查询、引导服务。

打扫阅览室卫生。

规劝图书馆不文明行为（乱摆放图书、扔垃圾、阅览室打电话、占座等）。

8. 活动要求

招募志愿者要求：在生活中，从身边的小事做起，干好分内工作，保持教室、寝室清洁；在校园中，自觉做到不乱扔果皮、纸屑等；遵守纪律，爱护公物；热心帮助身边有困难的同学。

志愿服务过程要求：志愿者应统一听从安排，不怕苦、不怕累；志愿者进入图书馆应有序、安静，不打闹喧哗；志愿者应秉着志愿服务精神，不损坏图书馆图书及相应物品。

■ 学生感悟

2017年3月26日，下午5点，我校"信鸽小分队"第一次图书馆志愿者活动圆满结束。在这次活动中，同学们体现出了一种爱心助人、奉献社会的精神，很好地完成了图书馆与学校交给我们的任务，并且大家从中获得了很大的收获。当我和其他同学谈到他们的心得时，他们回答我说，很高兴可以看到有这么多孩子能在周末到图书馆看书，这很能看出中国社会的进步，而且我们大家也很高兴能在周末到图书馆来干这样一件有意义的事，来做志愿者，为社会做出自己的一点贡献，更能体现出人生的意义。高尔基曾说过："书籍是人类进步的阶梯。"的确，在现在这样的时代里，知识更是显得尤为重要，要想国家强大，我们就必须培养一批有能力、有知识的人才，而这次的志愿者活动恰恰集这两者为一体，希望今后我们的同学都能积极地参与到社会实践活动中，在为社会的奉献中，提升自己的社会素质与实践能力。

二、宏志教育智育案例

宏志教育的一个重要目标是增智慧，也就是培养学生良好的学习习惯，提高学生的学习能力和文化水平。为此，我们成立了以全市学科带头人、骨干教师为主体的"宏志生导师团"，搭建符合我校实际的"宏志教育"课程体系。

案例：翻转课堂

在新课程背景下，基于学生学习方式创新性和多元化的需要、教师专业化成长和可持续发展的需要，为了帮助每一个学生进行有效的学习，使每一个学生得到充分的发展，2014年在校长胡学平的带领下，学校全员参与，开启了翻转课堂实验研究。

马鞍山市第二十二中学拥有一批骨干教师，不少教师参加过国家、省、市级课题研究，随着新课程的推行，新的教育教学理念正被广大教师所接受，并积极地在课堂教学中实践。学校于2013年迁入新校址之后，学校硬件上了一个大台阶，为我校开展翻转课堂实验提供了有力保障。经过3年的探索研究，翻转课堂在我校落地扎根，为全体师生的发展打开新的视野和平台。

1. 开发高中各学科微课，初步形成系列微课资源库

开发了高中 15 个学科 700 多个微课资源，包括微课学习任务单。其中，安徽教育出版社制作 160 多个，参加各类微课评比获奖的约 40 个，专项微课 500 余个。所开发的微课资源涵盖高中各学科，已初步形成了具有二十二中特色的高中微课资源库。其统计数据见表 3-2。

表 3-2 基于微课的翻转课堂视域下微课研发统计表

年度	节次	参与教师数	适用年级
2014	80	约 20 人	高一年级
2015	100	约 50 人	高中各年级
2016	200	约 60 人	高中各年级
2017	1000	约 70 人	高中各年级

2. 开发高中各学科典型课例，形成优秀课例集

3 年间，学校共承担了 5 次大型研讨会、观摩会，多次对外开设展示课、观摩课，教师个人多次承担或参加了省、市级优质课、公开课研讨。2014 年起，学校每年举办 35 周岁以下青年教师优质课比赛，均以"基于微课的翻转课堂"为教学改革的主题，以上活动积累了 150 多节高中各学科翻转课堂典型课例。

翻转课堂典型课例分别参加中央电教馆 2016 年、2017 年的第九届、第十届创新课堂教师评比活动，获全国一等奖 1 人次，二等奖 3 人次，三等奖 8 人次；参加 2014—2015 学年度、2015—2016 学年度"一师一优课，一课一名师"评比，获部优课例 9 个，省优课例 13 个。获奖数量和比例在本市高中学校均居前列。

3. 初步探索具有本校特色的翻转课堂教学模式

学校通过翻转课堂的实施与研究，依据 2008 年以来开展学案教学的基本经验，结合校情、学情，逐步提炼、总结了具有本校特色的翻转课堂教学模式，即"一案二段八环节"教学模式，开创了新的宏志教育教学模式。

"一案二段八环节"的翻转课堂教学模式如图 3-1 所示：

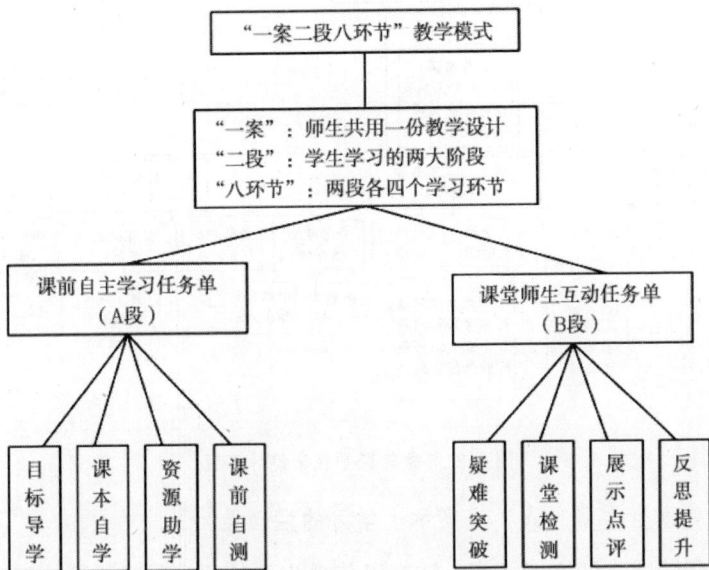

图 3-1 翻转课堂教学模式

各学科运用这个模式开展翻转课堂实践，并在具体实施中结合各学科特点灵活变通。

文科翻转课堂，学生在课前按照教师视频中的自学建议和要求，自主阅读课文，学习微视频，理解文本，还可以利用网络搜寻相关学习资料，拓宽视野，深化对文本、作品的理解。由于课前有准备，课上学生就可以有讨论、有争辩，在师生讨论交流中深化理解文本，促进学生精神成长，培育学生人文情怀，特别有利于情感、态度、价值观的教学目标的落实。典型案例是魏志军老师执教的高中语文选修课《唐诗宋词选读："新天下耳目"的东坡词》。

理科翻转课堂，课前以问题为引导，结合视频讲解，帮助学生对内容有基本理解；课堂上以问题为线索组织教学，通过师生互动，解决问题，对所学内容进一步深刻理解，这有利于培养学生理性的探究精神。典型案例是后勇军老师执教的高中化学课《铁的重要化合物》。

对翻转课堂的一般教学流程，如何分配课堂时间进行初步探索见图 3-2：

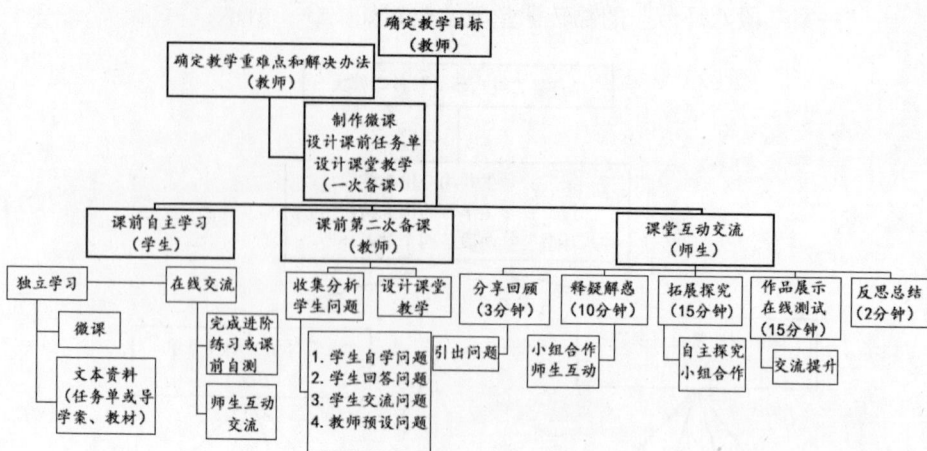

图 3-2   翻转课堂教学设计流程

4.改变学生学习方式，提高学生学习的主动性

经过翻转课堂的实践探索，转变以传授为主的课堂教学模式，把翻转课堂和微课融合在一起，从时间和空间两个维度重构高效课堂。借助微视频及课前问题任务引发学生的自主学习，促使学生主动进行知识建构，探索主体性和自主性学习的课堂结构，最大程度地优化课堂，提高教育教学质量，学生增强了主体意识，优化改进了学习方式，养成了良好的思维学习习惯，激发了学习的兴趣，提高了学科素养，学生的整体素质得到主动、健康的发展。

5.教师运用现代教育技术的能力普遍提高，促进了教师专业化发展

通过3年多的研究，学校教师的专业素质逐步提升，教师运用现代教育技术的能力普遍提高，后勇军、魏志军、李蓓、郭庆等一大批教师的翻转课堂教学课例及微课作品在全国、省、市级评比中获奖。其中，获得国家级奖23人次，省级奖21人次，市级奖44人次。教师们在实践中把体会撰写出来发表或参加评比，13篇作品发表，19篇论文获奖。2016年4月29日，马鞍山市隆重举行2016年庆祝"五一国际劳动节"先进表彰大会，二十二中翻转课堂课题组荣获市"工人先锋号"。我校于2016年上报的《基于"微课"的翻转课堂应用成果案例》，在2017年4月被评选为教育部"基础教育课堂改革典型案例"，

此次入围是对我校三年来翻转课堂模式的教学探索和成果的充分肯定。2017年5月，中国基础教育继续教育网录制《课堂教学模式——基于微课的翻转课堂"一案两段八环节"教学模式实践与思考》。

6. 研究反思

经过多年来的实践和研究，还有一些值得我们反思的地方，主要有：

（1）翻转课堂的实施与教师工作负担关系。

对于教师而言，增加的负担主要来自三个方面：

一是教学资源的预备。资源包括微课和其他提供给学生阅读的材料。尽管微课在国内很火，但适用的微课并不多，尤其是适用于自己学生的微课不多，基本上要靠教师自己制作。加之教师本身对微课的理解还有一个过程，包括选点、设计和录制都需要逐步完善，因此录一节三五分钟的微课需花费较多的时间，这是目前占用教师时间较多的一项工作。其他一些学习材料也与传统的教学资源不同，是提供给学生看并直接支撑学生学习过程的，因此往往需要教师对现存的资源进行加工和改造，才能变成适用于学生学习的资源。

二是学习指导的设计。翻转课堂的前置学习不是简单地观看微课，教师若只提供几节微课给学生看，学生是无法顺利完成学习的。教师需要根据学生学习的过程和特点，设计出合理、有趣的任务，并提供完成任务所需的学习资源（包括教材、微课和其他资源），引导学生逐步完成任务，同时达成学习目标。这种学习指导的设计是很多教师不擅长的，甚至可以说，很多教师还不会写学习指导，因为他们常常把给学生看的学习指导写成给教师看的教案。另一个常见的问题是，教师设计的学习任务很无趣，不足以激发学生的学习积极性，这也是许多教师所不擅长的。

三是练习的设计。翻转课堂中的练习不仅要完成传统练习的任务，还有一个重要的作用，就是帮助教师分析和掌握学生学习的问题。因此，练习的设计，需要更多的考虑和安排。

当然，随着翻转课堂实践范围和深度的增加，会有越来越多的教师投入到这项改革中来并充分开展合作，上述问题就会得到有效缓解。这是改革初期无法避免的阵痛。

（2）翻转课堂的实施进一步满足学生个性化学习问题。

翻转课堂的另一个实施困难在于，如何满足学生个性化学习的需求。传统课堂中，学生虽然也会有个性化学习的困惑，但为了保障教学进度的顺利实施，我们一般会忽视这些个性化的问题，甚至不允许他们表达。翻转课堂中，由于存在前置学习和练习环节，学生的困惑和问题被进一步明确，因而学生期望获得问题解答的欲望更加强烈，如果不能及时为他们答疑解惑，学生的学习积极性就会受到严重挫伤，后续的学习恐怕就不愿意参加了。

欧美发达国家，班额比较小、师资比较充裕，而国内大多五六十人的班额，单靠教师一个一个地指导学生恐怕是行不通的。

如何破解这些问题，还需要宏志教育更深入研究。

三、宏志教育体育案例

宏志教育提倡学生在校，不光是学习知识，更要锻炼刚强的意志，培养坚毅的品质，国家的未来离不开接班者强健的体魄。我们在宏志教育的实践探索，通过开展多项目的体育育人工作，让学生不断树立自立自强的奋发信念，在以学生为本的教育理念中守护"生命静好"，做好价值引领。

案例：军训

2017 年 8 月 18 日至 24 日，高一 520 多名新生冒着酷暑高温，来到军训基地，进行为期 7 天的军事训练。7 天军训，训练场上的汗流浃背、整理内务时的分工有序、拓展训练时的团结协作、演讲时的自信靓丽、电子打靶时的专注集中、帮厨时的任劳任怨，都是学生对生命教育的一次真切、深刻的体验。

■ 实施方案

军训开营仪式：秋高气爽，丹桂飘香，二十二中迎来了高一新生军训的日子。在校领导的组织下，在班主任的带领下，二十二中高一新生带着满满的期待和憧憬，来到了中学生实践基地。接下来将展开为期 7 天的新生军训。

到达基地，教官们安排学生住宿、整队，宣布军训纪律和规定，一切都在有条不紊中进行着。从同学们踏入基地大门的那一刻起，他们就深深感受到如铁的军纪、如钢的军魂。

排着整齐、有序的队伍，在教官的引领下，午间就餐开始了。吴教官宣布就餐纪律，同学们，听在心里，做在行动上。虽然离教官的要求还有距离，但是他们服从命令，想努力做好自己。

下午 3 点，马鞍山市高一新生军训开营式正式拉开帷幕。

全体学员起立，在庄严的国歌声结束后，俞乐同学带领全体同学宣誓：服从命令、听从指挥；团结友爱、互帮互学……先经翔同学作为学员代表发言，表示将在军训期间保持饱满的精神，一切行动听从指挥，学习军人吃苦耐劳的精神，努力完成各项军训任务。吴进教官作为代表发言表决心：从我做起，引导学员，磨炼其意志，发扬不怕苦、不怕累的精神，让同学们的军训生活充实有意义。

校长在讲话中，希望全体同学尊重领导、尊敬教官，听从指挥、服从教官；团结协作、克服困难，在军训中培养吃苦耐劳的作风；严格训练，以军人的纪律严格要求自己；向武警官兵学习，让军训精神发扬光大；培养团结互助、艰苦朴素的优良传统。军训 7 天、受益一生是市教育局领导颜静对同学们的谆谆告诫。

军训伴随成长，成长需要付出，付出相伴坚持。军训，会让我们的同学选择坚持，不断成长进步；军训，会让我们的同学与老师的心贴得更近、更紧！

■ 军训简报

"七天军训，三年收效，终身受益" 12 个大字赫然醒目，站在横幅下的二十二中高一军训学生，在基地教官的引领下，在班主任的引导下，在同学间的互帮互助下，在军校文化的熏陶下，经过接连几天军训的历练和洗礼，动作渐趋齐整、队列走向划一，目光坚定、站姿挺拔，一道亮丽的风景线渐渐融合在军校的一草一木当中，沉淀在二十二中的校园文化里。

7 天军训中，同学们在军校报告厅里听了两场军事讲座。关于军事地图识别，老师利用手指、两根棍子在太阳底下的影子、北极星等教同学们如何在野外识别方向。关于国家安全知识，老师进行了高屋建瓴式的分析，同时阐述了鉴于不安全问题，国家应该采取的应对措施。讲座时长一个多小时，同学们听得很认真。打靶操练室里，同学们在练习电子打靶。落座，拿起枪管，把其架在指定位置，对准靶位，扣动扳机，身旁的电脑记录打靶的成绩。电子打靶训练提高了同学们对事物迅速定位能力和专注度。

军校训练场上，教官们尽职尽责、加紧训练；老师们尽心尽力、嘘寒问暖；同学们步伐矫健、口号嘹亮、信心满满，"热爱祖国，建设祖国"的口号划过军校美丽的天空。为了两天后的会操，同学们不怕苦、不怕累，努力训练。因为他们相信：只有这样，他们才会在会操上有更加出色的表现，为自己的 7 天军训交上一份满意的答卷，让自己的高中三年有一个美好的开端，更让自己的人生多一份美丽的回忆！

■ 教师随想

军训是高中第一课，对于新生，军训是他们步入高中生活的开始，军训可以帮助他们提前互相认识，并且感受严格的组织纪律性，我认为对他们来说这是非常珍贵的机会。

现在的"90 后""00 后"们，有些心理素质不佳，养尊处优，容易产生心理优越感，同时自理能力、自制力比较差。军训恰恰提供给他们一个锻炼的机会。

在军训中，我看到孩子们懂得了互相团结。大家作为一个集体，共同经受烈日的考验，站军姿，踢正步，要做到整齐划一是非常不容易的，但是一小段时间下来，我发现班级队伍比刚开始整齐多了。我认为团体的训练让同学们意识到，只有团结一致才能获得教官的认同，只有付出努力才能得到想要的结果。

军训，让很多生活优越的同学感受到了原来生活中还有这类的"残酷磨砺"，我很高兴看到班里一些看起来弱不禁风的同学能够坚持在操场上，努力地完成每一项任务。经过军训，他们的脸被晒黑了。每次结束训练，我都在他们脸上看到了疲惫，但是我猜他们的心里是充实的，因为在不知不觉中，他们在成长。

案例：运动会优秀组织奖

运动能力强是一种与生俱来的天赋，每个学校都有这样的学生，当然如果学习能力也强，那这个孩子就有了一般人没有的优势。发现学生的优势，磨炼他们的意志品质，是宏志教育体育育人的核心。我校一贯坚持"身体是学习的本钱"，强调开展学生体育锻炼，包括常规锻炼项目：早操、课间操、晨跑、运动会；特殊训练项目：乒乓球、田径传统项目、拓展训练、体育特长生培养；休闲赛事项目：趣味运动会、篮球赛、足球赛、拔河比赛、亲子运动会等。

由于组织精心，准备充分，保障有力，这些赛事都取得了较好的成绩，受到上级有关部门的好评，2015年我校荣获马鞍山市第11届运动会优秀组织奖。

更值得骄傲的是我校接连培养出优秀的体育特长生，不仅为学校赢得了荣誉，更为他们自己的人生画上了漂亮的感叹号！

■ 喜报频传

1. 我校在省第30届体育传统项目学校"黄山杯"乒乓球比赛中荣获佳绩

2016年7月13日，安徽省第30届体育传统项目学校"黄山杯"乒乓球比赛在淮南洞山中学体育馆隆重举行。

此次比赛由省体育局、省教育厅主办，省体育传统项目学校"黄山杯"乒乓球赛理事会、省体育局训练基地管理中心、省乒乓球协会、淮南市教育局、淮南市体育局及淮南洞山中学联合承办。

比赛活动历时一周。全省共26所体育传统项目学校代表队参加比赛。在团体赛中，我校代表队的主要对手是合肥市第八中学、马鞍山市第二中学、萧县中学等，我校代表队在教练徐少宏的指导下，运动员奋力拼搏、克服重重困难，最终以全胜的成绩再次蝉联团体冠军。

在单打二十几场的比赛中，我校参赛队员面对各校强手，一路过关斩将，最后，我校运动员周旭、吴旭冬会师决赛，分获单打男子冠、亚军，创我校在"黄山杯"乒乓球比赛中的最好成绩。

2. 我校周旭同学被武汉大学录取

武汉大学通告，我校 2017 届高三（15）班学生周旭，被武汉大学以高水平运动队单招资格考生录取。

周旭同学是我校 2017 届体育特长生，在我校徐少宏教练的精心培养下，乒乓球水平突飞猛进，多次在重大比赛中获奖，最终，周旭同学以出色的成绩，被武汉大学提前录取！

周旭同学获奖情况简介：代表学校于 2014—2016 年连续三年在安徽省中学生乒乓球传统项目学校比赛中，获团体冠军、单打冠军。于 2014—2017 年连续四年在市中学生乒乓球比赛中，获团体冠军、两次单打冠军。代表马鞍山市参加安徽省青少年乒乓球锦标赛连续三年获单打第一名，两次团体冠军。多次在各级友谊赛、邀请赛中取得好成绩。现已被武汉大学录取。

■ 运动会风采

秋高气爽，云淡风轻；国旗飞扬，校旗招展；彩旗飘飘，鲜花嫣红。当国旗方队、校旗方队、彩旗方队、鲜花方队依序迈着整齐、矫健的步伐，目光坚定、精神饱满地向主席台走来之时，二十二中第 25 届秋季运动会入场式正式拉开帷幕。

喊着嘹亮的口号、带着灿烂的微笑，各班运动健儿们在主席台前进行着富有班级特色的表演，有绚丽夺目的个人才艺演绎，有动感十足的现代舞蹈，有刚柔并济的武术表演等，形式多样，精彩不断，亮点纷呈，展现二十二中学子靓丽青春风采，尽显二十二中师生互动的良好形象。这是一场属于二十二中师生的运动嘉年华。

四、宏志教育美育案例

宏志教育是优质教育，当然少不了美育教育。美是纯洁道德、丰富精神的重要源泉。美育是审美教育、情操教育、心灵教育，也是丰富想象力和培养创新意识的教育，能提升审美素养、陶冶情操、温润心灵、激发创新创造活力。宏志教育落实到美育教育上，就是要培养学生的高尚情操和文明素质。

案例：宏志合唱团

在 2016 年度马鞍山市中小学合唱教学展演中，我校宏志合唱团以饱满的热情、精彩的演出获得市一等奖。这是一个由宏志生组成的合唱团，团里的孩子大多出身贫寒，音乐底子较弱，没有接受过音乐的系统训练。对于他们来说，唱歌不是一件困难的事情，但是要合唱得好，就不容易了。宏志精神在这个时候发挥得淋漓尽致，指导老师说，每次训练他们都不迟到不早退，一句词反反复复唱很多遍，他们也不抱怨。他们不怕艰难，刻苦训练，最终在决赛中力挫群雄，勇夺桂冠！宏志合唱团在此次展演中取得如此成绩实属不易，是他们"特别能吃苦""特别有理想"等宏志精神的集中体现。宏志合唱团成员已经不再全是宏志生了，但是他们的团队精神依然存在，我想这就是榜样引领的潜移默化的作用。正是因为对美育的重视，二十二中成了马鞍山市音乐家协会第一个市内创作基地并挂牌。

多年来，学校管理者十分重视学生的音乐文化艺术活动，对丰富校园文化，陶冶学生艺术情操，培养专业音乐人才起到了重要的作用。

学校每年举办校园歌手大赛、元旦迎新文艺会演、文体艺术节等活动，展示了学校丰富多彩的校园文化和积极向上的精神面貌。

通过艺术进校园，学生开阔了眼界，了解了音乐、戏曲等专业艺术。市音协连续几年在我校举办了黄梅戏艺术进校园等活动，通过专家、名角的讲解表演，学生深刻感知家乡文化，激发了语言自信、文化自信，更加热爱自己的家乡。

国家需要各种为社会服务的人才，音乐也能让学生找到人生的定位，找到适合自己努力的方向。我校的音乐教育氛围浓厚，各种活动、课外音乐兴趣小组、宏志合唱团等为发现、培养学生提供了很好的平台。学校坚持"以人为本、和谐发展"的办学理念，贯彻落实多方向育人，不拘一格，人尽其才。

■　学生感悟

我从来不知道，唱歌这么意思，原来一首歌是可以用不同的声音唱出来的，可能单独听很不好听，但是组合在一起真是美妙！当我们站在音乐厅的舞台上唱歌的时候，那么安静，感觉整个世界都在静静地欣赏我们的表演，我感到特别幸福。

■　教师感悟

2015年高考，我校一位学生因为音乐专长考入了非常理想的大学。他有一位文化课比他好得多的初中同桌，虽然当初考入了我市升学率最高的高中，却没能被理想的大学录取。这位学生的初中同学，过年贺词中直爽地对他说了一句："我真有点嫉妒你！"也许，这只是一句玩笑，高考的成败也不能仅仅以被什么样的大学录取作为唯一的评价标准。但我依然有一丝欣慰，如果我们只用"文化课分数"这一把尺子去衡量学生，要求学生，那该有多少优秀的文艺苗子被荒废，甚至扼杀了。"以人为本"不该只是教育的口号，更是教育的基本要求！

五、宏志教育劳动教育案例

宏志教育是人格教育，当然离不开劳动教育。作为普通高中，要注重围绕丰富职业体验，开展服务性劳动，参加生产劳动，使学生熟练掌握一定劳动技能，理解劳动创造价值，具有劳动自立意识和主动服务他人、服务社会的情怀。

案例：宏志生在行动

"宏志生在行动"是我校宏志生感恩社会、回馈社会的系列志愿服务活动。多年来，我校宏志生深受社会各界的关注和爱护，在大家的关爱中宏志生健康快乐地成长，他们希望通过自己的努力，将这份关爱继续传递给社会中其他需要关爱的人群。因此，由学校团委组织宏志生志愿者成立了"宏志生在行动"志愿服务队，随着宏志教育内涵的延伸，志愿服务队的成员已不再仅仅是宏志生，所有立志志愿服务的学生都可以加入这个团队，这个活动也成了我校志愿服务的品牌。志愿服务的范围很广，涉及宣传、环保、交通协勤等，但以学生力所能及的劳动教育为主。我们希望达到的目标是：劳力之上的劳心。通过生活实践让学生感受劳动的不易与收获的满足，感受各行各业的辛苦与付出，初步产生对社会的正确认知，以期立宏志。

■ 活动纪实

1. "冬日送暖阳 温暖回家路"青年志愿活动

我校的16名宏志生来到市火车站参加由市教育局团委组织的"冬日送暖阳 温暖回家路"青年志愿活动。在熙熙攘攘的回家人群中，这些红色的身影不停地忙碌着：用小铲子认真地铲除地面污渍、用抹布擦净窗户和座椅、帮助乘客递过安检的行李、引导不知路的乘客找到等候的位置等，志愿者们尽职尽责，努力地为乘客提供力所能及的服务。当然，在服务的过程中也会不可避免地遭到乘客的不理解，帮忙递行李的施大华就遇到这样的事，当他把通过安检的行李整理好准备递给一位老大爷的时候，老大爷很快地抢过行李，质问道："为什么拿我的行李？"施大华并没有生气，只是礼貌地微笑回应，旁边的工作人员耐心地解释，老大爷看清了志愿者的服装，又了解了志愿者是来自二十二中的学生，顿时领悟，微笑着说："谢谢孩子。"

志愿者们表示：虽然两个半小时的时间是短暂的，但是这两个半小时带给我们的影响远远没有结束，这次活动使我们知道了集体的力量是无穷的，也学到了甘于奉献的精神。

2. "保护慈湖河，爱我环保城"青年志愿者学雷锋活动

2012年3月11日上午，来自我校高一年级的33名宏志生在政教处主任梁晓星、团委书记高琦璐、生物组老师李蓓的带领下，参加了市教育局直属八校

联合开展的"保护慈湖河，爱我环保城"青年志愿者学雷锋活动，此次活动是宏志生社会实践系列活动内容之一。

寒风凛冽，丝毫不减同学们的热情；道路泥泞，也不能裹住同学们前进的步伐。他们不怕脏、不畏难，仔细认真，不放过眼前任何一点垃圾，用自己的双手为慈湖河的环境治理做贡献。同时，李蓓老师还在现场带领同学们做了有关"慈湖河水样调查"的研究性学习，让我们此次的实践活动更具有科学性。

我们希望通过这些实践活动的开展，让宏志生们树立环保理念，发扬志愿精神，真正成为对社会有用之人。

3."温暖冬季，公益行动"学生会寒假志愿者活动

连续几日的大雪掩盖住了本该有的年味儿，不过当冬日暖阳融化白雪，阳光洒遍全城的时候，恍惚中有种春天的感觉，让人的心不禁温暖起来。我们学生会的成员就在这似春天的冬日开展了我校的传统活动——青年志愿者公益活动"温暖冬季，公益行动"。

在主席团三位主席的积极组织下，我们开展了与往年不同的新志愿者活动。我校学生会与我市公益素食馆合作，开展了一系列有意义、有深度的活动。

一早，16位报名的学生会成员便全数到达体育馆门口集合，学生身穿绿色志愿者服装，在阳光的照耀下，犹如一棵棵郁郁葱葱的小树，朝气蓬勃。到达公益素食馆后，每人领取了一本《弟子规》，然后端坐在桌前大声朗诵。公益素食馆的董事长还就"冠必正，纽必结，袜与履，俱紧切"与学生进行了讨论，他所说的观点让我们不禁深思，从他的话语中我们能感受到他对我们高中生的深切期望，因为学生是祖国的未来。

晨读之后，志愿者开始劳动。你扫地我泼水、你做花卷我包小笼包、你收桌子我发卡片，没有一个人闲过片刻，大家都在为公益贡献自己的一份微薄之力，齐心协力力量大，这种努力团结的景象使人心头一暖。平常生活中，他们在家中都很少做家务，可是当他们亲身体验过，才发现做家务也是一项体力活，平时没能为妈妈分担，实在惭愧，而他们的家长也很辛苦！

送走最后一批客人时已经临近 2 点，每个人都饥肠辘辘，可没有一个人抱怨，他们拿着盘子，吃着用自己劳动换来的午餐，觉得这是世界上最美味的午餐！因为这是他们的努力所积攒成的午餐，对于很多同学来说，都是一次新的经历。

4. 二十二中高一（8）班志愿者活动

青年志愿者在当今社会中也扮演着极为重要的角色，在不断前进和发展中取得了更多的进步。当代青年都是有着高度的思想觉悟，有着强烈的民众意识，有着更高更远的追求，有着为祖国将来的强大奉献宝贵青春的魄力的人。所以青年志愿者行动也就顺理成章地实现了，在不断的前进和发展中取得了最大的进步，这些才是我们最看重的东西，青年志愿者代表着当代最先进的青年。

中午，高一（8）班的志愿者们前去打扫数字实验室。看，这是我们正在打扫实验室的朱正航同学。

她认真负责、一丝不苟的模样在照片中留下，值得我们学习。

空中没有一丝云，头顶上一轮烈日，没有一点风。一切树木都无精打采地、懒洋洋地站在那里。太阳刚一出头，地上像已着了火，天气是那样炎热，仿佛一点星火就会引起爆炸似的。

但志愿者朱正航，任劳任怨，不放过每一个角落。

这是我们正在擦瓷砖的郭慧同学。

瓷砖常会被油渍、皂垢等玷污，尤其瓷砖接缝处更容易藏污纳垢，但她不嫌脏不嫌累，一点点擦拭着瓷砖，不放过一点污渍。

5. 二十二中高一（3）班"学雷锋"活动

3 月是每年一度的学雷锋活动月。雷锋的一生是平凡而伟大的一生，雷锋精神集中体现了中华民族的传统美德和伟大的民族精神，"学雷锋"活动代表了当代青年的成长进步。长期以来，我校广大师生以"雷锋精神"为指引，把这一活动延伸、扩展，使"学雷锋"活动更有特色、更有吸引力。

开展"学雷锋"活动，充分利用 3 月"学雷锋"活动月，对我校青年团员开展"了解雷锋事迹，感受雷锋精神"的教育，使全体团员在思想上有所提高。号召同学们了解雷锋的光辉事迹，弘扬雷锋在学习上的"钉子"精神，学习雷锋不怕困难、不认输、勇往直前的精神。

场景一：3月6日组织志愿者利用课余时间来到校外，帮助清洁工清扫垃圾。这次活动提高了学生的环保意识，他们的行为受到了路人的一致好评。

场景二：3月12日上午志愿者小分队来到了大润发附近帮助公交车司机清理车内卫生。有的擦座椅，有的扫垃圾，他们不怕苦，不怕累，能为环境保护做一点贡献，他们觉得非常光荣。

场景三：3月13日志愿者在志愿活动过程中发现了行动不便的老奶奶正在过马路，志愿者急忙上前搀扶。

雷锋精神鼓舞和激励着我们进步。"学雷锋"活动会结束，但是我们认为学雷锋行动不会结束。我们希望在以后的日子中，同学们也能够继续发扬雷锋精神。把雷锋精神这颗美好的种子，深深埋在心中，时刻牢记用实际行动去浇灌它，让它在心中生根发芽。

第三节 学生成长导师引路

在学生成长导师制的实践下，我们完成了安徽省省级课题"普通高中开展全员'学生成长导师制'的实践探索"，该课题在2018年安徽省基础教育教学成果奖评选中荣获省级一等奖，颁奖部门为安徽省教育厅。以下简单介绍一下成果。

一、问题的提出

导师制是一种教育制度，与学分制、班建制同为三大教育模式。导师制要求在教师和学生之间建立一种"导学"关系，针对学生的个性差异，因材施教，指导学生的思想、学习与生活。早在14世纪，维克汉姆将导师制引入牛津大学，牛津大学导师制的核心思想是：在教学方式上强调个别指导，在教学内容上强调德智并重，在学习环境上营造和谐、自由和宽松的氛围。剑桥大学随后也采用了导师制。美国在中学最早实行了导师制，学生需要指导教师的协助从复杂繁多的课程中选出符合自己实际情况的科目。后来，其他国家也相继在中学实行导师制管理，导师制在中学的运用被推广开来。

我国从民国时期开始有了导师制，曾于 1929—1931 年留学英国牛津大学的费巩教授，最早把大学生导师制从英国带到了中国。核心内容归纳为四大特点：重导师指导、重博览群书、重思想见解、重因材施教。

近几年来，国内一些知名高校也开始在本科生教育中实行导师制。像北京大学、浙江大学，从 2002 年开始在本科生中实行导师制，主要表现在对学生的思想、日常生活和学习计划等加以指导。我国于 20 世纪 90 年代末开始在部分中学实行导师制，近几年，国内一些重点高中，如江苏南京市第一中学、浙江省长兴中学、北京市第八十中学进行了导师制的有效探索。如南京市第一中学采取了班级导师负责制和学生固定导师指导制相结合的体制。浙江省长兴中学实行的是德育导师制。然而，导师制在普通高中的效果还缺乏实践的检验。

我校是一所普通高中，实行大班教学，学生的整体素质远远落后于重点中学，真正落实"全员育人、全程育人、全方位育人"的教育理念有很大的难度。尤其是班主任在教育学生、联系家长方面要做到精细化、常态化难度确实很大。基于此，导师制是能带来巨大回报的，有着无限广阔的前景，因为导师制既重视学生的学业成长又关注学生的道德品行，并探索两者之间的相互影响，这既是本研究的创新之处，也是研究的难点。为此，我校开展的"普通高中开展全员'学生成长导师制'的实践探索"工作，就是要解决这一难点。

二、解决问题的过程和方法

（一）理论依据

1. 人本主义理论

20 世纪六七十年代以罗杰斯和马斯洛为代表人物的盛行于美国的人本主

义理论强调，教育的目的是培养有个性的人，促进人个性的发展。人本主义认为"以学生为中心"才是教学的重要原则。

我校一个班有四五十人，每个班安排导师5—6人，每人负责12个以内的学生，能有机会和时间对学生因材施教，进行个别的指导，促进学生的发展，更好地体现以学生为中心，以人为本。

2.自我效能感理论

1977年，美国著名心理学家班杜拉首次提出了"自我效能"。自我效能感是指人们对自己在特定情境中，能否有能力去完成某个行为的期望。实践表明，导师的效能感对学生的自我效能感有很大的影响。

我们在实施导师制过程中，强调发挥导师的主动性和积极性。在导师的指导下，学生能提高自我效能感，真正成为学习的主人，发挥自己的主动性。

（二）实践研究的目标与内容

1.研究目标

试图在新的历史条件下，充分借鉴国内外导师制实践的经验和成果，以构建满足不同学生多样化发展需要，强化学生的人生规划，提升学生的终身发展素养，学业指导与道德指导同步的、一体化的育人新模式。

2.研究内容

根据研究目标，本研究主要包括下列研究内容：构建实施学生成长导师制的具体操作流程；学生成长导师制的实践研究。

制定学生成长导师制工作制度；班主任与指导教师对学生指导的关系定位；开发出学生成长导师制相关资料，如《学生成长记录》《指导教师工作档案》《指导教师优秀案例》《优秀成长日志》等。

（三）实践研究的方法

文献资料法：学习现代教育理论，认真钻研教育心理学理论及部分地区的实践经验。

个案分析法：对特定案例进行记录与反思，并从中找出有代表性与规律性的操作方式。

行动研究法：根据操作要求设计活动的教案，并有选择地加以实施，开展相关导师与学生的资料收集与分析工作，跟踪学生学习情况的变化。

调查法：通过调查问卷，不断反思研究阶段的得与失，以促进研究顺利有效开展。

（四）实践研究的过程

1. 准备阶段（2011.7—2012.8）

2011年秋季开学伊始，我校各年级同步启动了学生成长导师制，一年间主要开展了以下几方面工作：

（1）宣传发动，形成共识。

2011年6月，全校范围召开了实施导师制动员大会和导师制相关知识培训会，在校园网开辟导师制专栏，上传与导师制相关的理论与实践宣传材料，组织专人编写《学生成长记录》。

（2）建章立制，全面启动。

2011年9月，学校制定了《二十二中"学生成长导师制"实施方案（草案）》和《二十二中"学生成长导师制"考核制度（讨论稿）》，对导师制开展作了详尽的部署和说明。学校成立导师制工作领导小组和导师制考核领导小组，分年级召开教师座谈会、学生家长座谈会，以期完善导师制。

我们同步编写了各年级《学生成长记录》。主要包括四个方面的内容：一是学校制定的学生成长评价实施办法；二是学生综合评价；三是学生成长足迹；四是学生成长日志。学生日志以日为单位，要求学生对当日重要事情进行记录或回顾，每天向家长汇报道德习惯、学习习惯和生活习惯并请家长签字。每个周末，要求家长与导师联系一次并做记录，每周做一次成长回顾，每周交《学生成长记录》给指导教师批阅并由指导教师做简短点评。

（3）有序推进，强抓落实。

2011年11月，召开了分年级家长会、分年级教师交流会和学生培训会。

2012年3月，召开学生成长导师制工作推进会暨优秀指导教师表彰大会，共同分享经验与收获。

2012年3月，开展以"聚焦导师制"为主题的征文活动，征文内容包括理论探讨、实践反思、教育叙事、经验总结、案例分析等。共收集稿件87篇。

2012年6月，开展优秀指导教师评选工作。

（4）调查反馈，逐步完善。

为了真正了解一线教师开展导师制的情况，教科室通过调查问卷和深入教师之中两种形式，收集教师反馈信息若干。

2011年1月，教科室回收了1800份有效问卷，对570份问卷进行了抽查统计，如表3-3所示：

表3-3 导师制反馈统计表

年级	对导师制的态度	人数	所占比例
高一	赞成	138	82.63%
	反对	10	5.99%
	未发表意见	19	11.38%
高二	赞成	119	70.00%
	反对	21	12.35%
	未发表意见	22	12.94%
	作用不明显	8	4.71%
高三	赞成	205	87.98%
	反对	9	3.86%
	未发表意见	12	5.15%
	作用不明显	7	3.00%

从统计表可以看出，学生和家长对导师制认可的程度较高。从实践成果来看，师生的反映大部分是正面的、积极的。以下是两个学生的感想。

感想1：几个月下来，我发现每天这样回顾自己一天的学习经过对梳理知识、了解课程具有很大的帮助，知道自己做了什么事，懂得了哪些知识，哪些内容还没掌握，让自己的生活变得井井有条，充实合理，不会再整天碌碌无为。

感想2：记录每天所学的重要内容，这样可以回顾所学的新知识，加深理解，使所学知识在脑海中的印象更深刻。由于每天记录的内容有限，知识点多，还可以提高我们的语言概括能力，一举两得。

（5）督促考核，确保有效。

以评选代替检查，革新了传统考核模式，于2011年11月、2012年1月与2012年9月开展了优秀指导教师的评选，评选出优秀导师20名和优秀导师提名20名。

2. 具体实施阶段（2012.9—2014.11）

（1）博采众长，完善提升。

2012年5月，市教育局相关部门科室负责人来我校与部分教师和学生进行了座谈，并发放问卷向学生了解导师制实施中师生的体会、收获以及相关建议。

2012年11月，"普通高中开展全员'学生成长导师制'的实践探索"被正式立项为省级课题。

2012年12月，有关市领导来我校检查工作，对导师制工作给予了充分的肯定。他认为，一是对学生责任把握上，真正做到教书与育人同步；二是在学校部署上，做到教育教学与党风廉政建设工作并举；三是在职业态度的定位上，做到创先争优目标与创新精神一体；四是在培养模式的探索上，做到校家携手与师生共进。

2013年1月，省教科院专家组来我校调研导师制工作，并给予了高度肯定。

2013年3月，省级课题"普通高中开展全员'学生成长导师制'的实践探索"开题。市教育局专家组对该课题进行了有效指导。

（2）深入探索，开拓创新。

课题组分别组织开展了2012—2013、2013—2014学年度导师制下的"优秀指导教师"评选活动，共评出优秀指导教师42名。

校刊《二十二中教育》开辟"导师制专栏"。2013年暑假，学校共收集导师个案100余例。2013年11月，教科室将100余例个案汇编成册并发放给全体教师。

2012年1月，共评选出优秀学生114名，优秀学生家长102名。

2013年11月，开展"我与我的导师"征文比赛。

2013年6月与2014年6月，开展了优秀成长日志的评选工作。

（3）升级改版，日趋完善。

《学生成长记录》先后进行了多次改版，第一版为《马鞍山市二十二中学生成长记录》，第二版为《马鞍山市二十二中校本教材学生成长记录》，第三版为《未成年人思想道德教育校本必修教材学生成长记录》。名称的变化反映出学校对导师制工作认识的逐步理性化，是研究深入的收获，也是吸纳方方面面建议的结果。记录的内容由繁到简，日趋贴近学生的实际。

3. 提升完善阶段（2014.12—2018.3）

（1）"学生成长导师制"省级课题顺利结题。

编辑《导师制课题研究材料汇编》，梳理导师制各项制度，完善导师制实施流程，汇编每学年调查问卷与优秀导师评选材料，收集整理导师制每学年开展活动的图片与影像资料，着手撰写结题报告并申请结题。

（2）创新德育方式，开展全员家访。

《学生成长记录》成为家校联系的平台，全员家访，是导师制的重要补充。2014年寒假起，启动全员集体家访活动。

制定家访工作计划和家访工作流程图。学校制定了《二十二中 2014 年寒假集体家访工作计划》并确定集中家访日，将全校所有在岗教师及行政领导分成 44 个家访小组，同时还制定了《家访工作流程图》。

确定并预约家访对象。学校初步确定"八必访"家庭：父母离异的单亲家庭，生活有特殊困难的学生家庭，病残学生家庭，行为偏差的学生家庭，思想、学业上有重大变化的学生家庭，学习困难的学生家庭，外来务工子女家庭，住宿生家庭。

全员家访活动，全校教职工集体参与，走访了 2000 多个学生家庭，加强了学校与家庭之间的联系，成为学校德育工作的一大特色。

（3）形成理论成果。

2016 年 9 月，编辑出版《守护心灵——学生成长导师制探索》一书，由安徽师范大学出版社公开出版，该书系统阐述了我校学生成长导师制工作的理论研究与实践探索。

（4）探索新高考背景下的学生成长导师制的实践应用。

2016 年 9 月至今，结合新高考改革工作的推进，我校不断探索学生成长导师制的实践应用，如探索实践双班主任工作制，探索实践导师午间管理制，探索实践导师绩效管理制，探索实践运用信息化平台建立学生综合素质评价及导师评价机制等。

三、成果的主要内容

1. 制定并完善了"学生成长导师制"各项制度

制定了《马鞍山市二十二中"学生成长导师制"实施方案》。"学生成长导师制"的具体操作流程见图 3-3。

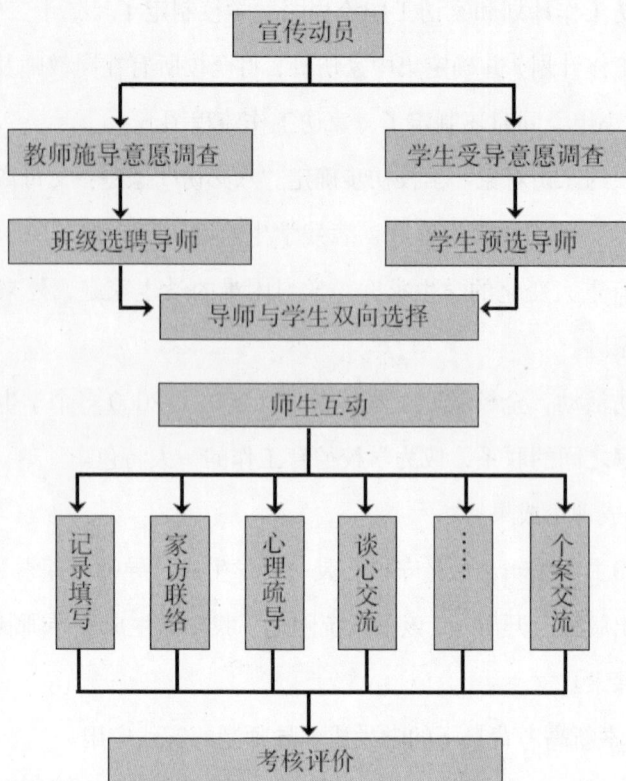

图 3-3　学生成长导师制基本工作流程图

建立学生成长档案制度。为每一位学生建立成长档案袋，追踪学生成长轨迹。

建立学生成长日志制度。以学期为单位记录成长轨迹，家长每日签名，导师每周查阅并提出指导意见。

建立家长联络制度。导师通过《学生成长记录》及时了解了学生本人及其家庭状况。

建立个案分析制度。学校组织全体教师开展了导师制下"导师个案"的征集工作，共收集导师个案 100 余例，并汇编成册。

制定了《马鞍山市二十二中导师主要职责》：

帮助、指导学生形成良好的思想品德和心理素质；关注学生的思想、品德、行为上的细节表现，防范与纠正学生的不良行为。

关心学生的学业进步及个性特长发展，合理指导学生的学习。

指导学生合理安排课余生活，引导学生参加积极向上的文化娱乐活动。

及时收集与反馈《学生成长记录》，认真填写"导师评价"，及时与学生当面沟通与指导。

了解学生的家庭情况，掌握学生在假日里的家庭表现，与家长达成共识，取得家长的理解与支持，促使家庭与学校协调做好学生的教育管理。

经常同班主任、科任教师等交流个别学生教育转化的进展情况，在期末做好工作小结。

建立了指导教师评价制度：

《马鞍山市二十二中"学生成长导师制"考核制度》。共分四方面评价：导师自我评定、学生评定、家长评定、领导小组评定。

《马鞍山市二十二中"学生成长导师制"优秀指导教师奖励办法》。每学年开展一次评选，根据考核成绩，每个年级产生14名优秀导师名额，每年教师节进行表彰奖励。

建立优秀学生、优秀家长评价制度：

《学生成长记录评选办法》。

《优秀学生评选办法》。

《优秀家长评选办法》。

2. 构建了"双线并进、家校联动"德育工作机制，创新了育人模式，拓宽了育人空间

采用"双线并进、家校联动"的方式，创新我校德育工作。

一方面，通过《学生成长记录》这一平台，记录学生每天的思想变化，导师在批阅中，及时发现学生的所思所想，能做到心中有底、有的放矢，从而取得实效。

另一方面，根据学生情况，确定"八必访"家庭。通过全员家访、家校联动

的方式，使教书育人真正落到实处。在家访特定的氛围中，师生关系更融洽。

全员集体家访得到了上级领导和社会各界的充分肯定。《德育报》在头版醒目的位置介绍了我校开展全员家访的举措。

3. 开发出富有本校特色的未成年人思想道德教育校本教材

在合理吸纳全体教师与学生建议的基础上，对《学生成长记录》不断进行改版，去繁就简，不断完善，新改版的成长日志更加贴近学生实际。《学生成长记录》以励志为导向，采取灵活多样的方式对学生进行潜移默化的熏陶。

4. 采用首席导师制，明确了班主任与指导教师的关系定位

在全校范围内确立了班主任为学生的首席导师，其余授课教师为学生的第二导师。6 年来的实践证明，任课教师全员参与育人，师生间的距离拉近了，普通任课教师的责任意识、育人意识增强了，学生思想问题及时与导师沟通，问题解决起来也更加快捷了。

5. 汇编成册"学生成长导师制"各项资料，为继续有效开展此项工作提供保障

6 年来，学校共编辑成册《学生成长导师制指导教师评价表》49 本、《学生成长导师制材料汇编》2 本、《学生成长导师制指导教师反馈表》1 本、《学生成长导师制教师论文集》1 本、《导师案例》1 本、《导师新语录》1 本、《二十二中教育（导师制专辑）》1 本、《二十二中家访材料汇编》4 本。

6. 关注学生终身成长，落实了素质教育理念，促进了师生、家校的沟通，使教育逐渐走向精细化

《学生成长记录》以其先进的理念、多维的视角及科学的评价方式，关注学生的学习过程，注重学生在学习过程中的情感、态度、价值观的培养，发现和发展学生多方面特质与潜能，动态即时地帮助学生认识自我、建立自信，在教育教学实践中发挥了其激励、改进等教育功能，促进了学生自我认知的发展。

学生与家长、学生与老师、老师与家长三方面的沟通与交流，是学生成长中必不可少的环节。从《学生成长记录》的字里行间，家长对孩子目前阶段的学习状态、老师对孩子的要求和希望、学校教育教学工作情况都能有所了解。

《学生成长记录》使导师制有了一个明确的载体，是管理走向精细化的主渠道。细节决定成败，《学生成长记录》抓住了学生学习过程中的细节，又强化了每一个细节的过程管理，在其运作和使用过程中，引领了我校教育教学工作的主导方向。

《学生成长记录》不仅仅是一个评价、一个反思，更多的则是师生间心与心的碰撞，思想与思想的对白，灵魂与灵魂的沟通；是家长与孩子的殷殷细语，爱的倾诉；是家长与老师之间的相互支撑、相互搀扶。《学生成长记录》蕴含着巨大的人文内涵。

7. 成果受到上级教育主管部门的肯定及推广应用

2017年5月，市教育局借鉴我校学生成长导师制的成功经验，在全市范围推行"贫困生成长导师制"。组织市县区学校2811名导师定向帮助2794名贫困家庭青少年学生，为他们提供思想引导、学业辅导、心理疏导和生活指导。除在校关心辅导贫困生，每月至少家访一次，宣讲教育政策，填写《成长手册》，建立成长档案。该项工作成为我市教育部门打造的教育扶贫一大品牌，受到安徽省教育厅充分肯定，并在2018年度全省学生资助工作中进行推广。

四、效果与反思

实施"学生成长导师制"是我校发展的起跳板。

导师制关注人的发展，着力于让教育回归原点，让教育从知识本位转向育人本位，落实立德树人根本任务，是促进核心素养有效形成的重要创新。落实全员家访制度，构建"双线并进、家校联动"德育工作机制，创新了育人模式，拓宽了育人空间，创新了二十二中德育工作。学校制定了《二十二中集体家访工作意见》并确定每年的寒暑假为集中家访日，将全校所有在岗教师及行政领导分成若干个家访小组，建立学校党政领导牵头，班主任组织，科任教师参与的全员家访制度。4年来，全员集体家访活动，参与教师达700人次，共走访了2000多个学生家庭，加强了学校与家庭之间的联系，增进了教师与家长之间的感情，缩短了家校之间的距离，加深了家长对学校工作的理解和信任，树立了学校、教师良好的形象，为学校赢得了良好的社会声誉。

6年来，全校教师承担了2000余名学生成长导师的工作，全员关注学生的成长过程，师生关系更加和谐，学风、班风、校风呈现良好态势，学生学习的积极性与主动性逐渐提高，良好的学习习惯与生活习惯正在养成。近年来，我校先后取得"全国五五普法先进集体""全国零犯罪学校"等荣誉称号。

实施"学生成长导师制"是我校学生成长的支架。

落实"以人为本，和谐发展"的办学理念，充分发挥了全体教师在教书育人中的作用，克服教师只教书不育人或者教育管理主要靠班主任的思想，通过倡导全体教师人人做学生成长路上的导师，尊重、理解、善待每一名学生，因材施教，因势利导，通过课外"一对一""面对面"的教（指）导，使学生学会做人、学会求知，不断促进学生综合素质的全面提高。学生和导师之间既是师生关系，又是平等的朋友关系，在这种平等的交往中，更容易满足学生个性发展的需求，他们更加愿意学习；对学生情感的关注会让他们更加喜欢学习，从而成为学习的主人，提高自主学习能力。同时教师的言传身教也提高了学生的人文素养。

实施"学生成长导师制"是测试教师专业素养的试金石。

导师制要求教师更具专业性，既要有心理学、教育学知识，又要加强管理能力，所以促进了教师的专业发展。通过示范引领，极大地激发了全体教职员工教书育人的积极性与潜能，对全面提高学校教育教学质量起到了重要的作用。近年来，学校高考本科达线率实现三年三跨越，取得历史性的突破，学生家长满意率逐年提高。

尽管实践研究取得了一定的成效，但和研究初期预设的目标还存有距离，有些问题还有待我们持续深入的关注。诸如导师制在促进学生学业成长方面的作用，实践中难以找出相关的数据加以佐证；《学生成长记录》究竟以何种样式呈现，才能为全体学生乐意接受，才能促动学生乐意向导师倾诉困惑。这些问题都促使我们要在今后的工作中总结经验，逐步解决。

第四节 宏志教育系列读本

宏志教育系列读本《学生成长记录》是落实学生成长导师制这一德育育人模式的书面载体，便于学生记录，便于家长评价，便于师生交流。《学生成长记录》第 1 版始于 2011 年，每年修订完善一次，到 2021 年已是第 11 版了。

成长记录，就是关于个人成长中点点滴滴的记录。何为成长？成长就是自身不断变得更好更强更成熟的过程。成长中，我们学会感恩，学会团结，学会自立；成长中，我们学会分辨真假、善恶、美丑。成长是坎坷的，谁会没有磕磕绊绊？经历得越多，成长得越快。因此，记录下自己的经历，它可以是成功的收获，可以是失败的反思，抑或是些许遗憾，无论它是什么，这些经历都会是我们青春岁月里最宝贵的财富。

一、为什么要写学生成长记录

2011 年 8 月，我校启动实施学生成长导师制工作。任课教师担任本班学生的指导教师，对学生的道德、学习和生活等习惯进行全过程、全方位指导，同时与学生家长保持联系，共同教育学生。学生把自己的经历和感受写在《学生成长记录》上，定期交给导师和班主任批阅，接受导师和班主任的帮助。

借助导师制平台，任课教师深入参与育人，大家的责任意识、育人意识增强了，师生间的距离也进一步拉近了。学生及时与导师沟通，各种思想问题解决起来也更加快捷了。

实践使我们看到，《学生成长记录》至少有以下几个方面的意义：

落实新课程理念，关注学生成长过程。

《学生成长记录》以其先进的理念、多维的视角及科学的评价方式，关注学生的学习过程，注重学生在学习过程中的情感、态度和价值观的培养，发现和发展学生多方面特质与潜能，适时帮助学生认识自我、建立自信，在教育教学实践中发挥了其激励、改进等教育功能。

注重学生成长过程中的点点滴滴。

《学生成长记录》是学生们成长中最珍贵的记录，它应成为一生中最值得收藏和纪念的东西。

促进老师、学生、家长的有效沟通。

学生与家长、学生与老师、老师与家长三方面的沟通，是学生成长中必不可少的环节。通过《学生成长记录》，师生情感进一步交融；通过《学生成长记录》，家长对孩子的学习状态、对老师的指点与希望、对学校的教育教学都能有所了解。许多家长热情支持这项工作，在《学生成长记录》上认真地表达对老师工作的感激之情以及对老师教学、学校工作的建设性意见，这让我们真切地体会到家庭教育与学校教育协调一致的价值，这样的合作才真正有力。家长可以利用填写《学生成长记录》的时机，适当地鼓励孩子。

落实学校提出的学生成长导师制。

《学生成长记录》是导师制的实物载体，是教育管理精细化的主渠道。细节决定成败，《学生成长记录》抓住了学生学习过程中的细节，强化了细节的过程管理。在使用过程中，《学生成长记录》引领了我校教育教学工作的主导方向，使我校教育教学工作出现了质的变化，我们认为其具有很好的借鉴和使用价值。

写成长记录，最基本的一点就是内容的真实性。只有记录的经历是真实的，我们的成长感悟才会是真情实感的流露。

成长记录要有内容，有感悟，不能是简单的流水账。不能只写今天上了几节课，每节课老师讲授了什么知识，午餐吃了什么等。既然是对成长点滴的记录，就要写发生在自己身上或是身边的事，只要自己有所感悟，都可以记录下来。例如，母亲节到了，感恩母亲多年的付出，送上甜蜜的祝福；和同伴发生了矛盾，开始思考友谊的真谛；考试失利了，激励自己永不言弃。通过成长记录，我们可以回味成长过程中的烦恼、喜悦和兴奋，为努力感动，为冲动懊悔，把日志当成思想的源泉、感情的宣泄口和成长的驿站，"吾日三省吾身"，必将有所收获。今天笔下的记录说不定会成为我们明天写作的好素材。

写成长记录贵在坚持。想象一下，我们每日花上10分钟记录下本日的经历或感悟，并非什么难事，倘若能坚持下来，这就成了一本美好的青春回忆录。多年后，自己再次翻阅昔日的记录时，那种感觉一定非常奇妙。

我们可以通过成长记录和老师、家长保持沟通交流。平时没机会或不方便和老师说的话都可以写在记录里，比如班委改选想提名哪些同学，最近学习中遇到什么困难，对老师上课有什么建议等。老师一定会认真倾听我们的声音，和我们一起感悟成长中的喜悦和烦恼。

成长记录是我们和老师、父母沟通交流的平台，是我们的成长纪念册。它就像美丽青春的一面明镜，大家能看到镜子中的自己不断追求，不断超越，一天天成熟。

二、《学生成长记录》重点栏目简介

第11版《学生成长记录》（供2021级学生使用）包含十个栏目，分别是写在前面的话、学生自我介绍、中小学生守则、时代主题教育、历史上的今天、中华经典诵读、国防教育记录、宏志成长记录、学生成长档案、综合素质评价。

"写在前面的话"收录的是校长写给学生的信。校长在这里谈书写成长记录的意义，谈如何写好成长记录，同时对学生寄予希望。

"学生自我介绍"就是学生的自画像。在这里向班主任和指导教师展示个人重要信息，介绍个人性格、表达个人理想与座右铭等。

"中小学生守则"收录的是2015年修订版内容，这个栏目内容就是时时提醒学生要牢记什么是可以做的，什么是不能做的。

"时代主题教育"收录的是社会主义核心价值观内容，同时收录了解读内容，让学生不仅牢记价值观内容，同时理解深刻内涵。

"历史上的今天"栏目，每天收录一条重大事件，经常翻看，既能让历史照亮现实，又能让今天看清方向。

"中华经典诵读"栏目，收录了高中生必诵的古诗词，共计139篇，经常诵读，不仅可以从中汲取经典中的营养，培育和践行社会主义核心价值观，厚德载物，立德树人，而且还可以开启智慧的大门，提升听说读写及多方面的能力，扩充知识储备。

"国防教育记录"栏目，就是让高中生把军训生活的点点滴滴记录下来，留下青春的美好回忆，同时在记录中提高国防意识。

"宏志成长记录"是核心栏目，既要制定学期总目标，也要制定月目标、月计划，同时每月记录完成情况，分析失败原因和成功原因。在子栏目"学生生活感悟"中有励志名言、有成长记录、有强我体魄、有家长评价，还有班主任寄语，学生每月上交一次，教师每月反馈一次，对师生都没有多少负担，但作用很大。

"学生成长档案"栏目由两部分组成。一部分是学生在校情况记录表，有各学科的平时成绩、期中成绩、期末成绩，有出勤情况、健康情况、奖惩情况等内容，需要教导处、政教处审核，需要家长反馈。另一部分是学生综合素质评价报告单，从思想品德、学业水平、身心健康、艺术素养、社会实践五个维度对学生的表现进行评价，最后是班主任撰写的综合性评语，同样需要政教处审核。

"综合素质评价"是最后一个栏目，收录的是《安徽省普通高中学生综合素质评价实施办法》。包括基本信息、自我陈述和推荐意见、思想品德、学业水平、身心健康、艺术素养、社会实践、综合素质评价、承诺与信誉等级。这个内容纸质版提前呈现给学生，学生每学年上机操作一次就有了参考。这个内容就是要引导学生在德智体美劳等方面全面发展，做一名合格的高中生。

第四章　宏志教育教师访谈

"做学生为学、为事、为人的示范，促进学生成长为全面发展的人"是教师的职责，也是教师的初心。2018 年 9 月 10 日，习近平总书记在全国教育大会上发表重要讲话指出："教师是人类灵魂的工程师，是人类文明的传承者，承载着传播知识、传播思想、传播真理，塑造灵魂、塑造生命、塑造新人的时代重任。"在宏志教育实施过程中，每一位教师都发挥着不可或缺的作用，从班主任到任课教师再到学校的管理者，人人成为宏志教育中的重要一环，人人成为宏志教育的践行者和引领者。若学生是用行动来展现宏志精神，教师则是用爱滋养了宏志精神，让每一个学生尽其可能地成为那个最好的自己。在我们看来，宏志教育教师们的确有话要说。

第一节　宏志班班主任访谈

■ 访谈班主任：李淑梅

1983—1986 年我在马鞍山师范学校从事共青团工作，1987 年至今在二十二中工作，其间先后在华中师范大学和安徽师范大学参加英语教育本科学历教育和研究生课程班学习。先后被评为学校骨干教师和市级骨干教师。所教班级多次在全市同等层次学科竞赛和成绩评比中名列前茅，所开公开课在全市和全校教学评比中获得优秀等次。多次指导学生参加全市和全省英语竞赛获得一等奖。受到学校鼓励和信任。

基于宏志生大多出身寒门、家境贫困，却又孜孜以求、渴望人生出彩的特点，学校对他们提出了六个"特别有"的宏志精神，就是希望他们忍常人未有之苦、立常人未有之志、踏实做人、潜心学业、一专多能、大有作为。因此，吃苦耐劳、志向高远、踏实肯干、渴望成才，是宏志生区别于普通学生的最大特点。我认为，这么多年来宏志班学生基本体现了这六个"特别有"的精神，而且宏志精神对宏志班学生也确实产生了积极影响。

我曾担任学校首届宏志班班主任，也担任过几届宏志班的英语教师。由于做过班主任，我了解这些学生的心理特点和学业状况，也理解这些学生的学习习惯和行为方式：家庭经济状况不佳，使他们羞于或回避家庭话题；家庭教育缺失，使他们缺乏应有的礼仪和良好的学习习惯；腼腆、性格孤僻、不擅提问和思考，是他们学习和成长的最大障碍。表现在英语学习中，大多胆子小、放不开、羞于启齿、怕说错等。因此，根据他们这一特点，教学中我多采取与普通班不同的方法。一是寓教于乐。在教学前或教学中穿插介绍一些英美故事、人文历史、节日礼仪、英文歌曲等，让学生对英文产生兴趣，拉近与学习内容的距离。二是张弛结合。对新出现的词语、句法，放慢教学节奏，通过不同的语境反复练习，使学生弄懂悟透；对学过的知识点则让学生回答，一带而过。三是勤说多练。每天布置说话练习，利用课前或下课前5分钟，每生1分钟，每天一个主题，让学生轮流用英语演讲，逐步改变学生怕说、不敢说的心理。

英语教学是语言教育的一种类型，而语言教育的常态无非是"听说读写"。通过"听"的练习，培养学生养成听英语的能力和习惯；通过"说"的练习，培养学生用英语敢说、能说、说好的能力和习惯；通过"读"的练习，培养学生阅读、理解英文的能力和习惯；通过"写"的练习，培养学生用英文遣词造句、表情达意的能力和习惯。我对宏志生的英语教育目标，也无非是让学生形成这四种能力，达到能用英语表情达意、自如交流的目的，同时也为学生在今后的学习生涯中掌握一门语言、一种技能。这一直是我的教育理想。

我认为宏志教育的核心思想还是教书育人。陶行知先生曾这样解释教育的真谛:"千教万教,教人求真;千学万学,学做真人。"因此,不管宏志班与普通班有多大不同,不管宏志生与普通学生有多大差别,但教育的方法殊途同归,教育的目的只有一个,那就是:教人知识,教人做人。

在多年的宏志教育中,我最大的感悟是,没有教育不好的学生,只有不会教的老师。学生千差万别,老师只有提高修养,不断改进自己的教育方式,才能弥补教育能力的欠缺,跟上时代的步伐。作为一名教育工作者,我认为学生教育的最大价值在于,在教育事业中发现教育的乐趣,在施教过程中促进自己的成长,在学生成长成才中体现人生的价值。

在我的教育生涯中,最大的遗憾就是,没能通过自己的努力考取研究生,在更高的平台提升自己的教育教学水平和教科研能力。我对未来的期许是,做一名合格的英语教师,完成学校交办的各项任务,为自己的教育生涯画上圆满的句号。

■ 访谈班主任:苏晓平

二十二中的宏志班建立至今已有二十年,时间真快。我已退休很久了,可是当年任宏志班班主任的事却历历在目,也许年老了就喜欢回忆。因为做宏志班的班主任是我三十八年班主任生涯中最累的,收获却也是最多的。

宏志班重在"志",这个"志"对所有的学生都重要,而如何让学生们能很好地为自己立志,这就有些难度。当年的宏志班有 20 名宏志生,34 名普通学生。学校的用意是这样的混搭可以促进学生相互学习,但想法往往与目标相距很远。因为要成为宏志生,其满足的首要条件就是家庭经济状况较差,而其实,这却是大部分宏志生所不愿提及的。也许是自卑、自尊或其他,这都不重要,重要的是宏志生和普通生是不一样的,因为不一样,同学之间就会产生隔膜,产生距离,甚至产生对立。

为此,"志"成为我们宏志班全班的重中之重,人人立"志"、互助为"志"、奋发成"志"，全班同学同心协力共同为自己设定的目标前进。平等是团结的前提，互助是进步的手段，勤奋是收获的验证。这里有许多感人的小故事，如同学们在休息的空闲时间，自己找"小老师"，课代表就成为老师的好帮手，他们有模有样地讲述，又结合自己的体会，真正做到事半功倍。不耻下问是我班的学习风气，好的班风当然能换来好的结果。同学们相处融洽，良性竞争，大家时刻不忘自己立下的志向，当然也会有些小的矛盾，但是大方向把握好，问题总是可以顺利解决的。

但宏志生毕竟是特殊的群体，对待他们需要格外注意。关注宏志生，总体上要像对待普通生一样，但每个人也要有不同的关照，比如某位学生性格内向，平时总是不言不语，凡事总在人后，从不争先，也从不谈及家人。这样的学生自尊心理和自卑心理同在，为不影响他的学习，我特意去他家家访，发现他家经济十分困难，父母都因病下岗无工作，为维持生计，母亲租了九平方米的房子，摆了两张麻将桌，全家靠这样的小麻将馆来维持生活，却也让他放学回家后无学习之地，另外麻将馆也是他不愿意谈起的原因，这样的自卑与不平一直围绕着他。了解了他的现状后，最好的办法就是让他放下自卑，让他认识到麻将馆也是谋生的手段，父母辛苦经营已然困难，只有靠自己发奋努力，来帮助家人改变现状，放下自卑但不能放下自尊，努力为自己的"志"而奋斗才是正道。他最终靠自己考上理想大学，改变了自己的生活，也改变了家庭状况。

对普通生，要教育他们向宏志生学习，学习他们虽经济困难，却从不气馁的精神，让他们与宏志生交朋友，教育他们自身经济状况好是来自父母的努力，只有自己有真才实学，才是最值得骄傲的事，互助的风气也是验证他们友谊的方法。当年的宏志生中有 11 人考取了本科，普通生中有 34 人考取了本科，其他的也考取了大专，都有了自己的出路，这个宏志班也是我所教高三毕业班中考取本科人数最多的一届，当然有付出才有收获。现在这些学生均已成年，我们之间也有联系，当谈起当年之事时，均无后悔，要说遗憾，那就是时间太快了，真想再回到当年和他们共同奋斗。

■ 访谈班主任：倪泽燕

我是在最盛的年纪（当时 38 岁）、在二十二中办学最盛的岁月（办学已经 20 年，已招收第二届宏志生）遇到了宏志生。当时的宏志生何宇飞、沈政卿、康慧茹等人是从理科宏志班转到我所带的文科班的。当时只有一个理科宏志班。接触这几位宏志生，让我感到很震撼。他们不仅成绩优秀，而且素养很高，多才多艺。比如何宇飞，爱好北朝民歌，字写得漂亮，歌唱得好，当时刚刚时兴的电脑玩得也很溜。记得我当时设计了一个课前五分钟演讲活动，就是一位学生主讲，介绍一首古诗词，然后全班学生吟诵并记住它。活动要求先是全员参与，然后是小组对决，最后是个人擂台。等到何宇飞到报告厅打擂台的时候，整个报告厅座无虚席。前半场他演讲的《敕勒川》，唯美的 PPT 画面，浑厚带有磁性的声音，让报告厅鸦雀无声；后半场他深情演绎了腾格尔的《天堂》，又让报告厅里的掌声和欢呼声震耳欲聋。记得离得较远的校长办公室里的校长，都被吸引到报告厅，现场观摩后忍不住点头赞叹。就是这一次的演讲活动，让语文组的省级课题《多元化评价学生》，在全省荣获二等奖。

还记得在 2005 年前后，我上全市公开课，当时是何宇飞帮我做的课件。当时的 PPT 可是很前卫的教学资源。我上课的课题是琦君的《泪珠与珍珠》。何宇飞帮我做的课件上，有扇动着翅膀的蝴蝶，有细雨中的青山，有不断滴落的泪珠变成了珍珠……画面与动作的巧妙设计，让听课的教师大开眼界，也让我特别自豪，真有一种如孟子所说的"得天下英才而教育之"的快感！

何宇飞就是当时宏志生的代表，他们在二十二中校园中的经历，真的让陪伴他们的老师有职业的成就感和幸福感，也让普通中学的教育显得特别珍贵有价值。

六个"特别有"的宏志精神，是学校在宏志班办班十周年左右的时间节点上提出来的，这当然是源自对宏志生的长期观察，更体现出学校领导层对宏志生培养的前瞻性引领。同在一所校园，宏志生身上确实有不一样的地方。也许是"穷人的孩子早懂事"吧，也许是成绩优秀一些智商也略胜一筹吧，宏志生在人文修养上给我留下了难忘的印象。比如 2015 届毕业的贺万祥同学，因为他网络成瘾，我和他之间曾有多次的暴风骤雨。在他的过分行为突破了我的底线，刷新了我的认知的时候，我也不曾放弃过他。在高三毕业典礼上，贺万祥同学代表宏志生发言之后，郑重地走到报告厅舞台的最前面，对着坐在前排的我深深地弯下腰，说："我要真诚地感谢倪老师三年来对我的劳神费力和不离不弃，谢谢您老师！"当时我的胸腔和七窍就突然被一股气流堵住了：学生成长的幸福淹没了我，教育的魅力控制了我。正因为如此，我在陪伴宏志生成长的道路上坚持了一程又一程。

刚刚接触宏志生，我也不知道怎样跟他们相处。我的工作是从家访开始的，尽管那时候还不时兴家访。宏志生给我的第一印象是比较沉默，甚至比一般学生更冷漠一些，在班级活动中总是谨小慎微。我就好奇想知道原因，于是就骑着单车走进了他们的家庭。有的学生我不止一次地家访过，比如 2012 届有位宏志生叫李增兴，平时少言寡语，跟他交流，他只是微笑着点头或摇头，几乎不说话。他有绘画的特长，但班级出黑板报让他帮忙，他都拒绝，也不说理由。我总觉得他身上有故事。果不其然，按他给我的地址，我费了九牛二虎之力，也没能找到他家，只好打电话约他出来。我打电话时他爸爸明明在家，但等我到他家时，他爸爸就不在了。我想打电话再约见他爸爸时，李增兴怎么都不肯，也不说原因。我很纳闷，也不便追究。在细察了李增兴的生活环境后，我就找到了父母回避、孩子沉默的无字答案。李增兴的生活环境非常糟糕，一家三口住在火车站附近乱七八糟的棚户区里只有十几平方米的低矮的房子，房子中间只用旧家具随便阻隔了一下，没有窗户，也没有独立的厨卫。难以想象平日的生活状态。我看后心里紧紧的，就在脑海里筹划着今后该怎么帮他。

人是环境的产物。像李增兴这样，因为家境困难而心如玻璃，并给自己裹上了一层厚厚外壳的宏志生，还有很多。跟他们相处，本着爱护的原则，我不由自主地放低姿态，主动去亲近他们。我要求自己谦卑再谦卑，我想让自己的心低到尘埃里，就像张爱玲说的："遇见你，我变得很低很低，一直低到尘埃里去，但我的心是欢喜的，并且在那里开出一朵花来。"我希望我的学生的人生之花，能开在我的谦卑里，包括学业的进步、身心的健康。

跟宏志生相处的日子，我变得不再急躁，我知道他们的求学之路很艰辛，知道他们幼小的心灵不堪重负，能帮他们的地方我不遗余力，能宽容他们的时候我努力忘却自我。我让自己的心低到尘埃里，就能体会到宏志生心底的酸甜苦辣，就能看到他们成绩背后的汗水，看到他们微笑背后的凄凉，也能看到他们谦让背后的渴望。我会淡化甚至忽视他们身上的些许瑕疵，我会发现甚至放大他们身上许多许多的闪光点。我发现宏志生比普通学生更刻苦努力，比普通学生更勤劳节俭，比普通学生更懂得知恩图报……我欣赏着他们的优点，并用他们的优良品质去教育和影响普通学生，使整个班级的凝聚力和战斗力都空前强大。我和我的宏志生在相互的信任和依赖中走过一段又一段平凡而又不平凡的岁月。与其说是我陪伴了宏志生，不如说是宏志生塑造了我。因为是他们让我懂得匍匐大地，体会到泥土一样芬芳的幸福，感受到大地一样厚重的踏实。

这么长时间的宏志教育探索中，我的感悟是：教育是陪伴和引导，而不是重新铸造，学校是大舞台而不是加工厂。

我践行学校的宏志生教育近二十年，总体上的责任心没变，但心态变了；对学生的要求没变，但方式方法变了。前十年，因为年轻气盛，耽于幻想，总想利用教育要做成点什么，说白了，就想利用教育证明自己，或者说是成就自己。于是就想象着课堂应该是怎样的，学生应该是怎样的；而事实上课堂和学生都不是想象的那样，于是就自责，就抱怨，既跟自己过不去也跟学生过不去，心情始终是焦虑的、忐忑的，常常为丁点儿的小事纠缠不休，甚至没事时也患得患失。虽然工作也一直勤恳地做着，但心情是疲惫的、压抑的。经过许多年的努力，我什么也没做成，什么也证明不了，我就开始反思，问题到底出在哪儿？后来我有了孩子，在陪孩子成长的过程中，孩子不断地告诉我，她喜欢什么样的老师，不喜欢什么样的老师。我就比照着自己的行为，一届一届毕业的学生也回来跟我交流，他们希望我有哪些改进。我终于意识到，我的观念错了。教育是个庞大的工程，个人根本利用不了；教育的对象是学生，每个学生的生命都是神奇的，他们生命的成长过程更是老师左右不了的；教育的作用只是陪伴和引导，并不是重新铸造。于是，我改变了观念，不再祈求从教育中得到什么，只求自己能为它做点什么。对课堂，我不再幻想，而是着眼于现实，看到了课堂和学生就是这样的。对学生，我不再抱怨和指责，而是多了尊重和理解，尊重每一个生命的每一种形态，理解生命成长过程中的每一次曲折、每一种变化，于是我心情淡定了、平和了。我开始善待学生、善待自己，每一堂课都认真上，每一个学生都用心去爱。用这种心态去工作，我突然觉得工作很美丽，校园很温馨，学生很可爱。我服务着教育，也享受着教育，这是我近十年的状况。

■ 访谈班主任：刘宝明

从教这么多年，我一直秉持因材施教，激发学生对学习的热情与激情，我常常说学习不能成为一摊死水。对每届学生，我都会首先做到了解他们，了解他们我才能知道自己能为他们做些什么，之后他们了解我，真心会换来真心，也能带来信任，我们在相互了解、相互信任的基础上，建立一种比较好的师生关系，这种良性互动也会为我们在成绩上带来回报。我会以一个过来人的身份告诉他们学习的重要性，我会通过一些适当的抽查、奖励，让学生有一种激情，让学生知道"不进则退"。学生们可能因为年轻不知道学习的重要性，我作为过来人，作为师长，希望通过陪伴，通过引导，让他们都能过上想要的生活。

宏志精神是六个"特别有"，即"特别有礼貌，特别守纪律；特别能吃苦，特别能忍耐；特别有志气，特别有作为"，我们的学生身上是有这些精神的。每一个学生都是很有潜力的，所以我们发现每年都有"黑马"出现，"黑马"能横空出世，是因为他们积跬步，积小流，日复一日，终至千里，成江海。所以，我认为宏志生和普通生在每年的达线率上有差距，是因为有些学生没有坚持到最后。宏志精神时刻提醒着我们的宏志生要有礼貌、守纪律、能吃苦、能忍耐、有志气、有作为，积极作用显而易见。比如说，宏志生这个身份就时刻提醒他们"梅花香自苦寒来",坚持下去,这是一条梦想能成真的路。

在教育教学中,对于宏志生,首先我会把自己放在和他们平等的位置上,像朋友一样和他们相处,有一个词叫"亦师亦友"。其次就是沟通和爱护,比如说我会找大量的时间和学生们沟通,也告诉他们有什么需要都可以来找我。交流,可能会打开一个学生的心结,也可能会创造一个奋斗的故事,我并不是希望改变他们什么,只希望在将来他们都可以成为想成为的人,我希望我的某些正确的话可以在他们的心里种下一颗向上的种子,埋下一颗温暖热烈的火种。

我认为宏志教育的核心思想是培养并保持学生的恒心和干劲。

我认为要让学生们有恒心和干劲,首先要让他们对所学有信心,在我这门课上,就是把课讲得深入浅出、细致透彻。学生们有课程知识储备才有底,才能一直坚持下去。至于干劲,有句话说得好,"世界那么大,我想去看看",我会告诉学生们外面世界的一些美好的事,让他们可以经常性地给自己一些暗示:世界的美好等着我去探索呢。让他们不仅有干劲,而且可以坚持下去。

作为一名数学老师,我对教学最大的想法就是希望每一个学生都能学好数学,考一个好的分数。数学在高考中还是很重要的,不想数学拖他们的后腿。教学相长,我们在教学生知识的时候,学生也能感动我们,他们对于知识的渴望、他们的干劲、他们的感恩,这些一直在驱动着我,我要把他们教好,我希望他们好,所以我这些年的教学一直都想着怎么把数学讲好讲透,让学生们不畏惧,让他们听完课后能觉得"我能学好",对于教学我会不断地根据实际情况做变动。

因材施教自然是要以了解为前提。我在和学生们交流的过程中,不断地了解他们,其中有一个学生他有聪明劲儿,但贪玩,我就对他盯紧点,通过不断的交流,知道他是想学的,那我就趁热打铁,告诉他学习的好处,让他心甘情愿地学,以后有的是时间玩,现在学习最重要,他学好了之后,我觉得他的水平高于班上的平均水平,那我就告诉他课后怎么学,怎么更上一个层次。通过这种方式,我希望每一个学生都能达到最好的状态。

这么长时间的宏志教育探索中，我最大的感悟就是感动是互相的，我对学生好，他们感受到了，他们也会回馈给我感动。每一个学生都是可爱的，我希望他们在这段美好的年岁里有一段美好、热血、不悔的经历。

除了我们教他们知识，我们的言传身教、我们的经历经验都会对学生的人生带来好的引导，对他们人格的塑造起到好的作用，我认为这是很有价值的。

当然遗憾是有的，有一些学生没有考上自己理想的学校，觉得挺遗憾的，但学习不是唯一的出路，希望每一个学生都生活得好，他们未来还是有无限可能的。

希望未来，自己继续教好数学，让学生们更好地接受数学，学好数学。

■ 访谈班主任：季锋

自1991年从事一线教育教学工作以来，我春去秋来三十年如一日，初心不改，丹心不变，默默无闻坚守在三尺讲台，如春风，似雨露，不仅传道授业解惑，更是用心灵去塑造和感化着学生们的灵魂。英语教学、班主任、教研组长、年级部管理、课题研究，各项工作有声有色，赢得了广泛的赞誉和好评。

作为班主任，我常常会从家长的角度和家长交流育孩心得，化解了许多学生和家长之间的冲突。班级也成长为充满活力、有理想、有追求、积极向上的集体，被评选为"市先进班集体"，我也在2007年获评为市中小学"优秀班主任"。

宏志精神，一直是宏志班学生努力的方向，吃苦耐劳、勤奋自律是宏志生的一个显著特点。宏志精神培养了一大批有远大理想、不怕苦不怕累、乐于助人、充满正能量的学生。当年我班小邱同学在高考前，把悄悄去献血作为自己成人礼的一份礼物，表扬信来到学校大家才知道。

在我的宏志教育教学工作中，始终坚持以人文化管理理念为指导，以人格的力量去感染学生。关注学生的细节，为家境困难的学生买文具衣物；对犯错误的学生，以情感人，以理服人，让每一位学生都真切地感受到老师的关爱。

谈到我的个人教育理想或专业目标，那就是搞好教学，一定要坚持两个

"磨"字。第一个"磨"就是一个好教师要先琢磨学生，了解他们的生活、爱好，理解他们的思想，同时要有培养全人的意识，让学生先接受老师，才会接受老师的教育指导。第二个"磨"就是磨课，像打磨金灿灿的首饰一样，每一节课都要广泛查阅资料、多次备课，课后进行认真的自我反思，思考哪些教学设计取得了预期的效果，再把这些思考的成果运用到日常教学工作中去。

做一个好教师，学习是通行证，只有不断地学习与提高才能参与社会竞争，实现自我发展、自我超越。如果以一成不变的教学模式一头扎进教学中拔不出来，根本无法应对不断变化的学生和不断更新的知识。

我认为宏志教育的核心思想是立德树人，为了将德育渗透到日常点滴，任班主任期间，我坚持在班级每天花5分钟讨论一个德育小故事，学生每天坚持写"道德成长日记"，我每天批阅，在日记中和学生对话，进行思想的碰撞；对于在日记发现的班级和学生个人的问题，坚持"当日事当日清"；对于学生的好的学习习惯、先进思想或者努力奋斗的事例，每日总结表扬；对于普遍性的问题，都能够及时发现，及时解决，保证了学生每天都能在正能量的浸染中成长。

在入学后的军训中，我就发现班上的宏志生小刚同学有立志从军的志向，便积极鼓励培养小刚，让他当班级团支部书记。在高三阶段，小刚的成绩出现很大起伏，他自己和家长都一度对前途产生悲观的看法，情绪上的波动也比较大。我看在眼中急在心里，每天在日记中鼓励小刚，帮他分析得失，也经常找机会与小刚和他的家长谈心，疏导孩子的紧张情绪。最终小刚越过了障碍，以优秀的成绩进入安徽大学，成为一名光荣的国防生，实现了自己从军报效祖国的梦想。毕业后，他多次对我说："多亏了老师当年您对我的信任和鼓励。"

我坚信教育的本质是春风化雨的过程，是"一个灵魂唤醒另一个灵魂"。学生教育的价值就是唤醒学生们对知识的渴求、对祖国的深情、对理想的执着、对生活的热爱和对未来的信念。

■访谈班主任：陈瑶

我于 2006 年加入二十二中这个大家庭，在这个校园里经历了 15 个春去秋来，在这里我见证了二十二中多年的成长轨迹，也站在三尺讲台上教了一届又一届学生。

我作为班主任，完整地带了 4 届学生，也先后被评为"市优秀青年教师""市优秀教师""市优秀班主任"，多次获得市优质课比赛一等奖，也有幸作为候选人参与了安徽省三八红旗手的竞选。其实在我看来，教书和育人是不可分割的事情，我既享受讲台上孩子们向我投来求知的眼光，又希望帮助他们在这个人生的关键节点确立自己正确的三观，这也是我认为的宏志班的创立初衷——帮助孩子们在学习和人生的道路上走得更远！

我记得有一个女孩子，高一带她的时候就觉得她特别聪明，特别是在数学学习上，逻辑思维很清晰。但是她的价值观还不太成熟，以至于后面两年走了些弯路，放松了学业。当时作为班主任的我，在教学之余，也经常跟她谈心，主动询问她薄弱的学习项，关心和引导她，后来她跟我的关系非常好，我记得高考的时候她数学考了 140 多分。我记得有一年她回来看我，跟我说了这么一句让我印象深刻的话："陈老师，谢谢您没有放弃我，也特别幸运是您做我的班主任！"

这句话，我会一直记得，这也是我想坚守这片方寸之地讲台的原因。

在我 15 年的教学生涯中，我一直都能在宏志生的身上看到这一点，也是因为如此，我才更坚定带着他们走向更好未来的决心。

他们身上的倔强和不服输深深地打动我。我记得冬天晚自习时，他们一直在奋笔疾书，写卷子的手冻得通红；我记得课间时，他们互相抽背或互相提问的稚嫩样子；我记得高一时，孩子们偷偷趴在办公室门口想问题目又不敢进来的青涩脸庞……

我在宏志生身上看到了坚强、坚韧和坚持，这是一个人能够向好的真正原动力，也是我坚信他们能够出人头地的理由。正因为他们出生环境可能略差，才会更加刺激他们骨子里的"平等意识"，当起跑线都和别人不同时，唯一的办法就是跑得比别人更快，所以别人睡觉时他们在学习，别人打闹时他们在做题。"自古寒门出贵子"，我相信不是没有道理。这样的精神和动力自然会感染到身边的人，他们所在的班级就会比别的班级多了些自律意识，宏志精神也是这样影响着一届又一届学生。

这些都和"感同身受"分不开，因为我自己也有一个女儿，现在也是上学期间，也需要她的老师们对她平等、尊重、亲近与理解。作为一个母亲，也作为一名人民教师，我更能够感同身受，也更希望这些孩子能够在得到知识的同时，得到关爱，所以不管我是班主任还是任课教师，我都会非常关注孩子们在日常学习生活中遇到的困难或者挫折。小小的打击可能会助推他们的成长，但是巨大的挫折就会影响他们的身心健康发展。

就像有一次，一个孩子支支吾吾地跟我说，"我不敢回家，怕被打。"一个人在教室里坐到所有人都走了。我一直不支持家长因为成绩不好而选择武力的方式教育孩子，所以我当即决定跟他的家长聊聊。那天我把他送到了学校门口，也跟他的家长交代了他的成绩，虽然目前不理想，但基于他的努力和潜力，相信他会越来越好，不要给孩子太大的压力。深入浅出地和他的家长聊了聊，算是解决了孩子的心理负担。有了家长的理解和老师的鼓励，自此之后，他对自己更自信了，成绩也慢慢地提高。

教学生涯里，有很多这样的孩子，他们不太自信，也是源于家长对他们不鼓励和理解，我想，这也是作为教师的责任。

我个人的教育理想很简单，就是能够将我有幸遇到的孩子都好好地带出来，认认真真地履行好作为教师的职责，这虽然简单，但贵在持久。我希望自己能做一个多年如一的人，这也是我入行的初衷。专业上，我希望自己能够更上一层楼，能够在数学的专业领域上得到更多的认可和反馈，让自己的专业素养进一步提高。我每天看到那些孩子的脸，心里就只有一个想法——"祖国的花朵"，虽然这个说法挺老套，但是非常真实。他们每个人都有光明的未来，我起码不能做阻碍他们发展的事情，我有责任助他们一臂之力，我认为这是作为教师的基本职业素养。

我认为宏志教育的核心思想是"志"，是志气、志向。一个人，他只有自己愿意去做，愿意去学，才能出成绩。我想"宏志"也是这个意思，让孩子们能够有志气，绝不愿意逊色于人，这才能激起他们学习的积极性与主动性。

其实我有时候在教学中也会用激将法，可能会先问问他们的理想与目标，然后在他们灰心丧气的时候提醒他们，前方还有更好的未来，坚持住这三年，未来一片光明。我有时候可能也不太会说话，但是我在每次大考之前，都会给他们鼓励，充分给大家信心和期盼，给大家打气，提醒大家的志向是什么，我觉得这样做的效果还挺好的。

我最大的教育感悟是，作为一名教师，对孩子们有职业赋予的神圣使命，所以一定要有责任心，要有对他们成绩负责任的态度。这也是我一直以来的态度，随着教学时长增加而越来越深刻的教育感悟。

"学生教育"这个词，我很喜欢，而不是"教育学生"，我认为这还是有不同的含义的。我认为学生教育这件事是作为教师这个职业的一生职责，这个价值是无法外显的，但会潜移默化地影响孩子的一生。每次在网上或者别的地方看到有孩子说自己遇到了一个老师，改变了他的一生时，我都会特别感动，也会希望我的学生能够认可我这个老师。所以，学生教育，我想最大的价值就是指点，给他们迷茫的人生阶段指明方向，让他们走对的路。

其实我不愿意给自己的字典里留下遗憾，所以很多时候我都希望自己能够做到完美，但是很显然，没有人能够真的说自己的教学生涯是完美的。遗憾的话，不是针对某件事或者某个人，而是有一些学生的高考成绩不理想或者发挥失常，我都会替他们感到遗憾，我觉得每个孩子都值得拥有更好的未来。我对未来的自己只有一个简单的小目标——做一个被孩子们记住的老师，因为他们记住的，是他们心里认可的老师，我想当这样的人。

■ 班主任：张秀

所有宏志生的身上都能体现宏志精神。他们都是品学兼优的寒门学子，在学校，他们是一般学生的楷模和榜样，他们刻苦学习、自强不息、孝敬父母，他们知道有很多人在关注他们、帮助他们，宏志生更加珍惜来之不易的学习机会。这些优良的品质也潜移默化地感染其他学生。

在宏志教育教学工作中，我经常通过家访、与学生谈话，了解学生，给予关爱，用爱心抚慰。中秋节，买月饼和水果和宏志生联欢；元旦，记录下与宏志生一起在食堂包饺子的笑声……

因为特殊的成长背景，不少宏志生存在一定的心理问题。我认为在教育教学中应做到"扶贫先扶志"，坚持对宏志生开展自强、自立、自尊的人格教育，引导他们走出贫困阴影。针对自卑、焦虑、孤僻等心理问题，开展心理健康教育工作。在我的班上有这样一名学生，张同学父母离异，从小爷爷奶奶带大，爷爷在他高二那年因病去世，只与年迈的奶奶相依为命。家庭的重大变故，使他不愿与同学相处，学习目标不明确。了解他的家庭情况后，我时刻惦记着他的学习和生活状况，没事就与他聊天谈心，用积极的正面的语言和态度与他相处，鼓励他好好学习，以勇敢的态度面对生活，以开阔的心胸感恩生活，以百倍的信心拥抱生活。当我发现张同学喜欢表演，就鼓励他在元旦会演、英语舞台剧中参与表演。虽然占用了一点学习的时间，但是激发了他的自信心，张同学开始在人群中闪光，朋友多了起来，生活态度也积极了起来。

我认为宏志教育的核心思想是：德育优先，走进阳光，宏我志向。而作为教师的我们，应该学会倾听，做到爱与严相结合。

在我看来，教育的意义在于唤起受教育者创造价值的意识，在于引导他们在实践中实现自己的价值。为了让学生健康地成长、成熟、成人、成才，做一个有利于人民的人，做一个大写的人，作为教师，就应全面了解学生的过去和今天，更要为学生指引通往明天的道路或方向。这就使得每个教师的工作充满了挑战性与创造性。

第二节　宏志班名师访谈

■ 访谈名师：后勇军

后勇军老师自从 1988 年走上人民教师这个岗位以来，始终把忠诚党的教育事业、为人师表、爱岗敬业作为自己工作、学习的座右铭，一切为了学生，努力成为学生的良师益友，以自己严谨的教学、平凡而踏实的工作，教育和感染着每一位学生。

学校是教育学生的主要基地，班级是其中的基本元素。后老师从事班主任工作已经有 22 年了，担任宏志班班主任 14 年。面对一届又一届的学生，一个又一个挑战，他不断地学习和调整工作方法，在班级的日常管理中，引入赏识教育、成功教育、合作教育和研究性学习等方法。从小处着眼，从小事入手，注意从劳动卫生、课堂纪律和学生的言行举止、穿着打扮等一点一滴严格要求学生，培养学生健全的人格和高尚的情操。充分发挥班委的作用，根据班级实际情况开展多样的主题班会活动，发动大家参加班级管理的各项活动，在教育中充分挖掘学生的潜能，培养学生主动学习、自我认识、自我设计、自我管理、自我监督的能力，营造民主、平等的气氛和宽松、愉快的成长环境，为科任教师提供良好的教育平台，为学生提供良好的学习环境。

作为班主任，时时有高度的责任感，处处为学生着想，像学生的父母一样关心学生的学习。每接手新的一届学生，他都邀请上一届毕业的优秀学生为他们进行学习和心理指导，着重在学习态度和学习方法上加以指导，深受学生们的喜爱。在学习态度上，注意培养良好的观察力和注意力，逐渐形成不断追求、坚忍不拔的学习态度和探究精神。在学习方法上，结合高中生的认知特点和学习特点，教会学生如何听课质疑，如何归纳总结，如何处理好课内与课外、书本知识与生活知识、日常学习与复习考试的关系，培养学生树立正确的学习观和认知观，帮助学生发现适合于自己的学习方法，讲究有效学习，追求精益求精，形成了积极向上的氛围，受到各科教师的好评。

没有爱，就没有教育，关爱学生，与学生心心相印是教师的天职，是师德的核心所在。虽然所带的班为宏志班，但学生水平仍然参差不齐，管理起来难度大，但后老师始终坚守着爱心、耐心、恒心，与学生打成一片，做学生的知心人。对于那些因沉迷于游戏机或学习存在困难的学生，采用耐心说服、引导方法，利用课余时间家访，主动与家长沟通，在学习上给他们补学补差，开展互学结对子活动，帮助他们克服困难，改正错误，以信任的眼光看待他们的变化，善于发现微小的进步，并加以鼓励和肯定；对于那些因家在农村或父母下岗，家境比较困难的学生，设法找领导为他们减免学费，组织学生并自己带头捐款，奉献爱心，使他们感到集体的温暖；对于单亲家庭的学生，经常从生活上、学习上关心他们，注意调整他们悲观、抑郁的心理状态，让他们恢复对生活和未来的信心；对于心理上有障碍的学生，及时、耐心地给予疏导，适时请政教处的教师和科任教师共同引导，消除精神障碍，使之更好地投入到学习之中。当学生生病时，去医院看望，学生深受感动；遇到雨天，经常把雨具让给路远的学生；节假日通过家访深入学生家庭，了解每一位学生，在工作中始终坚持动之以情，晓之以理。

社会是一个大课堂。学生在学校中学到的东西，只有与丰富的社会实践相结合，才能变得鲜活起来；只有经过自己的亲身实践，知识才能变得丰满、深刻。在教育学生时，他注意给学生创造更多的机会，充分利用学校开展的各项丰富多彩的活动，鼓励学生参与更多的社会实践活动，给学生健康成长提供必要的条件，如，利用主题班会，对学生进行纪律教育、卫生教育、安全教育、健康教育、行为规范教育、网络教育等。鼓励他们参加学校组织的各项文体活动，如歌咏比赛、运动会、校园文化节等，参加各类学科竞赛，以培养爱好和特长，促进学生的个性发展，激发学生的团结协作精神和集体荣誉感。同时，充分发挥团支部和班集体的模范带头作用，适时地组织学生参加社会实践活动，如，利用节假日组织学生去南后干休所义务劳动，先后多次组织学生到社区打扫卫生，到敬老院看望、慰问老人等，通过有益的活动，学生关爱社会，学会爱人，学会做人。

在校领导的关心和支持下，在同事们的团结协作下，在班级学生的共同努力下，后老师在班级管理和德育教育方面取得了较好的成绩。所带班级形成了积极向上、勤奋求实、乐于助人、遵纪守法、文明健康的良好班风，高考成绩优秀，班级多次被评为校卫生红旗班级。多年来，宏志班先后涌现出钱坤、陈姗姗、王刚、芦磊、陈孙逸、李欣格、张振宇等一批"省优秀班干部""市三好学生""市优秀团员""校学习之星"和"校干部之星"。先后有200多人次在省、市各类学科竞赛中获奖，班级连续被评为"市先进红旗团支部"和"市先进班集体"，其中2004年3月所带的高三（2）班被评为"省先进班集体"，2007年5月所带的高三（1）班"宏志班"、2010年6月所带的高三（1）班"宏志班"和2015年6月所带的高二（1）班"宏志班"被评为"市先进班集体"。后老师被评为"市师德标兵"和"市优秀班主任"，2005年9月15日《后勇军班主任的故事》在马鞍山市电视台《人在旅途》节目中播出，2007年9月10日《后勇军愿助学生展宏志》被《马鞍山日报》报道。2007年9月30日《为人师表、爱岗敬业的好老师》在马鞍山市电视台《丹桂园》节目中播出，2008年《用辛勤耕耘换取桃李芬芳》在《安徽教育论坛》第四期上被刊登，2015年2月8日后勇军家访团队的故事被《马鞍山日报》报道。2007年9月后老师被评为"省优秀教师"，2010年12月被评为第六届全国优秀班主任。

■ 访谈名师：吴慧峰

吴老师从教至今已有38年，2019年获得"安徽省优秀教师"称号，2017年获得"马鞍山市科协系统优秀工作者"称号。2017年和2019年科技辅导员项目均获得国家三等奖、省一等奖，2018年科技辅导员项目获得省二等奖。

他是一名把根植在长江岸边的不老松，尽管身残，可内心藏着一团火，三十八年如一日，任劳任怨，默默奉献，他的青春岁月献给了伟大的教育事业。

吴老师是一名残疾人，大学毕业后一直从事物理教学工作，自参加工作起，就一心扑在教育教学岗位上，至今已从教 38 年，服从学校的安排，努力地带好每一个班，认真上好每一节课。在教育教学项目的评比中，吴老师多次获得省、市级奖励，连续六年获得"马鞍山市青少年科技创新园丁奖"。除完成物理教学工作外，他还义务担任学校的青少年科技辅导员工作，这项工作一干就是十几年。

在物理教学过程中，吴老师发现大多数能够学好物理的学生有一个共同的特点——善于观察，动手能力强，并且能够做到理论联系实际。然而目前的高中物理教学，普遍存在着"重理论、轻实践"的问题。这样培养出来的学生，往往能解决一些很复杂的难题，但对一些理论联系实践的问题，即使很简单，也无法解决。这主要是由于目前的教学中，老师教什么，学生学什么，完全是由高考和会考决定的，学生主要处于被动接受状态，理论联系实际的素养难以得到开发和培养，更谈不上探索和创新。针对以上的问题，吴老师采用以科技创新促教学的模式，这种模式不仅不会影响学生的学习，相反还能够促进学生的学习，因为兴趣是最好的老师，学生要搞科技创新，要搞发明创造，肯定会遇到一些困难，他们会应用所学过的或者没有学过的知识去解决难题，变被动学习为主动学习，做到学习创新两不误。

吴老师不仅注重知识的传递，更注重学生能力的培养。作为物理教师，他开设了无线电兴趣小组，在学校开设的各个兴趣小组中，无线电兴趣小组最受学生欢迎，报名人数很多。无线电兴趣小组已经开设很多年，高三学生毕业走了，高一的新生又补充进来。为方便组内学生的交流，他创建了"二十二中科技创新群"，将动手能力强，有创新意识的学生联系在一起，每次兴趣小组活动结束以后，晚上群里都非常热闹，有时为了不影响学生的休息，晚上 12 点后，吴老师不得不来个"全群禁言"。他所负责的无线电兴趣小组在青少年科技创新方面取得了很大的成绩，在省、市的科技创新大赛和其他科技活动中有多位学生获奖。

一次吴老师经过学校电工房时，发现电工房里堆了大量的坏日光灯管，由于环保问题，坏灯管也不能随便丢弃，电工师傅正为处理坏灯管而发愁，他就想到了，一般坏日光灯管都是一端灯丝断路，能否将一端灯丝断路的坏日光灯管再次点亮变废为宝。他就将一些废灯管拿到班上让学生们进行研究，在他的指导下，有许多学生利用所学过的电学知识，将一端灯丝断路的废灯管点亮了，在众多的方案中挑选出最佳方案，组织指导学生参加当年的青少年科技创新大赛，并获得市一等奖、省二等奖。

吴老师指导的学生，每一届都有学生在全省科技创新大赛上获得省级奖项，可谓硕果累累。这些获奖的学生也多了参加高校自主招生考试的机会。其中，2016 年指导的梅柏豪、沈伟、孙露露三位学生参加"安徽省青少年科技创新成果交流会"，参赛项目"损坏后能自动修复的 LED 节能灯"获得省一等奖，这是这项评比活动开展以来，二十二中学生首次获得省一等奖，也是马鞍山市中学生首次获此殊荣，《马鞍山日报》和《皖江晚报》都有详细的报道。

说到这次获奖还有一段非同寻常的经历，梅柏豪和沈伟两位同学，高中入校以来，一直沉迷于手机游戏，没有心思学习，是两位"问题学生"。手机被老师和家长收去以后，两人凑钱到二手市场买坏手机，自己动手修复后再玩游戏，吴老师看在眼里急在心里，主动找他俩促膝谈心，利用他俩动手能力强的特点，让他俩帮助电工师傅维修一些损坏的 LED 节能灯。通过实践活动他俩认识到，没有电学的理论知识还是很难快速查找故障的，也认识到理论知识的重要性，从此以后他们变被动学习为主动学习，并在吴老师的指导下，完成作品——"损坏后能自动修复的 LED 节能灯"，该作品在当年的省、市大赛中都获得了一等奖。获奖以后他们俩全身心地投入到学习当中，再也不玩手机游戏了，最终他们俩都考取了他们心目中的理想大学。

打铁还需自身硬，要想辅导学生搞好科技创新，也必须提高自己的科学素养。在 2018 年教育教学论文评比中，他的论文获省三等奖、市一等奖。由于他采用以科技创新促教学的模式，近五年内指导学生完成的项目省级获奖 32人次，市级获奖 20 人次，最高的奖项为省一等奖。

吴老师根据本校学生的实情，采用大手拉小手的方式，通过青少年科技创新大赛平台，让不在同一起跑线上的学生能同时抵达终点。

■ 访谈名师：石焱

石焱老师，坚持以德立身、以德施教。

石焱老师长期担任班主任工作。班主任工作琐细而繁重，关系着学生是否能够健康、快乐地成长和正确地发展，是否能够成长为对社会有用的人。作为宏志班的班主任，石老师尽管工作繁重，但从无怨言，任劳任怨，每天坚持7点之前到班级，中午几乎都不回家。住宿班的孩子们在住宿和学习上往往都会遇到一些困难和问题，如晚间学习时间问题、洗澡问题、入睡困难问题、早读迟到问题、就餐时间不足问题等，作为班主任，他积极协调各学科老师，积极和宿舍管理部门沟通，给予帮助和建议。

进入高三后，班级有一名女学生想退学。通过及时和这位学生沟通，石老师了解到原来是高三学习任务繁重加上家庭经济情况不好，导致这位学生萌生了放弃学习的念头。石焱老师多次和她谈心，及时家访，并和年级部商量，减免了她的全部学习费用，重新激发了她学习的动力，最后在高考中取得了优异成绩。这样的例子有很多，石老师对班级里的单亲和家庭条件特别困难的孩子，结合学校的助学政策，给予了更多的心理关怀和切实的帮助，得到了家长和学生们的认可，每年都被评为"学生最喜爱的老师"。2021年高三（1）班获市级先进班集体，池天雨、褚君同学还被评为"市优秀共青团员""市三好学生"。

"立德树人"是石老师事业追求的目标，"学高为师，德高为范"是石老师自律的信条。

2015年8月，他怀揣责任，肩负使命，担起行囊，义无反顾，踏上了援疆支教路，来到新疆和田地区第一中学，开始为期一年的援疆支教生活。用忠诚和信念履行援疆使命，做好援疆支教工作，不是一句空话，首先要过"四关"。一是气候关，要经得起折磨。和田地区气候极度干燥，气候折磨他，他默默忍受，从不叫苦退缩。二是孤独关，要耐得住寂寞。他深知一旦肩负援疆使命，面对组织重托，面对受援学校的期盼，他就是勇敢的斗士。三是时差关，要忍受住失眠。始终让人习惯不了的是那里的作息制度，在那里白天工作时间长，晚上休息时间短，也造成他长期睡眠质量较差。四是安全关，要扛得住恐吓。对群众的同情、对暴徒的仇恨，给了他坚强，也给了他力量。

援疆是为了祖国的统一、国家的安全、民族的团结，是为了新疆的长治久安和社会稳定，带着忠诚和信念，石焱老师圆满完成了援疆工作。援疆期间，脚踏实地，教书育人，在勤恳的工作中撒播无私的师爱。

和田地区是个经济落后的地区，当地的教育理念、工作方法与安徽也有很大不同。在这样的情形下，作为一名支教老师，既要服从学校的工作安排，同时也要坚持自己在内地工作时学习、总结的正确、先进的教育理念。

在做好日常教育教学工作的同时，石老师积极参加学校化学教研组的教研活动。通过观摩当地老师的教学公开课，与他们交流研讨，提升自己的专业素质。不仅完成自己的教学任务，还充分发挥示范、引领、带动作用，将先进的教学理念和科学的教学方法传播给当地老师，促进了当地双语教育教学质量的提高。积极参加各种教学教研活动，每学期开设一堂公开课。在本职工作之余，他主动为高三部分优秀学生义务辅导，取得很好效果，受到广泛好评。他经常与当地老师交流，担任加米拉老师和麦麦提老师的指导老师，介绍先进的教学理念和适合学生的教学方法，指导的公开课获得了较好的成绩。做好援疆工作的同时，也不忘提升自己，在和田地区优质课大赛中，石焱老师获得了一等奖，所撰写的论文《和田地区双语教学中的化学教学》，在和田地区教研论文评比中获一等奖。

石老师援疆期间表现非常优秀，受到援疆指挥部和和田地区第一中学的一致好评，被和田地委组织部考核为年度"优秀"，并被中共和田地委、和田地区行署授予"优秀援疆干部"。

第三节 宏志教育校长介绍

著名教育家陶行知曾说：校长是一所学校的灵魂，要想评论一所学校，先要评论它的校长。一个好校长就是一所好学校。校长是教育的传播者、实践者和领导者，是学校教育的核心和关键。校长的教育理念、思想素质、业务能力、人格魅力都对学校的建设和发展产生重要的影响。

胡学平是马鞍山市第二十二中学现任校长（2011 年至今），相比校长这个身份，他更是一名优秀的教师、学生的好师长、老师的好前辈，他更愿意被大家称为"胡老师"。

胡学平老师从事教育教学工作已有三十三个春秋了，多年来，他醉心于教育事业，以教书为荣，以育人为乐，诲人不倦，甘为人梯。凭着强烈的事业心和责任感，胡学平老师在教育园地里勤耕不辍，硕果累累，先后获省学术和技术带头人、省特级教师、市学科带头人、市优秀教师、市骨干教师、市优秀骨干教师、市优秀党员等称号。

执着课堂，心系学生。

有这样一份执着，它紧握着奉献来书写；有这样一份执着，它饱含着爱心来雕琢。执着的奉献、执着的爱心，这便是胡学平老师无怨无悔的教育事业，这便是他引以为自豪的教师之歌。胡老师走上讲台后不久就承担了班主任工作，一干就是九年。当年，他所在的学校接收的全是住校生，学生来自远离城市的矿山。为了与学生融为一体，胡老师与学生一道吃住在学校。每一次晚自习，学生们都能见到他的身影；每一天就寝前，学生们都能感受到他的关心。学生生病住院时，胡老师出钱应急，父母不在学生身边，胡老师就主动夜间陪护。家长写来感谢信、送来锦旗，媒体介绍他的事迹，胡老师总是说："我只是做了我应该做的事。"1998 年 9 月后，胡老师开始负责教导处工作，后又任分管教学的副校长。尽管工作繁忙，但他始终没有离开过课堂。2007 年，教育局安排他到芜湖市参加为期三个月的校长班学习,课程表是半天上课,半天自修。当其他校长在自修时,胡老师每天都悄悄地回到百里之外的学校为学生上课,然后又匆匆赶回校长班参加学习。这一份心系学生的执着,使学生和家长深深感动,就连一同参加学习的校长们也深受感动。来回奔忙,胡老师并没有影响校长班的学习课程,最终还荣获了校长班"优秀学员"称号。参加工作以来,特别是2008年9月以来,胡老师坚持利用中午或周末空余时间,义务给学习困难学生补学补差,既育人又扶智。

功夫不负有心人,胡老师所带的每一届学生都取得了很好的成绩。他所教班级学生参加毕业会考或学业水平测试,数学平均分、优秀率都居同类学校前列,合格率总是100%。

与时俱进,潜心钻研。

胡学平老师在三十三年的教学生涯中勇于创新,在课堂教学的不断实践中逐渐形成了他自己的教学特色——课堂注重实效、倡导快乐学习。他大胆地进行课堂教学改革。早在1998年4月,他就率先在安徽省开设了一节多媒体辅助数学教学观摩课;同年12月,在广西南宁全国计算机辅助数学教学研讨会上,他向与会者展示了自己的课件,受到广泛好评。他多次在市内外开设公开课,如研究性学习公开课《分期付款中的有关计算》《"几何画板"在高中数学中的应用》,如学习方式多样化实验研究公开课《实数大小的比较》《平面向量应用举例》,如创新教学模式的省级观摩课《直线和圆的位置关系》《基本不等式》等。

教学之余,他勤于思考。三十三年来,他撰写了30多篇研究论文,有3篇获全国一等奖,6篇获省一等奖,有20多篇在《中学数学教学参考》《中学数学教学》《上海教育评估研究》等刊物发表。主编《信息技术与学科整合百法百例》一书。10多次受邀主编、参编或参与审定省级培训教材或教辅用书。

科研引路,超越自我。

胡学平老师勤于学习、勤于钻研、勇于实践,不断超越自我。

33年来，胡老师先后主持了6项省级课题的研究，其中省级课题"计算机特色教学的研究与实验"在安徽省第四届优秀教育科研成果评比中获省级一等奖。省级课题"基于微课的翻转课堂项目研究"和"中学翻转课堂案例研究"的研究成果之一——专著《聚焦翻转课堂：来自基层教学实践的探索》2018年1月由华东师范大学出版社出版。主持省级课题"信息技术在课堂教学中运用的研究"期间，参编了《农村中小学现代远程教育工程教师培训教程》，主编了《信息技术与学科整合百法百例》。在主持省级课题"中学数学听课与评课案例研究"过程中，他带领课题组成员撰写了10多篇课例分析报告，其中7篇获教育部课程教材研究所组织评比的一、二等奖，7篇获市级一、二等奖，这些研究，在省内外都产生了一定的影响，作为该课题研究成果之一——专著《中学数学听评课实践研究》2016年7月由安徽师范大学出版社出版。

2018年他的教学成果《基于微课的中学翻转课堂教学改革》参加安徽省基础教育教学成果奖评比，获省级一等奖，教学成果《普通高中开展全员"学生成长导师制"的实践探索》获省级一等奖。

甘为人梯，金针度人。

胡学平老师在成长的过程中，得到了许多名师的指点，他心存感激。他通过开设公开课、讲座，把自己对教学的理解和认识向同行展示，相互研讨、共同进步。2000年3月、2001年11月，他先后主持编写了《画图、PowerPoint与课件制作》（共十讲）、《几何画板与课件制作》（共五讲）用于全市课件制作培训班讲义，培养了一大批课件制作骨干，推动了信息技术与中学数学学科的整合。在省电教馆的安排下，他还在阜阳市颍上县2008年农村远程教育资源应用培训班上做专题报告《谈信息技术与中学数学教学的有效整合》。2014年5月，他又承担了为全市中学数学、语文、英语教师约500人参加的微课制作培训任务，为实现教学模式多样化作出了积极贡献。2014年9月以来，他先后到江苏张家港，安徽合肥、安庆、芜湖、淮北、滁州、阜阳、亳州、革命老区金寨县、铜陵枞阳等地讲学，传播信息技术与数学课堂教学的深度融合的方法，受到各地数学老师的欢迎。胡学平老师是市学科指导组成员、市导师团成员。通过正式协议结对，他先后带了 6 名徒弟。他通过听课、评课、开展课题研究或试题命制等不同方式，指导青年教师尽快成长，这些徒弟中已有 4 名成长为市级骨干教师。他指导 6 位徒弟参加各类比赛，获全国一等奖 2 次、全国二等奖 3 次、全省一等奖 4 次。

第五章　宏志教育影响深远

2002 年至今，马鞍山市 6 个区县，总计 580 余名家境困难、品学兼优的初中生成为二十二中的宏志生。20 年来，在困惑和坚持之间，在欢笑和泪水当中，这种模式已经发展成为我校的办学品牌——宏志教育特色。回望走过的路，虽然充满了艰辛，但收获也是满满。展望未来的路，我们更是充满了信心。

第一节　宏志教育实践总结

在长达 20 年的宏志教育实践中，经历了两任校长、五十九位宏志班班主任以及众多的任课教师，他们在治校、管班、教学过程中，不断思考，不断总结，形成了宝贵的经验，为更好推动宏志教育提供了可资借鉴的生动案例。

一、"学生成长导师制"的实践探索

（一）"学生成长导师制"实施背景

1. 现状背景

"学生成长导师制"基于学校生源现状，根据学生实际而采取的一种注重学生全面发展的育人模式。

2. 理论背景

埃里克森的人格发展八阶段理论告诉我们，高中生年龄正处于青少年期和

成年初期之间，青少年期的主要发展任务是形成角色同一性，防止角色混乱；成年初期的他们渴望获得亲密感，避免孤独感。高中生刚好介于这两个时期之间，他们常常对自我和未来持有怀疑态度，"我是谁""人生的意义是什么"是经常困扰他们，而对亲密感的渴望，又易产生情感上的波折，会被冠以"早恋"等令家长畏惧的头衔。这个阶段的高中生特别在意他人的评价和看法，强烈渴望他人的理解和尊重，又因过度关注自我而变得以自我为中心。他们存在很多矛盾心理：心理断乳与精神依赖之间的矛盾、心理上的成熟感与半成熟现状之间的矛盾、心理闭锁性与开放性之间的矛盾等。这就要求教育者对学生的教育不能只关注成绩，不能只是对学业的不断强调，而是要走入学生的内心。从陪伴者的角度，放下教育者的身份，俯下身去聆听学生内心的声音；从引导者的角度，放下指挥棒的严厉，敞开心扉用同理共情顺势而导。

（二）"学生成长导师制"的实践意义

1. 新的育人模式

学生成长导师制就是这样一种尝试，在关注学生的学业成长的同时，兼顾学生的心理健康和道德品行的发展，并力图探索它们之间的相互影响。在新的历史条件下，我们借鉴国内外导师制实践的经验和成果，构建了一个满足不同学生多样化发展需要，强化学生的人生规划，提升学生的终身发展素养，学业指导与道德指导同步的、一体化的育人新模式。

我校全员学生成长导师制从 2011 年 8 月开始启动，由每一位任课教师担任自己任教班级的指导教师，即"导师"。导师需要通过《学生成长记录》这一重要载体，对学生的道德品行、学习方法、生活习惯、心理健康进行全过程、全方位的关注与指导，并与学生家长保持联系，共同关注引导学生，陪伴学生成长。

2. 完整的实施策略

通过多年的实践与探索，我们对学生成长导师制工作有了更多的体会和认识，取得了如下成效：一是构建了"学生成长导师制"的具体操作流程；二是制定并完善了"学生成长导师制"各项制度；三是构建了"双线并进、家校联动"德育工作机制，创新了育人模式，拓宽了育人空间；四是开发出了富有本校特色的未成年人思想道德教育校本教材；五是采用首席导师制，明确了班主任与指导教师的关系定位；六是汇编成册"学生成长导师制"各项资料，为持续有效开展此项工作提供保障；七是关注学生终身成长，落实了素质教育理念，促进了师生、家校的沟通，使教育逐渐走向精细化。（详见本书第三章第三节）

二、开展集体家访提高教育质量

为了更深入地了解学生、有针对性地开展对学生的个性化教育，也为了加强与学生家庭的联系、共促学生的良性发展，从2014年寒假开始，我校每学年（包括寒暑假）开展三到四次教师集体家访活动，取得了良好的成效。

（一）集体家访开展的背景

1. 我校生源的变化

从2006年开始，因为我市办学格局的变化，我校生源质量不断下滑，家庭困难、学习困难的学生骤增。2012年7月我校历史上第一次面向三县招生，第一次有了38名住宿生；2013年7月搬迁新校区之后，我们有了500名住宿生，高一、高二年级来自一区（博望区）三县的学生超过了100人。

2. 我校德育方式的创新

生源质量的下滑，社会负面评价的影响，给予我们压力的同时，也让我们不断地反思。能不能创新家校联系模式、让学校与家庭更紧密联系起来，从而激发我校学生的学习动力？经过学校领导班子的深思熟虑，我校从2009年暑假开始，连续5年9个寒暑期，都将教师家访作为教师的假期作业，要求教师落实在工作中。但在具体实践中，我们也发现存在一些问题，比如：非班主任教师登门式家访存在诸多不便；寒假时间短，很多教师采取的是电话或短信家访的方式，登门家访的很少。自2011年8月开始，学校全面推行学生成长导师制，我校教师从最初的疑惑甚至质疑到逐步理解，导师制给学校带来了积极的变化，深受学生和家长的好评，《学生成长记录》成为家校联系的平台。家访，是导师制的必然要求，也是学校与家庭联络的重要方式。为了将全员育人做实做好，我们在充分调研的基础上于2014年寒假开展了全员集体家访。

（二）集体家访的方法创新

1. 研究和制订相关方法

2014年1月，学校制订了《二十二中2014年寒假集体家访工作计划》，并确定1月25日、26日为集体家访日，将全校所有在岗教师及行政领导，分成45个家访小组。学校建立起了由校党政领导牵头、班主任组织、科任教师参与的全员家访制度，同时还制定了《家访工作流程图》，分家访前、家访中和家访后三个阶段，对家访工作进行细化管理。

家访前，一是联系科任教师，落实参与本班家访人员；二是参考"八必访"制度，研究确定本次家访学生名单；三是与学生家长联系，预约家访时间；四是对本组家访教师进行任务分工（记录、拍照、信息反馈等）；五是安排车辆，确定家访路线。

家访中，首先介绍科任教师，然后向家长反馈学生在校表现，同时了解学生在家情况，最后听取家长对班级管理、学校发展的意见建议。中午组长负责安排工作餐。

家访后，教师交流家访心得，对家访工作进行资料总结、整理、反馈等。

2. 确定并预约家访对象

学校初步确定"八必访"家庭：父母离异的单亲家庭；生活有特殊困难的学生家庭；病残学生家庭；行为偏差的学生家庭；思想、学业上有重大变化的学生家庭；学习困难的学生家庭；外来务工子女家庭；住宿生家庭等。各组由班主任与科任教师商量后确定家访对象。

以下是高二（8）班家访小组确定的家访对象，全校45个班级都有这样的一张表格（见表5-1）。

表5-1 家访表

学生姓名	家访原因	学生家庭住址
刘某	单亲，母亲于其高一时病逝，成绩下降，沉迷小说	某岗四村10栋
徐某	父母离异，与外公外婆一起居住，本次考试班级第一	某园二村2栋
胡某	单亲，父亲早逝，成绩不理想	某中宿舍4栋
韦某	父母长期不在家，住校生	某新村25栋
常某	外来务工人员子女，有动力和潜力进步的学生	某新村4栋
孟某	家庭困难，学习困难	某家园2栋

3. 设计合理的家访路线

为提高家访效率，每个小组都事先和家访学生及其家长取得了联系。家访中，我们要求教师注重自己的言行举止，杜绝家访中的不正之风，不接受学生家长的宴请和赠礼，不托请家长办私事。家访结束，我校教师都做到了严格要求自己、注意学校形象，赢得了家长的赞誉，既为我校争得了良好的声誉，也为我市教育界教师的整体形象争得了声誉。有家长感言，好的教育风气又回来了。

（三）教师对家访的相关感悟

家访是一座桥。一方面连接着学校和学生家庭，另一方面连接着教师和学生的心。在学生的家，因为环境比较熟悉，氛围又是轻松和谐的，家长和学生愿意袒露心扉，愿意说一些在学校不愿说的贴心话。因为没有别的学生，教师也可以和学生交流一些不愿意被同学们知道的"小秘密"。师生间的坦诚交流，温暖了双方的心。

家访是一扇窗。学生和家长透过这扇窗看学校，教师也透过这扇窗去看学生和家长。过去，成绩上不来、考不到理想的学校，学生和家长总是抱怨学校和教师。通过家访，在教师和家长、学生的交谈中，家长能够感受到学校和教师对学生的重视和真诚。透过这扇窗，教师也可以看到在学校看不到的一些东西，包括学生的家庭背景、生活和学习环境，甚至是在学校看不到的学生性格的另一面。

家访是一张处方。先不说处方上开什么药，上门家访让家长感觉到学生在班级很受重视，这本身就会提高学生的自信。况且，上门家访的教师多多少少总会根据学生的表现提一些针对性的建议。在家访中，我们发现，不少学生的父母文化水平不高，只能照顾孩子的生活，有的忙得连这也做不到，所以教师不仅教学生一些学习方法，还指导父母如何教育孩子。有教师说："很后悔在过去的两年半中没有走入更多的学生家庭，在接下来的三个月中，我计划走进班级每一个学生家庭，不放弃每一个学生，要在高考最后阶段为他们找到适合他们各自的立足点。即使高考成绩不理想，也要让他们感受到他们被关注，没有被遗弃，让他们带着温暖进入社会，然后才可能去温暖别人。"

家访是一本书。在家访中我们深刻地体会到每一个孩子都是独一无二的，每一个家庭的背后都有一个个真实、质朴、感人甚至忧伤的故事。以下是一则真实的案例，是高一（3）班家访小组的真实经历。家住嵯坡的吴同学是我校一名宏志生。吴同学与父亲相依为命，2013年在收到我校录取通知书时，不幸再次降临到了这个本就极度贫寒的家庭，吴同学的父亲身患重病，难以从事体力劳动，这个家庭连最基本的生存与温饱都难以解决。尽管家访之前有一定的心理准备，可是这个家庭的实际情况依然让教师触目惊心。回程的路上，几位老师心情都很沉重，一位老师说，没想到，现在还有这么困难的家庭。班主任魏志军老师更是一夜未眠，第二天就和几位老师多方联系，发动一切关系和力量，终于有一家企业向吴同学伸出了援助的双手，承诺每月给予她一千元生活补贴，直到高中毕业。平心而论，如果没有家访，没有这些身临其境的感受，我们内心柔软的部分就不会有如此强烈的悸动。

教师集体家访对于我校而言是一种尝试。今后我们还要与导师的日常家访结合起来，将集体家访制度化、常态化，力争每一个二十二中的学子都能在三年中享受一次和班主任、科任教师在自己家庭中面对面的交流。

三、后疫情时期线上线下融合开展宏志教育的实践与思考

宏志教育在中国教育史上由来已久。当下,开展宏志教育是教育精准扶贫的必要手段,也是维护并实现教育公平正义的有效途径,是创建和谐社会、实现教育兴邦的时代要求。

随着全社会经济水平的普遍提高,全市绝对贫困人口数量也相对减少。目前,我校高中三个年级共有宏志生 85 人,宏志生的人数呈逐年减少之势。与此同时,父母期待孩子成才的愿望则越来越迫切,他们愿意在孩子教育上增加投入,这样一来,真正上不起学的孩子越来越少。办学 18 年后,我们再度审视宏志班,会发现其教育理念、教育目标和教育教学管理机制等都在悄然发生变化。于是,新问题出现了:新时代背景下的宏志教育将何去何从?

2016 年 9 月,《中国学生发展核心素养》提出中国学生发展核心素养分为文化基础、自主发展、社会参与三个方面,综合表现为人文底蕴、科学精神、学会学习、健康生活、责任担当、实践创新六大素养,具体细化为国家认同等 18 个基本要点。我们认为,随着国家经济实力的增强和教育资助体系的完善,宏志教育育人模式也将发生变革:淡化过去行政建制意义上的宏志班,全方位建构校园宏志文化,倡导宏志精神,这将是新时代学校宏志教育的主要发展模式。

2020 年新春伊始,新冠肺炎疫情来袭。为了配合防控工作,按照省、市相关部署,中小学延迟开学,学生接受学校统一安排的在线教学,接受学校和教师的线上管理,做到停课不停学。这些措施让课程学习得到了基本保障,缓解了学生及家长的部分焦虑。然而,调查中我们也发现,学生脱离了学校环境之后,缺少学习的同伴、教师的面授和学校的氛围,他们学习的自律性、学习效果以及学习目标达成均令人担忧。基于此,在各年级复课之后,探索常态化防控背景下线上与线下相融合实施宏志教育育人新模式就有了重大而现实的意义。

（一）线上线下相融合开展宏志教育的实践探索

习近平总书记在党的十九大报告中提出了"注重扶贫同扶志、扶智相结合"的战略构想，这给学校教育赋予了重要使命。马鞍山市第二十二中学是全市唯一承办宏志班的省级示范高中，那么究竟如何在高中阶段把扶贫同扶志、扶智结合起来，引领学生健康成长呢？面对时代给出的考题，我们从助寒门、立宏志、增智慧三个维度着手，做了多方面的探索。

1. 助寒门：建构线下与线上相融合的教育扶贫共同体，强化学生自信、自立和自强的意识

我们努力建立和完善疫情期间特殊群体的信息档案，做好"一生一策"情况统计。在班主任认真调查摸底的基础上，建立宏志生及疫情防控一线工作人员子女、不具备线上学习条件的学生等特殊群体的档案，准确掌握贫困家庭学生的在线学习和生活方面的需求和困难，实行动态管理，有针对性地给予关爱和帮扶，积极为特困生申报 2020 年春季学期（疫情防控）专项资金，切实保障其基本生活学习需求，确保这部分弱势群体能够顺利度过特殊时期。

同时，我们努力实现多方联动以确保硬件到位和优质资源供给。宏志教育的初衷就是教育机会的公平及教育资源的共享。我们对特殊群体学生免费开通网络服务，提供手机等设备以保障其基本的在线学习条件，保证学生线上学习的"物理接入"。

2. 立宏志：开展丰富多彩线上与线下相融合的德育活动，激发学生志向、志气和志趣的力量

家事国事天下事，事事关心。学校教育不能只让学生埋头于课本，更需要教会学生从书中抬起头来放眼看世界。在疫情这样一个特殊的时期，我们努力让学生"投入"其中，以"身"体之，以"心"验之。通过开展各类体验式德育活动，我们引导学生在实践中树立正确的世界观、价值观、人生观。如：疫情期间，学校利用微信平台广泛开展防疫知识宣传活动，面向全体学生开展网络防疫知识问答、网络好书共享、"武汉加油"文艺作品创作、大型"云励志

教育"直播、"青年战役"网络互动等活动，复课后在校内举行以"赤子逐梦想，青春绽芳华"为主题的成人仪式等。实践表明，开展线上线下体验式德育活动，激发了学生强烈的爱国热情和学习愿望。

3.增智慧：谋划线下与线上相融合的授课学习新模式，提高学生能力、毅力和素养的水平

疫情期间"线上学习"和"线上活动"的广泛开展推动了教育信息化的极大发展。授课模式、教学工具、教学平台、教学内容和评价方式等也在不断创新。

2020年2月初，学校"宏志教育空中课堂"顺利开播，课堂内容融合了线上教学、疫情心理指导、居家体育示范、防疫知识讲座等。

2020年3月初，我们举行"云"考试——高三"居家"模拟考，这是学校抗疫的一种新模式，既是对全体考生的一次自我检测，也是特殊时期学校教育施策的一次新尝试。

在开展线上教学的过程中，学校适时对全体学生开展"疫情心理自测""空中课堂教学反馈评价"等线上调查活动，通过直观的大数据和开放式回答的反馈，及时调整线上教学的实施策略，不让线上教学流于形式。

2020年4月，各年级学生陆续返校复课。学校继续探索线上线下相融合的方式方法。如组织部分名师利用空中课堂继续开展线上专题讲座；同时线下有序推出"宏志讲坛—高三专场"活动。在做好常态化防控工作的同时，一切有利于提高学生能力、毅力和素养水平的教学模式都在积极尝试中。

（二）思考：乘势而上，构建"宏志教育"育人新模式

新冠肺炎疫情给学校教育教学带来了挑战，但同时也提供了难得的机遇。作为基层学校负责人，切不可在恢复了线下教育之后又放弃了线上教育，而是要未雨绸缪，抓住机遇，乘势而上，大力促进宏志教育的线上线下融合，将学校的信息化教育提高到一个新水平。

1.充分发挥线上与线下各自优势，取长补短，产生整体功能大于部分之和

的效应

线上线下教育融合不是简单地相加，也不是简单地互相补充，而是有机地融为一体，是充分发挥各自优势，取长补短，产生整体功能大于部分之和的效应。

线下教育的特点是，师生面对面，富于人性化、整体感和现场性，具有情感交流丰富、师生互动直接、动手操作便利等明显优势。但线下教育也存在天然的弊端，如整齐划一、时空受限、教学模式单一、海量资源不能有效利用等。

线上教育不仅可以弥补线下教育的弊端，而且具有不可替代的优势：

一是互联互通。互联网突破了课堂教学局限，形成了网络社区这一虚拟人际交往空间，在交流平等性、自由自主性上有其优势，对于性格内向、不善交往的学生来说，尤为有利。利用这一优势，教师可以点对点开展宏志帮扶活动。

二是丰富多样。线上教育可以呈现多样化的教学风格，可以同时提供讲解、演示、讨论等不同教学方式，也可以借助软件营造虚拟现实场景，进行虚拟实验等，同时线上教育把学习的主动权交给了学生。

三是时空无限。互联网的另一个显著功能是不受时空限制，任何人可以在任何时间、任何地点学习任何内容。因此，教师可以乘势推动线上教育自我转型升级，为大规模的个性化教育探索道路。

四是群体共享。线上教育每一个体都可以与其他个体、与全体社区成员分享和讨论。

五是整合重构。线上教育可以整合不同内容、不同形式、不同个体、不同手段。当不同因素得到有机整合时，教学就可能发生积极的质的变化，翻转课堂就是重构的一个例证。

2.打通观念、管理、家校之间的壁垒，构建各成员各司其职、积极协同的融合机制

线上线下相融合开展具有学校特色的宏志教育，需要学校领导者、部门负责人和每位教师各司其职，积极协同，只有这样才能充分发挥好教育的各自优

势，从而提升教育效果。

一是观念上要融合。需要将线上线下作为一个统一的系统来考虑，充分发挥各自的优势，取长补短，构成一种新的教学环境和管理方式。管理者、教师、家长，各自发挥好自身作用，共同努力，发挥好教书育人的合力作用。

二是管理上要融合。教育行政部门要融合本地区的教育教学资源，将课程、教师、设备等统筹考虑，实现所有教育资源向所有学生开放，极大地释放教育资源的使用价值，极大地提高教育效能。学校管理者要将所有学科、所有课程、所有教师的教学行为和风格打通，提供整体展示、广泛交流的新空间。教师要有机地将线上线下的教育结合起来，将学生在线上线下组织起来，构建网络背景下的合作学习新方式。

三是家校间要融通。这次疫情的发生，将学校和家庭在物理空间上的分割打破了，家即是校，校即是家。但是线上教育具有的巨大优势远远没有得到充分发挥，家庭的教育优势、家长的教育优势还远未开发。因此，实现两者融合，从而构建一种新的教育生态大有可为。

3. 深化融合，逐步实现从大规模标准化教育走向大规模个性化教育

教育信息化正在从辅助阶段走向融合阶段，将来还要进入超越阶段。

辅助阶段是将信息技术、网络技术运用于教育教学过程中，可以起到增强效果、激发兴趣、节省时间、替代部分简单操作等作用。

融合阶段是指线上、线下教育相互交融，互相依赖，互相取长补短，互相不可分割，这次疫情暴发期间的教育教学就凸显了网络教育的不可替代作用。

超越阶段是指线上线下教育的有机结合，实现教育范式的根本转换，从大规模标准化教育走向大规模个性化教育，实现人类教育形态的第三次大变革。

当前正处在辅助阶段向融合阶段过渡的时间节点上，疫情凸显了加快这种过渡的紧迫性和可能性。在融合教育环境下，教师的功能势必发生很大的变化，对教师的素质也提出了新的要求。

教师要善于学习新知识，掌握新方法，树立新理念，提升新素养，方能充

分发挥信息技术、人工智能技术的作用，在深化宏志教育特色的过程中出彩用力，真正实现教书育人的初心。

超越阶段的个性化教育，在我们的想象中，应当包含对学生的思维能力属性、情感态度属性的大数据调查，以利于教师在知己知彼的态势下实现个性化教育，尽量补齐学生思维与意念的短板；也应当包含青春时代迷惘个体可匿名的倾诉空间，以利于教师在破解心灵暗箱的情势下实现个性化教育，抚慰学生那稚拙的心灵。

四、基于疫情背景下学校宏志教育在线教学的实践与思考

（一）实施背景

马鞍山市高中宏志班自 2002 年 8 月创办以来，已有 500 多名家境困难、品学兼优的学生受益。宏志教育在线教学不仅仅是结合抗击疫情的特殊需求开展的空中课堂教学，更是以宏志教育的理念为基础，面向全校学生开展的一种基于网络的在线教育教学管理模式。其核心内容包括普通高中阶段的人格教育、责任教育、励志教育、感恩教育和爱的教育，其实现途径是面向全体学生开展在线宏志扶贫、在线宏志扶智、在线宏志德育等工作。

（二）实施过程

1. 在线宏志扶贫

宏志教育的初衷就是教育机会的公平及教育资源的共享。对特殊群体学生免费开通网络服务，提供手机等设备保障其基本的在线学习条件。在保证学生的"物理接入"之后，优质教育资源的供给是宏志教育在线教学的重要内容。宏志教育在线教学集合了我校省学术与技术带头人、正高级教师、特级教师、市学科带头人等一大批优秀的名师资源，是各种优质教育资源整合的结果。教师线下协同备课、线上分章节或专题授课。学生不分班级，不分班级的授课形式，让学生有机会向这些高水平的教师学习。

2. 在线宏志扶智

构建立体的在线教育教学管理模式。宏志教育在线教学不仅仅是教师完成

某些课程的教学任务，更是学校教育教学工作的网络化实施。如同常规的校园教学活动，在教导处的统一管理下，各年级部结合新学期的教学目标及高中生的身心特点，对学生上课、课间、休息、复习、预习等学习生活进行了全方位规划。学生各项活动的完成情况由各班级班主任及学生家长进行监督考核。宏志教育在线教学重在教与学双线的管理，真正做到停课不停学，形成一个"空中"的教育教学管理的新模式（见图 5-1）。

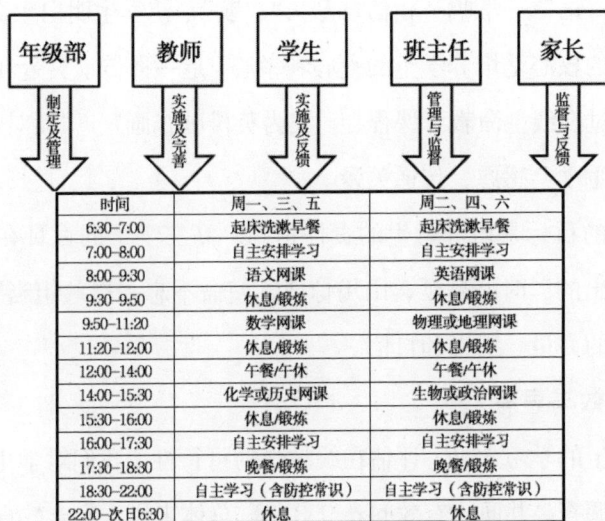

图 5-1　宏志教育空中课堂教育教学管理模式

搭建兼具平民性和普及性的在线教学平台。宏志教育在线教学没有要求教师统一使用学校原有的教学网络平台，而是让教师自主选择教学方式。一方面，疫情的突发性及防控的必要性导致教师们出行不便，这时学校不宜要求教师去寻找高配的教学设施；另一方面，在宏志教育精神的引领下，我们希望做出一种新的尝试——仅利用手边的简单设备，通过简易操作完成、信息化教学，并且让这种教学的受众面更广。据统计，此次在线教学我校教师使用了 QQ 群直播、哔哩哔哩直播、腾讯课堂等方式。一部手机或者一台电脑基本的教学设备就准备好了。一天之内，几十个以"教师姓名＋学科"为直播间名称的在线教学平台迅速搭建起来。

3. 在线宏志德育

让高中生了解当代青年的责任和使命，树立当代青年的学习志向是宏志教育的德育之重。疫情当下，在线宏志德育尤为需要。

宏志德育首先是一种励志教育。利用直播平台同一时间面向全体学生举行在线励志大会，在线课堂剪影"回眸"—优秀校友"对话"—专业医生的疫情防控知识"守护"—视频共赏"励志"—心理老师抗疫"心路"—运动"健身"—校长"寄语"—学唱《相信自己》《起航》，使学生明白生命的可贵。

宏志德育的核心是培养学生的爱心和孝心，是一种传承关爱和体验感动的感恩教育。通过在线生命教育课程、"我为英雄画张画"、"面对疫情我想说"等活动，让学生学会感恩，传递关爱。

宏志德育的目标是培养学生的责任担当。高三学子的百日在线誓师大会上，学生们喊出的"时疫蔓延，山川惊魂，使命不忘，勇敢担当"，让我们感受到当代青年的力量、担当和自信。

（三）成效与思考

为了解学生的学习效果，评估在线教学的可行性，我们对学生、家长及教师进行了问卷调查。共回收有效问卷 953 份。总体来说，宏志教育在线教学获得了学生、家长和教师的广泛认可。

1. 教学效果得肯定

约 80% 的学生认为宏志教育在线教学的学习效果好，大部分学生通过在线教学解决了学习中遇到的实际问题，教学效果调查表见表 5-2。而在学习的同时，学生之间偶尔的聊天也缓解了他们不能外出结伴玩耍的焦虑，缓解了学生的心理压力，减少了不良心理应激。

表 5-2 教学效果调查表

题目	符合	较符合	不太符合	不符合
听课过程中不容易分心	28.44%	46.59%	17.73%	7.24%

（续表）

题目	符合	较符合	不太符合	不符合
可以在学习时跟其他同学聊天	21.83%	32.42%	28.54%	17.21%
学习效果很好	28.02%	51.63%	15.53%	4.82%
能够解决目前学习中的问题	28.75%	50.47%	16.58%	4.20%
听课操作方便	49.32%	38.72%	8.92%	3.04%
在线教学有助于身心健康	55.30%	41.87%	2.31%	0.52%
感动于一线工作者的付出	69.67%	30.33%	0	0
身为中国人而自豪	96.57%	3.43%	0	0

2. 教学方式获支持

98%的教师支持开设宏志教育在线教学，特殊时期能尽力帮助学生是老师们感到自豪的事。"关键时刻，停课不停学""抗疫情，不聚集，又能督促学生学习""初步尝试新形式，教学由线下转为线上，可以实现空中教学，不受地域限制"。

数据显示，90%的学生认为教师的在线教学讲解清晰，授课生动不枯燥，视频、课件效果好，教师的管理模式好，课程安排具有灵活性，让他们有了更多自主选择权。89.68%的家长支持宏志教育在线教学的开展，认为宏志教育在线教学多方位保障了学生的学，在线教学能让孩子在家如同在校，真正做到停课不停学，离校不离学。

3. 催化新型师生关系

强烈的职业认同让全体教师迅速行动起来，就连"60后"的老教师也在摸索中成了一名"不会美颜"的主播，可那一份份精致的教案，何止是"美颜"呢！当这种时尚的教学方式奇妙地呈现在学生眼前时，视觉与心灵的冲击催化了更加融洽的师生关系。学生们会因为陌生人的不良弹幕主动申请当房管，维持好纪律，竭尽所能帮助教师完成每一节直播课。"谢谢老师""老师辛苦了"

的弹幕则会在课程结束时满满溢出屏幕。因为学生们懂得那位一直看起来严肃的、古板的、年纪大的老师需要付出多少努力才能"玩好"他们动动手指就可以玩转的直播。爱是相互的，爱的教育是宏志教育的基石。这样新颖的教育，传达给了学生爱的力量，润物无声地让他们懂得什么是担当和责任。

宏志教育在线教学的优势很多，这些优势和好评为我们继续开展相关探索增强了信心。虽然此次宏志教育在线教学的产生及其实施始于突发性，但是部分学生认为可以在疫情结束后继续开展宏志教育在线教学，说明这种教学模式可以成为课堂教学的补充和延续。随着疫情的缓解，我们将进一步思考宏志教育与在线教学的更多融合，探索宏志教育在线教学更为有效的实施策略。

第二节　宏志教育科研成果选编

宏志教育 20 年，历任教师披星戴月，风雨兼程，从风华正茂到双鬓染霜，从慷慨激昂到退休还乡，有多少个夜晚挑灯到天亮，有多少汗水播洒在课堂！流逝的是光阴年华，积淀的是累累硕果。我们对学校教师课题研究和教育科研成果进行了不完全统计，因数目较多，只对 2002 年以来国家级、省市级课题和获得市一等奖以上的成绩统计如下，以窥我校宏志教育之点滴风采。

2002 年市一等奖以上 14 项，其中省三等奖以上 8 项。

2003 年市一等奖以上 14 项，其中省三等奖以上 3 项。

2004 年市一等奖以上 42 项，其中省三等奖以上 22 项，国家级奖项 4 项，分别为：刘爱和老师的《建立促进学生全面发展的语文教学评价体系初探》和程根宝老师的《中学课堂教学评价中如何运用教师观察法》在中国教育学会统计与测量分会考试专业委员会 2004 年论文评选中分获国家二等奖和国家三等奖；宋洪涛老师的《音乐在中学体育教学中的应用》和刘新继老师的《马鞍山市独生子女与非独生子女身心健康状况比较》在全国中小学体育教研论文评选中分获国家二等奖和国家三等奖。

2005年市一等奖以上22项，其中省三等奖以上10项，国家级奖项4项，分别为：夏玉明老师在全国语文教师语言文字基本功大赛中获国家一等奖；唐华老师在全国语文教师语言文字基本功大赛中获国家二等奖；刘玲玲老师在全国语文教师语言文字基本功大赛中获国家三等奖；刘新继、宋洪涛老师的《学校对学生体质健康教育的作用与局限》在全国重点课题"二十一世纪中国学校体育发展研究"的子课题"影响中小学体质健康的因素及对策"课题研究论文评选中获国家一等奖。

2006年市一等奖以上29项，其中省三等奖以上9项。

2007年市一等奖以上82项，其中省三等奖以上52项，国家级奖项7项，分别为：胡学平老师的《高中数学新课程中的"算法初步"及其教学》在"新课程与教师专业发展"教育论文评选中获国家一等奖；陈国宏老师的《农村高中开展体育选项课的困惑与对策》在第四届中国学校体育科学大会论文评选中获国家二等奖；陈贵萍老师的《论高中英语写作有效训练》、后勇军老师《高考选择题中常见的六大隐性问题的归纳和迁移》、季锋老师的《高中生英语产出性词汇水平的研究》、徐三霖老师的《成功的课堂源于精心的设计》在"新课程与教师专业发展"教育论文评选中均获国家二等奖；刘国庆老师的《创设富有生命力的教学课堂》在"新课程与教师专业发展"教育论文评选中获国家三等奖。

2008年市一等奖以上30项，其中省三等奖以上13项，国家级奖项1项，为：孙滨老师的优质课在2008年"卡西欧杯"第四届全国高中青年数学教师优秀课观摩与评选活动中获国家一等奖。

2009年市一等奖以上56项，其中省三等奖以上33项，国家级奖项11项，分别为：孙滨老师的《排列》教学设计在2009年人教版A版高中数学课标教材实验优质课评选中获国家一等奖；李蓓老师的《文火慢炖出佳肴》、李旭老师的《浅谈构建和谐的师生关系》、刘和洪老师的《警惕高中生的抑郁症》、章习友老师的《做学生的朋友》在第九届"实践新课程"全国教研成果大赛论文评比中均获国家一等奖；陈静老师的《用爱心倾听花开的声音》、董圣亮老师的《班主任德育工作应从赏识教育开始》、李晓庆老师的《浅谈班级的管理》、石焱老师的《爱心是营造健康班级文化的基石》、俞含林老师的《浅谈班级管理中和谐师生关系的建立》、张尔钢老师的《掌握批评的艺术，做一名教育的智者》在第九届"实践新课程"全国教研成果大赛论文评比中均获国家二等奖。

2010 年市一等奖以上 52 项，其中省三等奖以上 34 项，国家级奖项 17 项，分别是：王亮老师的《股票、债券和保险》一课在 2010 年全国思想品德、思想政治优质课评比中获国家特等奖；刘新继在第四届全国中小学体育教学观摩展示活动评比中获国家一等奖；仲磊老师在第二届全国中小学公开课电视展示活动评比中获国家一等奖；陈瑶老师的《在班主任工作中引入心理健康教育》、汪冰老师的《多彩的班级文化建设》在 2010 年全国班主任工作研讨会论文评选中均获国家一等奖；顾巍老师的《走进问题学生的世界》在 2010 年全国班主任工作研讨会论文评选中获国家一等奖；汪建军老师的《班主任素质教育原则》在第九届"实践新课程"全国教研成果大赛论文评比中获国家一等奖；王进老师的《带电小球在磁场中的运动探析》在 2010 年全国中学物理新课程教研论文评优中获国家一等奖；李旭老师的《软塑料瓶在化学实验教学中的妙用》和郑永报、王瑶老师的《简易电解水及氢、氧燃料电池演示装置》在全国第十届化学实验教学创新研讨会论文评选中均获国家二等奖；李旭老师、刘新继老师、孙滨老师和王珺老师在第二届全国中小学公开课电视展示活动评比中均获国家二等奖；赵培辰老师的《浅析高中英语学案教学的问题和对策》在第十届全国"走进新课程英语教学"主题征文评选中获全国二等奖；后勇军老师、宋洪涛老师在第二届全国中小学公开课电视展示活动评比中均获国家三等奖。

2011 年市一等奖以上 37 项，其中省三等奖以上 8 项，国家级奖项 1 项，为：陈国宏老师的《省级示范高中阳光体育开展现状及策略研究》在第六届中国学校体育科学大会征文评选中获国家一等奖。

2012 年市一等奖以上 20 项，其中省三等奖以上 10 项，国家级奖项 2 项，分别为：后勇军老师的《金属钠的性质》录像课在 2012 中国教育电视优秀教学课例评选中获国家二等奖；汪忠森老师的《自由落体运动》教学设计在首届全国中学物理新课程高效课堂教学设计群英大赛中获全国二等奖。

2013 年市一等奖以上 45 项，其中省三等奖以上 8 项，国家级奖项 2 项，分别为：袁时煌老师的《浅谈通用技术教师的专业发展》在第十届全国普通高中通用技术实验工作研讨会评选中获国家三等奖；陈国宏老师的《单亲家庭学生心理健康状况及其体育干预》在第七届中国学校体育科学大会科学论文报告会评选中获国家三等奖。

2014 年市一等奖以上 81 项，其中省三等奖以上 45 项，国家级奖项 6 项，分别为：后勇军老师的《碳酸钠和碳酸氢钠的差异》在中国教育学会化学教学专业委员会组织的"2014 年高中化学优质课观摩暨教学培训活动"中获全国一等奖；魏志军老师的《表达交流》和周美华老师的《化学物质及其变化》在 2014 年度"一师一优课、一课一名师"活动中均获部级优课；顾巍和王瑶老师的《借助钙离子传感器认识难溶电解质的溶解平衡》、李旭老师的《镁粉与氯化氨溶液实验探究》、周美华和后勇军老师的《数字化手持图像认识电解质》在 2014 年全国化学数字化实验教学应用及创新设计中均获国家二等奖。

2015 年市一等奖以上 87 项，其中省三等奖以上 16 项，国家级奖项 3 项，分别为：李蓓老师的《染色体在细胞分裂中的变化》在第十九届全国教育教学信息化交流展示活动基础教育微课中获国家二等奖；陈国宏老师在全国体育教学课时计划优秀成果评比中获国家二等奖；陈国宏老师的《蹲踞式起跑》在第三届全国微课优质资源展示中获全国三等奖。

2016 年市一等奖以上 89 项，其中省三等奖以上 37 项，国家级奖项 20 项，分别为：彭粹明、周美华、曾加南老师的《用手持技术探究重铬酸钾酸性溶液与乙醇反应的合适教学条件》在 2016 年全国化学数字化实验教学应用及创新设计中获全国一等奖；董圣亮老师、高宏修老师、郭庆老师、后勇军老师、沈宏松老师、汪建军老师、王霄老师在 2015—2016 学年"一师一优课，一课一名师"评选活动中均获部级优课；后勇军、郑永报老师的《利用 CO_2 传感器探究 CO 和酸性 $KMnO_4$ 溶液反应》，李琳、后勇军老师的《创新化学数字实验——活泼金属与非氧化性酸反应的速率变化》，李旭、周春华老师的《用手持技术探究双氧水使滴有酚酞的氢氧化钠溶液褪色》和周美华、彭粹明老师的《用手持技术探究铝铁在浓硫酸和浓硝酸中的电化学行为》在 2016 年全国化学数字化实验教学应用及创新设计中均获全国二等奖；李善忠老师的《历史悠久的亚洲传统音乐》在第九届全国中小学创新（互动）课堂教学实践观摩活动课例评选中获国家二等奖；李琳老师的《化学平衡》、鲁露老师的《English idioms》、马文莉老师的《Roses are red, violets are blue, but which of the two colors really suits you?》、汤伟老师的《基本不等式》、魏志军老师的《"新天下耳目"的东坡词》、赵培辰老师的《Word power》、周美华老师的《反应速率》在第九届全国中小学创新（互动）课堂教学实践观摩活动课例评选中均获全国三等奖。

2017 年市一等奖以上 103 项，其中省三等奖以上 72 项，国家级奖项 18 项，分别为：郭庆老师的《The Spring Festival》在新媒体新技术教学应用研讨会暨第十届全国中小学创新课堂教学实践观摩活动高中组评选中获国家一等奖；汤伟老师在第三届全国中小学优秀微课征集活动中获国家一等奖；汪丽老师在全国新媒体新技术教学课评比中获全国二等奖；季锋老师的《核心素养背景下高中英语课堂教学改革实施现状的研究》在第四届全国中小学外语教师名师大会（学术论文类）评选中获国家二等奖；季锋老师的《牛津 M5U1 Reading》在第四届全国中小学外语教师名师大会（亲授课例）中获国家二等奖；杨谋明老师的《走进学生，关怀成长》在全国中小学名班主任德育工作创新论坛评选中获二等奖；袁时煌老师的《热点"科技新闻"案例通用技术教学中的应用研究》在第十届全国普通高中长春技术实验工作研讨会教师论坛评选中获国家二等奖；陈瑶老师的《双曲线的简单几何性质》、李善忠老师的《一个人的流派——德彪西》、赵培辰老师的《Types of sports》在新媒体新技术教学应用研讨会暨第十届全国中小学创新课堂教学实践观摩活动高中组评选中获国家二等奖；郭庆老师的《The Spring Festival》在新媒体新技术教学应用研讨会暨第十届全国中小学创新课堂教学实践观摩活动（现场说课）评选中获国家二等奖；魏志军老师的《E学习背景下促进学生学会学习的教学策略和路径探究》在"中国移动'和教育'杯"全国教育技术论文活动中获国家二等奖；吴慧峰老师在2017年全国青少年科技创新大赛科技辅导员评选中获国家三等奖；范章婷老师的《资源的跨区域调配——以我国西气东输为例》、郭庆老师的《Writing Help》、何鸣老师的《第二章 推理与证明——2.2 直接证明与间接证明》、刘和洪老师的《杰出的中医药学家李时珍》、孙滨老师的《用样本估计总体》在2016-2017学年"一师一优课"评选中均获部级优课。

2018年市一等奖以上69项，其中省三等奖以上55项，国家级奖项5项，分别为：后勇军、顾巍老师的《借助pH传感器认识葡萄糖和溴水的反应》在全国化学数字化实验教学应用与创新设计大赛中获全国一等奖；周美华老师的《四重表征教学理论和POE策略的课堂教学研究——以水的电离为例》在2018年全国化学数字化实验教学应用及创新设计中获全国一等奖；赵丽老师的《坐标曲线专题》在2018年新媒体新技术教学应用研讨会暨第十一届全国中小学创新课堂教学实践观摩活动教学课评比中获全国二等奖；周美华老师的《T、pH传感器在探究混合溶液酸碱性中的创新设计》在2018年全国化学数字化实验教学应用及创新设计中获全国二等奖；杨谋明老师的《大规模的海水运动》在2018年新媒体新技术教学应用研讨会暨第十一届全国中小学创新课堂教学实践观摩活动教学课评比中获全国三等奖。

2019年市一等奖以上95项，其中省三等奖以上62项。

2020年市一等奖以上51项，其中省三等奖以上23项，国家级奖项1项，为：阚晓彤老师的《探究不同果汁在多因素考量下的最适酶解条件——以果汁出汁量和感官作为指标》在第八届全国中小学实验教学说课活动现场展示案例评选中获国家一等奖。

2021年市一等奖以上80项，其中省三等奖以上37项，学校被评为教育部普通高中化学学科安徽教研基地实验校。

附　录

一、宏志教育媒体报道

在20年的办班历程中，众多媒体从不同角度先后跟踪报道，下面选择若干关键节点时的媒体报道。

马鞍山二十二中有个"宏志班"

这是一群特殊的孩子。他们中的许多人因为父母下了岗或其他原因，致使家庭经济捉襟见肘，有的只能靠吃"低保"才能维系全家的生计。而这些孩子又是优秀的，他们品学兼优，无论在学校还是在社会，老师、家长总喜欢拿他们举例子来教育自己的学生和子女。虽然这些孩子个个"心存鸿鹄志"，然而，在面对来自自己无法克服的经济上的困难时，他们又不由得困惑了，在泪水模糊了视线也模糊了前途的同时，他们甚至做好了辍学去打工的准备……

应当感谢马鞍山市教育局和二十二中。正是这个"宏志班"的应运而生，才给了这些孩子一个出路，以至会对他们的一生产生至关重要的影响。

"学校要勇于承担责任"。

"跨进这些学生的家，我没想到自己的心灵受到了一次极大的震撼。"马鞍山市二十二中校长何金林这样说。

"我没想到的是，我们上门家访的这些学生家庭，有的非常非常困难，家只能叫徒有四壁。濮塘一个农村学生的家庭，床上盖的被子那真叫'补丁上打补丁'，窗户上连块玻璃也没有，只是用塑料薄膜糊起来的。还有一些困难的城市学生家庭，家里只有最基本、最简单的家具，电视机还是很老、很旧的那种。许多学生刚来时，由于营养不良，一个个都脸色蜡黄，非常难看。"何金林校长说，"如果没有'宏志班'，这些学生要想完成高中学业，应当说是很困难的。家访中，我们了解到，由于交不起高中阶段的学费，一些城市学生已经打定主意上技校或职高，他们主要是想尽快就业；农村的孩子甚至做好了外出打工的准备。"

马鞍山二十二中"宏志班"于去年6月开始首届招生。首届"宏志班"共有22名宏志生，其中13名城市学生、9名农村学生。从教学资源的合理配置考虑，校方还有意编进了30名非"宏志生"，共同组建了这一"宏志班"。

谈到如何想起开办"宏志班"，何金林校长说，他早在十一中当校长时即有此想法，但当时条件不够。后来，北京宏志学校的事宣传出来以后，使他再次想起此事，不想，市教育局郭应曾局长也有此念头。当郭局长和他点起此"题"后，双方不谋而合，因为，他早有了做这个"题"的准备。

何金林说，创办"宏志班"的一个基本出发点就是，教育回报社会，以及维护弱势群体子女应该接受到的优质教育的权利。这是学校义不容辞的责任。

"宏志生"读书费用全免。

2003年春节之际，二十二中领导特意走访了几个特困"宏志生"的家庭，并为每家送去了100元现金和一箱苹果。"宏志生"的家长感动地说："孩子上学不但一分钱没掏，过年了，你们又给我们家送钱、送东西，我们心里实在过意不去啊！"

二十二中创办"宏志班"并非一时冲动之举。去年，校方就创办"宏志班"一事还专门召开过职代会，征求教职工的意见。教职工对这一创意给予了充分的理解和支持，结果全票通过。

"宏志班"的创办受到了社会各界的一致好评，在为二十二中赢得巨大社会效益的同时，二十二中也为"宏志生"在经济上付出了许多。据校方介绍，"宏志生"在该校读书的三年里，不但可享受书本费、资料费、军训费、服装费等全免待遇外，学校还按每年10个月计发给每人每月60元的生活补助费。据测算，3年下来，学校要为每个"宏志生"补贴1万元的各种费用，22名宏志生累计就要补贴 22 万元。

他们不需要迁就怜悯。

"宏志班"起初开办时,"宏志生"只要一走出教室,其他班级一些同学便会报以奇怪的目光。"其实,宏志班说特殊又不特殊,"宏志班一位叫姜丹妮的女同学说,"刚到宏志班时,经常会有别的班的同学问'你在哪个班级',我说'高一(1)班',他们会说'那是宏志班',我说'是',他们就会向我了解一些情况。我告诉他们,其实,宏志班的学生和你们都一样,只是他们一些人家庭的经济条件不太好,除此之外,他们和你们一样都是普通的高中生。"

"宏志生"是否只知道死读书?"宏志生"是否一个个表现得精神不振或者可怜兮兮?"宏志生"会不会由于家境贫寒而带来性格上的某种缺陷或不足?随着首个"宏志班"的开班,这些有关对"宏志生"的疑问也自然而然地摆在了人们的面前。

"作为一个教育工作者,我们不是施舍给这些孩子什么,能够为他们提供物质上的支持、精神上的鼓励,使他们没有后顾之忧,这是我们最大的心愿。"何金林校长说,"从开班之初起,我们就非常注意,不能让这些孩子感觉到他们比别人穷、比别人差,而要注意培养他们的自信心。我们还组织'宏志班'的老师开了会,提出了一系列的要求,大家形成的一个共识是,他们(宏志生)是一个需要关注、关照的特殊群体,他们的特殊不在于去'特殊地'怜悯、迁就他们,而要注意让他们享受到与其他同学同等的待遇,包括学校对每一个同学的具体要求。"何校长强调:"对于一个学生的资助并不重要,重要的是让他学会如何去做人,怎样对待尊重与被尊重,懂得怎么能够去回报。所以,我追求的并不仅仅是三年后考大学时,这个班的孩子要有多少个考上本科,关键是使他们在这个班集体里能够得到身心和学业上的同步发展……"

他们有良好的引导作用。

有这样一个事例,可以说明"宏志班"的魅力。起初,学校将 30 名非"宏志生"编进"宏志班"后,有不少学生非常不情愿。他们说,我们家里又不困难，到"宏志班"干什么？人家讲我是"宏志班"的学生，好丑呀。可仅仅一个月后，情况就悄悄起了变化。这些学生不但不再以"宏志班"为丑，反而以自己是"宏志班"的一名学生为荣。一些家长目睹孩子的变化，打电话给学校说，孩子到了"宏志班"后，感觉整个变了一个人，现在不但学习变得自觉了，而且也不讲究吃穿了。还有的家长找到学校，再三要求也能将自己的孩子编进"宏志班"。

"宏志班"的学生因为家境贫寒，所以他们对于这次来之不易的学习机会格外珍惜，在学习上也表现得更加自觉、刻苦。正如花常琪同学所说："原本自己是个特优生，父母双双下岗后，懂得了未来的命运把握在自己手中，现在就更加刻苦了。"姜丹妮同学说："我们班的班风很好，大家在一起非常融洽，同学之间有哪位碰到什么难题，相互间也会彼此帮助。在这里，大家讨论的都是学习上的问题，而不会去攀比什么零花钱呀、衣服呀等。"

"宏志生"原本都是各学校的"尖子"，而"宏志班"更是这些"尖子"的云集之地。走进同一个班集体后，一些原来是"尖子"的学生名次一下子掉了下来，心理上因此出现了一些不适应。来世杰同学说："进班之前我在六中读书，成绩是班上的前三名。进了'宏志班'，名次一下子滑下了许多。起初心态未能调整过来，渐渐地，我开始将自己的心态调到一个正确的位置上，树立了一个正确的方向，那就是无论现在如何，也要从零开始迎头赶上。"

在"宏志班"浓厚学风的影响下，高一（1）班的非宏志生们首先受到熏陶，他们开始在学习上向"宏志生"看齐，渐渐地，宏志生与非宏志生已融为一体。一年下来，"宏志班"里的非宏志生的整体学习成绩也有了很大提高。不但如此，"宏志班"还影响到整个年级、学校，就连高一（2）班这个作为二十二中与北大附中合办的网校实验班，虽然佼佼者众多，但也明显感到了压力。

"给宏志班的学生上课，学生那种满含期待的目光会紧盯着你转，如果你不是认真备课，都会觉得愧对他们。"一位老师如是说。

"宏志班"要坚持办下去。

转眼间，"宏志班"已经走过了一年的历程。对于这一年，"宏志班"里的每一员都感触颇多，不吐不快——

花常琪（宏志生）：当初接到"宏志班"录取通知书时，高兴得简直要疯掉。

王静（宏志生）：原来只知道好好学习，现在知道肩负重任，要回报社会。

纪蓉（宏志生）：家境不好是财富。

王荣（宏志生）：班主任关心同学细致入微，经常聊天，问及早饭、午休等。

吴昕（非宏志生）：不是会死读书的集体，而是快乐、奋进、充满生机的集体。

汤戌龙（非宏志生）：原来中午到班上看到宏志生在学习，心中嘲讽，后来自己也成了其中一员。

喻媛（非宏志生）：宏志生并不只是埋头苦学，对别人冷漠。他们喜欢提问题，现在我的脑海中也有了许多个"为什么"。

看到"宏志班"的每名学生一年来取得的明显进步，马鞍山二十二中的老师们格外为之感到高兴。何金林校长告诉记者，二十二中现正在创建省示范高中，马上面临着贷款700万元的负债。"宏志班"一旦招生满三个班后，将面临经济上更大的压力。但是，不管遇到再大的困难，"宏志班"都将会作为二十二中的一个品牌，一如既往地办下去。二十二中同时希望借此能够影响和带动更多的学校来承担起对社会弱势群体学生教育的责任。何金林校长还特别提到，去年首届"宏志班"招生时，中国银行马鞍山市支行及东吴市政公司分别为办学提供了4000元的捐助，他谨代表全体"宏志生"表示诚挚的谢意。

（记者：傅中平）

（材料来源：新安晚报，2003年7月15日）

市二十二中"宏志讲坛"昨开讲

他们来自全市各中学或教研室，有的是特级教师，有的是学科带头人。从9月3日起，这些老师将利用周六时间，轮流做客马鞍山二十二中"宏志讲坛"，与学生面对面交流。

"非常感谢学校给了我们这个机会，我想，宏志班的学生不仅要有宏志，还要有宏毅。作为老师，我们能做的就是教一些方法，给一点启迪，最主要的还是靠学生自己。"在9月3日的开班仪式上，市二中郭惠宇老师代表首批26位教师作了发言。

据了解，2002年8月，马鞍山市第一届高中宏志班在二十二中成立。如今，"宏志讲坛"的开设，也是想为学生的成长提供更多的帮助。据校方介绍，"宏志讲坛"是一个开放的平台，除宏志生外，其他班级的学生也可以来听。

（记者：盛李锐）

（材料来源：马鞍山日报，2011年9月4日）

市二十二中抗击疫情的"3个1"故事

疫情无情，校园有爱。一场突如其来的新型冠状病毒感染的肺炎疫情影响了原本热闹欢愉的春节，也影响了各学校的正常开学。寒假被迫延长，家长们焦急万分，尤其是有高三考生的家庭。在举国上下团结一致抗击疫情的形势下，市二十二中党组织发起号召，倡议学校党员干部带头，动员教师志愿参与，开设"宏志教育空中课堂"，利用网络组织全体学生在家在线学习。一场来自学校的抗击疫情战斗即将打响。现在，请让我们回顾一下这两天的"3个1"小故事。

1分钟的决定。

1月27日下午，一条微信从校长胡学平手机传递到校党总支书记王雁那里，"面对疫情估计开学延迟，可否开设空中课堂，让学生在家也能学习起来？"1分钟的期待中，回信到了，"好办法，我也有此想法。"学校两位党政主要领导不谋而合。紧接着，召开网络会议，商讨具体办法，拟定倡议书、动员令……这项工作高速运转起来。

1小时的报名。

1月28日15:45，学校在教师微信群、QQ群发布了开设"宏志教育空中课堂"的倡议书，随即，校长报名，书记报名，教导处主任、办公室主任、教科室主任、年级部负责人等先后报名，党员干部的踊跃报名带动了一批普通党员教师，省学术与技术带头人、市化学学科带头人、特级教师后勇军，市语文学科带头人、高级教师魏志军，市生物学科带头人、高级教师姜文芳，市英语学科带头人、高级教师季锋……一时间，学校微信群、QQ群信息不断，报名人数迅速增加……倡议书发布1小时后，近百位教师志愿者主动报名参与空中课堂活动，其中，党员教师成了志愿者队伍中的主体。

1天的筹备加培训。

各年级各学科师资有了，全校学生动员了，各年级文理科学生怎么组织？各年级各学科师资怎么配置？课程怎么安排？空中课堂直播的技术平台怎么搭建？1月29日上午，一系列问题都迎刃而解，3个年级、6个文理科学习群已建好，学科教师也已划分到各年级，授课直播平台也选用完成。1月30日上午9:00，如何运用直播平台进行授课的培训在教师微信群、QQ群同时展开，教科室负责人耐心解答，胡学平带头示范，老师们纷纷注册登录认证开直播间，以教师姓名加学科为直播间名称的空中教室一间间搭建起来……

2月3日上午8:00，马鞍山市第二十二中学"宏志教育空中课堂"将正式开播，并对全体在校学生公告各时间段的高一至高三课程。

疫情时刻，学校党组织积极引领，党员干部率先担当，群众积极参与，为了全校学生的学习不受耽误，为了消除千百个学生家庭的顾虑，我们踊跃行动！

（通讯员：王霄）

（材料来源：马鞍山教育局，2020年1月30日）

市二十二中举行励志教育网络直播活动

2月16日上午，一场大型励志教育网络直播活动在市二十二中举行。

该直播活动利用"哔哩哔哩"直播平台，开展师生线上教学、心理健康教育课、居家体育运动示范指导，更有市妇幼保健院专家带来的防疫知识讲座，最后还有学校负责同志送给全体同学的暖心问候和谆谆教导。

"第一阶段为期两周的'宏志教育空中课堂'已经结束，第二阶段即将开启，希望可以通过这种励志教育直播活动为学生及其家长加油鼓劲，继续努力！"校长胡学平说，学校将利用此次大型励志直播活动，教育学生不仅要认真学习文化知识，也要认识到生命的可贵，胸怀天下，学会感恩，将个人的命运和国家命运紧紧联系在一起，也希望家校联手，共同培养新时代全面发展的中学生。

（记者：黄莹）

（材料来源：马鞍山日报，2020年2月17日）

马鞍山市二十二中开展2021年春季集体家访活动

"家访是一座桥，一方面连接着学校和学生家庭，另一方面连接着老师和学生的心。"春节临近，马鞍山市二十二中党总支书记、校长胡学平作为全校40个家访团队的成员之一参加集体家访活动，为部分学生送去学校的关怀与新春的祝福。

2月7日，寒假的第一天，高一(11)班家访团队在班主任兼政治学科张秀老师的带领下，语文学科张卫老师、数学学科胡学平老师、英语学科邵承龙老师先后到三名学生家庭进行家访。

在家访过程中，四位老师详细了解了学生们平时的业余爱好、寒假中的生活状况，询问了学生的假期学习情况，还叮嘱学生要树立人生目标，珍惜时间，努力实现个人梦想，用优异的成绩回报父母。学生家长对学校近年来的各项举措非常肯定，对学校领导和老师们的关爱表示感谢，也对学校的未来给予真心祝福。学校领导班子和老师们也表示，二十二中人一定秉承创新发展拓荒牛、艰苦奋斗老黄牛、为民服务孺子牛的精神，继续办好人民满意的学校。

作为"学生成长导师制"的重要形式之一，市二十二中开展集体家访活动自2014年1月启动，坚持至今已七年有余。每年寒假和暑假，学校把全体教职工分成40个左右的家访团队，在班主任的带领下，走进千家百户，嘘寒问暖，与家长们共议育人方法，共商教育对策，形成教育合力。家访是一座桥，一方面连接着学校和学生家庭，另一方面连接着老师和学生的心。在家访特定的氛围中，师生关系更融洽，学生畅所欲言，自信心也增强了。全员家访活动得到了社会各界的充分肯定，《德育报》《教育文汇》等多家媒体都作了宣传报道。

东风带雨逐西风，大地阳和暖气生。此次集体家访活动的开展，拉近了家校间距离，优化了育人方式，为实现学校新的五年规划目标打下良好的开局，学校也将利用电话、网络等形式，继续开展全员家访活动。

（通讯员：张秀）

（材料来源：安青网，2021年2月8日）

二、宏志学子心语选编

身为教师的我们总是对学生的成长充满了期待，"桃李满天下"相信是每一位教师最大的成就感，而发自学生内心的感谢和喜爱更是教师平凡生活中无比闪耀的光芒。教书育人，教人求真，教师肩负着为祖国培养合格接班人的重要使命，一个学生的成功不能只是成绩的出众，更应是成为一个拥有坚强理想信念的全面发展的人，成为一个对祖国对社会对人民有益的人。而宏志精神的要义就是心怀祖国，为国成才。在我们共同致力的宏志教育这条道路上，催动我们不断努力前行的最大动力，是来自学生的鼓励与支持。每年，我们都会将它们整理成册，这里摘录部分与大家共勉。

【在校生】

◆吴梦阳同学：

二十二中是我成长过程中重要的历练之处。在这里，我明白了生命的跋涉不能回头，哪怕畏途巉岩不可攀，也要会当凌绝顶；哪怕无人会登临意，也要猛志固常在。在这里，我知道了不负光阴就是最好的努力，而努力就是最好的自己；在这里，我汲取九万里风鹏正举的力量，历练也无风雨也无晴的豁然；在这里，我奔向了那片未卜潮汐的海，奔向尚有荣光在的彼方……感谢二十二中，感谢有你！

◆杜鑫明同学：

忆往昔刚入二十二中，是那飞满红叶的秋。三年的高中生活，像那迷人香醇的美酒。这三年里，有开心，有苦涩，有难过，有愤懑，转瞬即逝，无法挽留。每当我们踏着星光离开，回头凝望美丽的校园，那不灭的灯光啊，竟和天上的星星一样闪亮。

老师啊，为了我们，您忘记了时间，忘记了劳累和疲惫，您总是默默地付出。

老师啊，您甘为春蚕，吐尽银丝，为学生织出美好的理想。

老师啊，您甘为人梯，任学生踩着双肩去攀登理想的殿堂。

老师啊，您甘为渡船，迎着风浪，带着学生遨游知识的海洋。

我们从陌生到相识，从相识到相知。我们非亲似亲，我们似亲胜亲。作为一名宏志生，我坚信，我们共同努力，共同成长，终有一天定能够穿入云霄，随风起航。

◆韩湘同学：

二十二中老师教学严谨、认真负责，同学们积极上进，在这里我感受到家一般温暖，我会更加努力报答学校为我们创造良好的学习环境。我在这里感受到沉淀的书香文气，蓬勃向上的阳光之息。一群抱定"宏志精神"的学子用他们的求学上进的精神感染着我。

◆邰进浩同学：

岁月悠长，山河无恙。但你我都不复当年模样。往事如烟，抖落一地风尘，岁月于我们总是落花流水两无情。时光总是匆匆，太匆匆。

三年已逝。而在这校园之中，无法忘却，只有师长。

云山苍苍，江水泱泱。

先生之风，山高水长。

三尺讲台，三寸舌，三寸笔，三千桃李。

十年树木，十载风，十载雨，十万栋梁。

感谢有您，您是大海上照亮我们前行的灯塔。

感谢有您，您是沙漠中点起生命之火的绿洲。

感谢有您，您是冬日中给予温暖的阳光。

恩师，谢谢您！

◆孙沁文同学：

我最喜欢做的事是在班级看窗外的枝繁叶茂的大树，喜欢看阳光透过稠密树叶洒在课桌上，光斑如水般波光粼粼，那个瞬间，这么美好，我的高中生活也像这光一般灿烂耀眼。感谢老师们，带领我学习，教会我知识，陪伴我们成长。感谢二十二中，愿母校在每个瞬间都发光发亮。

◆陆程亮同学：

二十二中宏志班办学已经走过了二十载的岁月。在这二十载岁月中，针对宏志生的资助计划让很多困难家庭得到了帮助，让他们感受到了二十二中对他们的关心关怀，让他们在学校也可以感受到家的温暖。最后祝愿二十二中宏志班越办越好，帮助更多的困难家庭。

◆朱静雯同学：

二十二中宏志班办学已走过二十年，"宏志精神"也随一届届学子传扬万里，影响深远。在二十二中学习了近三年，丰富的校园生活给我留下深刻的印象，校领导们时刻关心着学生，完善着教学环境；教师们认真负责，鞠躬尽瘁，以"宏志精神"为引领，做好平凡却伟大的园丁；同学们团结友爱，努力奋进，社团联欢等校园活动丰富多彩，学校提供了多个平台，给同学们展示自我，发掘自我的潜力。倾听宏志，愿二十二中宏志教育走向下一个光辉的二十年!

◆周如平同学:

二十二中是一个管理严格、秩序井然的学校。校园内,同学们互帮互助、友爱相处,师生们相亲相爱,每个人脸上都散发着快乐的笑容。课堂上,老师认真上课,同学们认真听讲,积极回答问题,操场上同学们尽情奔跑,尽显满满活力,校园内绿化覆盖,环境优美,空气清新。

◆孙可涵同学:

感受书香之气,吸收阳光之息。抱"宏志精神"求学上进,最后一年必将更加努力!

◆邢宏悦同学:

二十二中是一个特别温暖的大家庭。课堂上,老师们会细心教导我们,教授我们知识,更教会我们明事理、辨是非。在课堂外,他们也会像父母、像朋友般与我们交流。同学们的关系也非常融洽,大家会齐心协力,为高考这一目标,一起努力,一起进步。不仅是这些,保安保洁的叔叔阿姨们、食堂工作的叔叔阿姨们的认真负责,都让我觉得学校像家一般温馨。在这里,没有拘束,也没有烦恼,脑子中只有高考这一个目标。很感谢二十二中每一位教师的辛勤教导和每一位工作人员的悉心照料,在二十二中的三年,每一天都是充实且幸福的,这都离不开他们的认真。希望二十二中越来越好,老师们工作顺利,同学们学业顺利!

◆范梦瑶同学:

夸夸这个我即将生活三年的学校。学校占地面积大,环境优美,基础设施完善,校园建设优良。教学楼附近茂盛的花草树木,带领你领略马鞍山市二十二中一年四季的生机。自然环静的优美陶冶了学校的人文精神,校领导统筹安排学校事务,老师们尽职尽责地教导学生,无论是学习上还是生活上的各种问题他们都认真解决。学校安排晚自习,充分利用时间,引领学生向前进步;学校开设宏志班,将学生生活的补助与学习上的帮助结合起来,营造了良好的学习氛围，培育出了一批又一批品学兼优的学生。学习之余，开办运动会、元旦晚会等一系列活动，缓解同学们的学习压力，劳逸结合，更加提升学习效率。学校为家住得远的学生全方位考虑，配有住宿楼，住校生学习和生活的环境优良。宿管老师对学生的严格要求和监督，促使学生健康成长。马鞍山市二十二中还有很多优点，等你发现，希望学校与学生共进！

◆尹佳玥同学：

二十二中宏志班自2002年创办以来，秉持着努力致学的理念，在教学成绩上屡创佳绩，我为自己是宏志班这个团结上进的集体中的一员，感到深深的自豪，同时也愿我们能为学校增光添彩，再创辉煌。

◆张韩涵同学：

吾之校园，梦想起点；每逢夜晚，一灯如豆；高师授教，稚子心受。

◆王洋同学：

崭新的校园，是我们温暖的大家庭。小桥横跨观赏湖，湖中鱼儿摆尾，吐出朵朵气泡。在这里，老师们的谆谆教诲灌溉着我们；在这里，同学们的热情洋溢感染我们；在这里，一丝风、一缕云、一阵阵读书声陪伴着我们；在这里，操场边主席台讲话的清脆回声围绕着我们；在这里，在鲜艳的五星红旗映照下，我们茁壮成长着，红色爱国情早已刻在骨子里。啊！你问这是哪里？这是我的母校二十二中！

◆王琪同学：

我的学校二十二中是一座治学严谨、学风优良的学校，校内绿化设施极好，四季之色齐汇一校之内，夏季绿树成荫，秋季树叶红黄交映、相映成趣。冬季，广玉兰树绽放了洁白的花朵，召唤来了春季的生机勃勃。丰富的校园生活，正如四季变化那样多姿多彩，优秀的教师们不辞辛苦，只为了眼前这些求知的心灵。

◆龚伟凡同学：

二十二中是我另一个家，我对学校充满着无限的期待和归属感。当踏进校园时，满怀激动和颤动之情，在这里度过高中三年的时光，心中对学校和老师有着无限的感激，每当想到这里，心生感慨，在这里，学校承担起家长的责任，老师们尽职尽责、勤勤恳恳一心为了学生，宏志班的同学们也相互鼓励、拼搏努力。我爱母校，她不仅给我渊博的知识，更教我做人的道理，让我们走向更遥远的未来，愿二十二中未来更辉煌！

◆谢诗凡同学：

我们的校园环境优美，尤其是夏天，窗户旁的绿叶给燥热的天气带来清凉。学校有一个大操场，整齐的看台坐落在余晖下。操场上，飞奔的少年是青春的缩影。学校的老师们都非常认真负责，总是鼓励我们要迎难而上。班上的同学们团结友爱，一心向上。总之，二十二中是一个很温暖的地方，是梦想开始的地方！

◆李杉同学：

宏志班像一个温暖的大家庭，在这个家里，我们和谐相处、共同进步，在这个家里，有着浓厚的学习氛围。团结互助是我们宏志班的宗旨，共同奋斗是我们宏志班的目标，不负青春、不负韶华，我们和二十二中宏志班携手成长！

◆王乐婷同学：

当我来到二十二中，教师之关爱，同学之友爱，校园之可爱，无不让我难忘。国势之强弱，系乎人才，人才之消长，存乎学校。二十二中以特色的"宏志精神"，感染了一届又一届的学生，他们从学校去到更广阔的天地，实现了少年之理想，不负热烈之青春。

◆周恒怡同学：

二十二中是一所美丽的学校。绿树成荫，百花齐放，百鸟争鸣。校园里洋溢着青春的气息，这里是莘莘学子求学成长的应许之地。这里是老师热情活力地播撒思想种子的地方。作为一名宏志生，我感受到了学校的温暖，老师和同学们都无私地帮助着我。在这里，我不仅学到了丰富的知识，还培养了健全的品格。感谢学校和老师们的栽培，感谢同学们的陪伴！

◆王思雅同学:

是您给予了我知识的蓓蕾,让我看到太阳升起在东方。是您赋予我前进的动力,让我即将迈出人生的第一步。青春的脚印留在校园的小路上,欢声笑语留在花坛的馨香中,花儿为您歌唱,我们为您祝福,歌唱您美好的未来,祝福您辉煌的明天。

◆张子晨同学:

春秋三十载,树教育之本。身为一名宏志班的学生,又怎能忘记老师的教诲,又怎能忘记"宏志精神"呢!自从进入宏志班学习以来,各科老师认真负责,教学有方,抓学习、抓德育,使我们的素质得到了很大的提升。在宏志班,与热爱思考、努力学习的同学们一起,共同创造良好的学习氛围,这又是何等的喜悦!感谢学校能给我们一个学习的机会,感谢老师让我们明白了什么是真正的"宏志精神"。

◆钮倩同学:

宏志班是一个向上的班级,承载着学校和老师们的希望。在遇到不会的题目的时候,老师们都会热心教导;在生活上遇到困难们时,老师如朋友般仔细聆听、给予帮助;在学习上遇到停滞不前的时候,老师们会给予鼓励一直陪伴。这就是宏志班,相信二十二中的宏志班会越来越好!

◆张诏铭同学:

作为一名宏志生,在二十二中"宏志精神"的感染下,在学校"宏志教育"的光辉下,我感到无比自豪。身处"宏志班",我接受着老师们辛勤的教诲,每当看见那一个个奋力在黑板上书写的身影时,我的内心总是无比感动,正是他们的无私奉献,才能铸就我们优良的成绩和品格!

◆张韵妍同学:

马鞍山市第二十二中学,是一所历史悠久的学校。以立志、勤奋、质朴、文明的"宏志精神"为目标,发扬立德树人、砥砺前行的优良传统,我们二十二中学子端正做人,刻苦学习,认真钻研,守正创新。我们身在一个幸福的时代，我们的自信来源于国家富强，民族振兴，人民幸福。我们这一代肩负的责任会更多，跟随国家的步伐，发挥我们自己的作用和力量，也要跟随母校的步伐，发扬"宏志精神"，传承"宏志文化"，做一个根正苗红的青年。

【毕业生在校感言】

◆栾荣荣同学：

身为宏志生的我在学校受到了多方面的帮助。每周末为宏志生开设的宏志讲坛，讲授着许多有趣的知识；周日的才艺训练培养我们的兴趣爱好。我可以肯定地说，这是一个学习氛围浓厚、积极向上的大集体。

◆陈也能同学：

这里学习氛围好，我的成绩也有了显著提高。《学生成长记录》记录着我们生活中的点点滴滴；学校实行的午间安全管理使中午不回家的同学有充分的时间休息。

◆许德强同学：

去年中考后，在宏志班招生范围扩至三县之际，我报考了宏志班，成为一名宏志生。我们宏志班勤奋好学、团结向上，赢得了大家的一致好评。课余时间，宏志讲坛拓展了我们的知识，丰富了我们的学习生活。

◆王巧辰同学：

作为新一届高一宏志生，我们繁忙但充实，只因为我们身上肩负着父辈的希望，我们乐观向上；只因为我们经历风雨，才知道哪里有幸福和阳光。我们的学风端正优良。

◆陈张露同学：

二十二中老师教学严谨、认真负责，同学们积极上进。我感受到学校的温暖。我会更加努力，报答学校为我们创造良好的学习环境。

◆孟祥伟同学：

二十二中美丽的校园、和蔼的班主任、团结友爱的同学都使我感到十分亲切，在这样的环境中，我的学习成绩不断进步，个人素质不断提升，人生价值也得以体现，我相信二十二中是我人生中最灿烂的一段历程！

◆孙梦艳同学：

幸运的是，我们的班主任和任课教师很负责，我也渐渐融入了这个班集体，我喜欢这所学校。

◆朱艳同学：

"宏志生"，二十二中的代名词，它不仅给了我走向独立的机会，还让我真真切切地感受到学校领导对我们的关爱。自进校以来，学校一直在努力帮我们解决学习、生活上的难题，还时常问我们还需要什么、还差什么，令我们感动不已，我在此发自内心地感谢校长和各位老师。

◆俞春新同学：

近一年的学习，我已深刻体会到老师精湛的教学艺术，也感受到校领导的关心。

◆赵文萍同学：

二十二中是一所校风淳朴、积极进取的省示范高中，我在这里学习、生活受益匪浅。我相信新的校区，将是一个充满希望的开始。我们一定在老师的带领下奋勇拼搏，创造美好明天。

◆丁文倩同学：

二十二中校园环境优美，教学设施完善，学习氛围浓厚，是一所很好的高中，而其师资力量更是雄厚，老师上课通俗易懂，言语幽默，课堂活泼而有序。

◆张欢同学：

二十二中的老师就像家长一样，"学生成长导师制"成了师生交流的桥梁。最大的感触是通过《学生成长记录》，老师和同学的交流更加频繁了。

◆黄敏同学：

这里的每一个老师都很认真，我们只要有一点退步，他们都会很着急，帮助我们寻找退步的原因。在这里我们很开心，因为有老师和学校领导的关心与爱护。

◆徐岚同学：

我对学校始终怀着感激之心，她给了我一个学习的殿堂，为我铺就了通向成功的道路。我们的学校很好，老师很负责，我们也很好学。

◆程晓宇同学：

自从来到二十二中，我感受到一种不一样的氛围。这里让我受益匪浅，希望三年后会有好的结果，实现自己的梦。

◆谷雨同学：

二十二中地理环境好，人文环境更让我感到舒心。老师们甘于奉献，不仅教授知识，而且更注重育人，我相信在这里可以开心地度过高中三年。

◆周晨同学：

我觉得学校像一个家，里面有辛酸、有苦恼、有惊喜、有感动。学校领导的关怀、老师的教导、同学们的热情，让我感动。我还有指导老师，她无时无刻不关心着我、开导着我。学校真的很用心为我们考虑，我想真心地说，感谢学校。

◆汪朱良秀同学：

进入二十二中，我很开心。这里的学生都很努力，老师都很认真负责，校园环境也好。

◆马璐璐同学：

在二十二中学习的日子很辛苦却也很幸福。校园环境很好，让我在课余中感到很放松、很惬意。大家都有共同的目标，学习上你追我赶，毫不松懈。有困难时，大家齐心协力，共渡难关。老师们工作认真，付出很多，很敬业。

◆舒雨婷同学：

这里是一个团结友爱的大集体，学生勤奋、文明，教师认真负责、品德高尚，校领导管理有方。我在这里学到了很多，不仅有知识上的，也有生活上的，做人上的。

◆孙良玉同学：

这里是一个欢乐、温馨、和谐的大家庭，有众多教学出色的老师，他们和蔼可亲，耐心指导，从不厌烦。

◆许园园同学：

在这里，我不仅学会学习，而且学会了为人处事的道理。老师不会因为你成绩不好而排斥你，相反，老师们对处于低层次的学生总是给予耐心的辅导。老师不但学习上关心我们，而且在生活上也十分在意，好几次我告诉我们班主任说我情绪不稳定，不适应这里的环境，她总是开导我，她是我们心灵上的朋友。

◆袁亮亮同学：

初中班主任将二十二中介绍给我，怀着好奇心，我来到了市二十二中。在这里，老师们个个都和蔼可亲，同学们也都善良热情，这使我有了学习的信心。我相信，在二十二中，我一定会走出一条光明的道路！

◆周立同学：

若，你不死气；若，你不懒惰；若，你也想如我这般和这个年轻的学校一起成长，加油，青年！

◆陈新培同学：

机缘和巧合让我成为二十二中的一名"宏志生"。这里，绿树、榆荫、粉墙、清潭，一切都让我无法挑剔，甚至，还有些许博望初中的味道在其中，生活了近一年，我更喜欢这里！我想说，我不曾后悔过！

◆郑碧峰同学：

在这里，我看到了时刻想着学生的老师和领导，优美宜人的环境，最重要的是浓郁的学习氛围；在这里，你会领略到更多你想要欣赏的东西；在这里，你更能学到自己需要的知识！

◆贺万祥同学：

二十二中是如此优秀，它的优秀不仅体现在它的成绩上，还有着这样一群可爱又可敬、细心又耐心的教师。

◆徐彧同学:

也许你只看见了老校区的窄小,却没有看到新校区的阔大,你有你的想法,我有我的看法。我们会证明这是"宏志班"的时代。实现梦想的路上,是注定孤独的旅行,路上少不了拼搏与选择。今天,我为二十二中宏志班代言。

◆陶博文同学:

光阴荏苒,岁月如梭。置身于二十二中校园内快一年了,这里虽是学校,却如一个大家庭一般温馨,我们快乐地住在一起,快乐地学习,老师如父母一般温情,坚信我们是希望,会有更美好的未来。

◆邹钱林同学:

学校在摸索"住宿生"管理办法,学生有什么问题,只要提出来,学校总是想尽一切办法解决。住宿在生活、习惯、为人处事方面都会得到一定锻炼,且在这里会被很有条理地监督着,我想这会让我养成一个良好的习惯,对未来有很大的帮助。

◆汤健同学:

近一年来,对学校感觉就是老师关心、学校贴心,努力为我们创造好的学习条件,开办宏志讲坛,丰富我们的课内课外知识。

◆黄昌军同学:

初中毕业后来到了这所充满暖意的"家",在这里,无时无刻不感觉到老师在关爱我们,学校在帮助我们。

◆蒯兴莉同学:

人生旅途,我们追逐梦想,奔跑的路上,我们跌跌撞撞,青春的舞台我们要轻舞飞扬。让我们一起携手在二十二中,为自己的青春添上浓墨重彩的一笔吧!

◆陈昊同学:

二十二中环境优美,学习氛围浓厚,学校领导、老师无私地关爱每一个同学,同学之间也互帮互助、团结奋进。在这里,我们携手并进,勇于面对前方一切困难。我自豪我是一名二十二中的学生。

◆姚龙仁同学：

我在初中是班长。2012年9月，我来到了二十二中，开始了我高中求学之路。学校领导和老师对我们来自三县的学生非常关心与爱护。学校本没有宿舍，老师们将自己的办公室让出来，让我们有了住的地方。时间久了，便觉得二十二中不再是一个学校，反而更像是一个温馨的大家庭。

◆杨文慧同学：

这里老师时刻关心着我们，提醒着我们注意休息。每次有不懂的问题，我们都去找老师，他们耐心地为我们解答，一遍又一遍，直到我们完全明白。在这里，老师就是时刻陪伴着我们的朋友。

◆张益国同学：

来到二十二中，你会发现这里每一个人都在学习。走路、等车，甚至在食堂，书本总是受到二十二中学生的青睐，浓厚的学习氛围，和谐的朋友关系，良好的住宿环境。我要努力取得好成绩。

◆王志豪同学：

这里的生活给了我很大的帮助，我改变了自己错误的学习方式，我结交了许多新朋友，我学习了很多新知识。学校有许多资深的老师，比如后勇军老师。我获得了许多良师益友。

◆沈正梁同学：

在没有进入宏志班前，就很向往，当自己真正进入这所学校之后，发现这所学校比原来想象的美好许多。同学相亲相爱，老师负责认真，对我们十分关爱，在这么一个好的环境，我必须认真学习。

◆储悦同学：

在班主任刘国庆老师的带领下，我更加热爱这个班级，同学们都是热心肠，给予我温暖和无尽的帮助，他们会主动帮我灌水、交作业，班级里的干部们也认真负责。学校领导为了丰富我们的生活，举办各式活动。非常感谢宏志班，我将继续努力，永不止步！

◆石子缘同学：

在我们班，我学会了认真对待学习，珍惜学习时间，规划好每一步；从老师那儿，不仅学习到了知识，更学习到了如何做人，再简单的事，坚持做，就不简单！一天之计在于晨，从每天早上，开始冲吧！

◆韦强同学：

现在，我在年级名列前茅。二十二中有很多优秀的教师，特别是我的班主任后老师，总是不辞劳苦，时常在各个方面对我们进行教导，也时常告诉我们如何走向成功。

◆杨江同学：

二十二中最让我感动的地方就是老师们的尽职尽责，这是二十二中学子有目共睹的。班级的学习气氛无比活跃，竞争十分激烈，你永远都猜不到下次谁又赶上来了，谁又下去了。二十二中，我的选择。

◆张明同学：

课堂并没有想象中的那么枯燥乏味，而是充满风趣幽默。在这里，课堂上学到的不仅仅是知识，更重要的是学会做人。我相信，在这里，我会更加快乐、积极地成长。

◆沙紫薇同学：

二十二中的老师们无论在学习上还是生活上都给予了我们无限的关怀与照顾。高一年级的四个宏志班学习氛围好，同学之间形成了良性竞争。老师上课时幽默风趣，认真仔细，不放过任何细节；课下，老师们又是我们的朋友，他们耐心地为我们解决问题与疑惑。

◆李墨研同学：

时间，给予我翅膀，二十二中，使我学会了飞翔。不是母亲，但教我"走路"，不是父亲，却给我保护。磨剑三年，有朝一日，华山论剑！

◆季蔚同学：

自从步入高中这个神圣的大殿堂，我"贪婪"吸收着高中的一切新鲜事物。住宿让我知道了什么叫"两耳不闻窗外事，一心只读圣贤书"；数学告诉了我，做事不能放弃，不能忽视细节；历史教诲了我"落后就要挨打"；物理让我看到了生活中充满了美……

◆朱梦婷同学：

二十二中是一个老师认真负责、同学和谐融洽的大家庭，这里有来自市里及三县的同学。在这里，我学会了团结他人，关爱他人，乐于助人，在这里的每一天我都很快乐、很开心。

◆赵陈磊同学：

在二十二中，我体验到痛并快乐着的生活，是它让我成长，是它让我成熟。这里是诗的海洋，这里是花的乐园。我们在这里耕耘，我们在这里收获。

◆毛文慧同学：

还记得一年前的夏天，我在志愿单上毫不犹豫地定下了二十二中，满满一页几乎都是它。时至今日，我想说我没有后悔过我的选择。这里认真负责、上课风趣幽默的老师都在证明着我的选择。

◆姜琴同学：

老师们的爱犹如春风化雨，滋润着每一位学生的心灵。在这里，李白的诗情画意陶冶了我们的情操，宿舍充实了我们的生活，宏志讲坛开阔了我们的视野。我们在知识的海洋快乐遨游。相信二十二中，迎接美好的未来。

◆陈波同学：

作为一所重点高中，二十二中校风严谨，在爱护我们的同时也不忘督促我们刻苦学习，培养我们的奋斗精神。在这个大集体中，我时时刻刻能感受到老师的关爱，同学的关心，带给我如家一般的温暖，我很爱这个集体，希望同它共同努力前行。

◆童孝亮同学：

老师们认真讲课、热爱工作。同学们相互关爱，相互帮助，求同存异，学习上你追我赶。每位同学都为着自己的梦想而努力，我相信每位同学都能在二十二中实现自己的梦想，能够继续自信地在自己的人生道路行进下去。

◆李祥婷同学：

美丽的校园，整洁的环境和我以前的中学截然不同。作为一名宏志生，我在这里享受着很多的政策帮助。老师都很负责，班主任十分幽默。每周一次的宏志讲坛，让我增加了更多的课外知识，了解在课本上学不到的东西，感受名师的教课方式。总之，在二十二中的一年，是收获的一年，是奋斗的一年。

◆邵文雅同学：

还清晰地记得自己刚开学的情景：一颗激动的心，一座美丽的校园，一群朝气蓬勃的人。如果有人问我："哪所学校最出色？"我会毫不犹豫地回答："当然是二十二中！"亲切的老师、可爱的同学，都给予了我无限的快乐与关怀。二十二中，不仅是教书育人的地方，也是温暖的家。

◆吴欢欢同学：

来到这所学校，一开始是有一些不适应，当老师耐心开导我时，我感到很亲切。老师一直教育我们自主学习，做个自律的人，大道理、小道理一有时间就说给我们听。老师上课教学幽默，下课与老师讨论问题更有趣。总之，在这里，我学得越来越开心了。

◆尹昌燕同学：

我在二十二中体验到了老师对学生的关爱，感受到同学们之间真挚的友谊，欣赏到优美的环境——随处可见的绿色会让心情失落的我找到些许安慰。每周一次的宏志讲坛更让我与名师拉近了距离，也因此让我扩展了知识面。总而言之，身为一名二十二中的学子，我很满足！

◆孙志华同学：

高一（14）班是一个团结活泼向上的班集体，班主任刘国庆老师为人温和，待学生如待自己的孩子一样，我们都很喜欢他。学习上，同学们互相帮助；生活上，大家互相关心，让我们来自三县的学生感受到了温暖。我是一名住宿生，住宿条件很优越，学校的管理也很严格。学习中，我们严格要求自己，生活中，我们服从学校的管理。我们正在为自己的明天而拼搏！

◆夏业凤同学：

在这段时间的学习里，我感受到同学们之间相处融洽的氛围，老师对我们的亲切关心。作为一名宏志生，学校无论在精神上还是物质上都给予了我很大的帮助，每周一次的宏志讲坛更开阔了我的视野，丰富了我的课外知识。在这个承载众多梦想的学校，只有不断地努力，才能化梦想为理想。

◆邹帅同学：

当我来到二十二中，这里的老师不仅教给我们知识，还像家长一样管教着我们，督促我们学习，在老师的帮助与我的努力下，我越来越融入学习的环境中了。

◆张莹同学：

怀揣着梦想，来到二十二中。在这儿，有爱我、关心我的老师，更有我爱的老师。他们给我鼓励，他们教会我在困境中要坚强地面对。面对这美丽的校园，我十分庆幸自己当初的选择。我想以后会有更多像我一样的人来到这儿实现自己的梦想。

◆汪芙蓉同学：

我们享受着宏志生的待遇，在明亮的教室里看老师用粉笔在黑板上滑过的美丽、宛如嘴角上扬的弧线。二十二中，一个散发着青春向上的气息、激励人心的地方！

◆尹彩霞同学：

学校每一位老师对我们都很关心。对于我们每一位学生，老师们都给予我们很高的期望！

◆陶明雨同学：

在这所学校生活了一年，我感受到了老师们的认真负责，同学们的友爱互助，还有学校力争上游的决心。

◆卫仁珍同学：

在这里，我们感受到了老师给予我们的温暖和用心，每一堂课我们都受益匪浅；在这里，我们体验到老师的耐心，解决我们的一个个问题。收获更多的是友谊，一种很亲近的感觉，不是姐妹胜似姐妹。

◆李道婷同学：

二十二中的老师和学生给我一种很浓厚的亲切感，在这个温馨的大家庭中，我生活得很开心，学习得很快乐，在以后的时间里我更会努力学习来回报二十二中。

◆汪显文同学：

我庆幸于当时的明智选择，二十二中用"以人为本，和谐发展"的理念教人，用"立志、勤奋、质朴、文明"的校训育人，用"以勤立校，从严治教，育人为本"的方略服人。

◆张婷婷同学：

很幸运，我们是第一批进入新校区学习的学生。二十二中的新校区环境优美，设备齐全。谢谢老师的关心，让我们在二十二中尽情地挥洒青春的汗水。

◆干桂玲同学：

我是幸运的，能够来到这所学校，老师的细致问候、关注，同学们的热情使我很快忘掉了离家的忧愁。最先进的教学设施，最优美的校园环境，最优秀的教师资源。二十二中处处充满魅力！

◆马洋同学：

老师的认真负责、校园的美丽都是我以前不敢想象的。在这里学习很快乐，激烈的竞争使我们一步步变强。我相信在这里的同学们，一定充满朝气，积极向上，让我们一起努力。

◆张良曦同学：

这里，迎接我的是美丽的校园、亲切的老师、热情的同学，一切就像在家里一样，一个充满爱的家。我想我的回忆会因二十二中而无缺，我的选择会因二十二中而无悔!

◆张厚敏同学:

环境优美的新校园,和蔼可亲的老师,团结友爱的同学,构建了和谐的二十二中。这里是每个人的舞台,才华都能得以展现,课余有丰富的实践活动,学习的同时还能放松!

◆陶曜同学:

在这一年里,我仿佛体会到了古人那种背井离乡求学的感觉。但是,我并不感到孤独,因为这里是我另一个家,在这里,我得到了更多的爱,我的老师、我的同学,以及社会对我的帮助,感谢二十二中,生命有你而精彩!

◆庆慧同学:

二十二中的老师每个都很认真负责,尽职尽心。他们不会歧视差生,不会放弃差生。选择了二十二中,我觉得很幸运,在这里我认识了许多好朋友,接触了许多优秀的老师,他们将我领上了人生的道路。

◆盛俊同学:

最初踏进学校,对周围的一切都充满了好奇和期待,同时还会有小小的不安。但这不安很快被同学、老师的热情打破。进入这里的人都有自己的理想,也有奋斗的目标,也都努力地一直向目标靠近。在充满未知的旅途中,我们拼命地挥洒汗水,努力地去实现理想。让我们青春的梦不再只是梦,让我们的生命中少一份遗憾,多一份喝彩。

◆胡敦筠同学:

在二十二中这一年经历了许多,这里是一个大家庭,我们相互学习,共同进步,团结一心,各位老师也积极帮助我们,虽然很累但也很快乐,我们将继续努力前行。

◆梅雨婷同学:

来到二十二中已经一年了。一年里,我学会了很多,也成长了很多。时间教会了我要沉心静气,要默默耕耘。高中的生活其实对于我们来说是丰富多彩的，有各项社会活动、学校文化周、运动会等，这让我们在学习生活中有了乐趣和放松。二十二中的老师都很敬业、尽责和关爱学生。我们有着一个很棒的班集体，虽然班上人数不多，但依旧在运动会上取得名次；虽然班上男女生人数差异大，但我们依旧和谐融洽地在一起学习。

◆王悦同学：

二十二中管理严格，给学生提供了优良的条件，教师教学严谨，师生关系融洽，同学关系友好。选择二十二中，我无悔！

◆潘永琦同学：

在来到二十二中时，当即被其所吸引，宏伟的教学楼，新建的操场，绿茵草坪和莘莘学子，尤其是这里雄厚的教学资源更是锦上添花，书香墨语沁人心脾。

◆杨帆同学：

作为住宿生的我们，一周才回家一次。在学校，老师给予我们的关爱就如同父母。还记得去年冬天，班里感冒的人特别多，郑老师为我们男女生宿舍各买一大袋板蓝根。她只是我们的化学老师，更何况她还需要照顾自己的孩子，能为我们做到这些，让我感动。

◆徐始同学：

在这里，我不仅结交了许多新朋友，也学习到许多新知识。同学们的热情友善，老师们的亲切关怀，更加增添了我学习的动力。在高一（14）班这个大家庭中，有来自不同学校、不同地区的同学，关爱和帮助时刻洋溢在日常行为中。我们每一天的生活都充满了欢歌笑语。

◆汪爱莲同学：

我们学校是翻转课堂实验学校，在教育技术方面是先行者，是创新者。老师们不仅在授业方面水平高超，教学态度更是认真负责，不放弃、不抛弃每一个努力的学生。

◆何雨婷同学：

在二十二中我感受到老师对我们的耐心和关心，体会到同学们之间的友善和热心。也许，我们在中考后为自己的失误而感到后悔，但在这里，我希望在老师的帮助下，我们会拥有一个不后悔的高考、崭新的明天和灿烂的未来。

◆赵鑫同学：

已经在二十二中学习一年了，收获了很多，得到了很多，不仅仅是知识，还有做人的道理。二十二中的新校区十分美丽，种上了许多植物，校园生机勃勃。才来一年我就已经爱上了美丽的校园，爱上了我的老师们。我们的班级就像一个家，温暖又有爱。班主任注重的是学生的品德，是我们的榜样。

◆周晨露同学：

由于各种原因，我还是主动选择了提前批次录取来到了二十二中。二十二中宏志班真的很优秀。班主任汪冰老师在生活上对我们处处关心，学习上对我们也是毫不放松，要求很严格。选择二十二中宏志班我不后悔。特别是宏志生，每周还有一次宏志讲坛，丰富我们的课外生活，拓宽我们的知识面，学校为我们想得很周到！

◆王玉蕾同学：

刚开始对二十二中并没有太多了解，但在这里生活了快一年，我发现无论是老师还是学生都十分认真。老师很负责任也很敬业，同学们开朗活泼，从不被困难打败。二十二中环境很好，有音乐室、舞蹈室等供学生们娱乐，此外还有文化周等活动。还有具有特色的翻转课堂，同学们认真预习，课堂上积极回答，互相竞争，形成良好的学习氛围。

◆杨钰同学：

说心里话，我一开始想选的并不是二十二中，但我还是选择了二十二中，而我也未后悔过。在这里，老师尽心尽力地教学，给予我们无限关爱，同学之间相亲相爱，互帮互助。在这里，我们一起学习，一起成长，一起奋斗，一起进步，体验着学习给我们带来的酸甜苦辣。或许，在某些情况下，有想过要放弃，但在老师的帮助鼓励下，我们一直都没有放弃。

◆吴敏同学：

在学校的这一年里，我认为学校老师都很认真负责，对学生不抛弃、不放弃。之前我犯了很多的错误，他们总是耐心教导我。学校的校园环境很美，食堂饭菜干净卫生，选择这里不会有错！

◆钱嘉琪同学：

住宿环境干净舒适，每个住宿的同学友好善良，大家都能和睦相处。老师上课认真，课堂很安静，学习效率很高。

◆王润元同学：

感谢二十二中给了我一个良好的学习环境，带给我许多深藏在心的温暖与感动。在这里学习快一年了，我并没有后悔选择这里。我想即使是三年甚至一生，我都不会后悔！希望在未来的两年中，能以自己微小的力量让二十二中变得更好、更优秀。

◆夏李宁同学：

二十二中的校园环境是我见过最美丽的，走在柏油马路上心旷神怡。夏天在绿树下坐一小会儿会感到一整天的疲惫都消失了。正门的池塘中小鱼在水中嬉戏，仿佛是受到我们快乐学习的感染。我只想说：二十二中，我们真的爱你，即使以后离开也一定会想念你的。

◆张庆庆同学：

来到二十二中，发现并没有以前那么轻松，不管是在纪律还是学习方面。纪律上对我们要求严格，学习更加抽象、难懂。老师不仅注重教学文化课，也教导我们如何做一个有道德修养的人。"抬起头来做人，低下头来学习"是我们班的班训。二十二中是一个美好、团结的集体，是我们青春最美好的年华追逐梦想的地方，也是许多人梦想实现的地方。二十二中像一个家一样，充满爱与幸福，为更多的同学实现自己的梦。

◆纵夏天同学：

进入二十二中以后被分在文科宏志班，这里有很多来自三县的同学。他们的成绩不一定都非常优秀，但他们对生活学习的态度足够积极向上，让我对自己也有了信心。后来我又加入了二十二中学生会。学生会给了我很多锻炼能力，展现自我的机会。

◆吴昊同学：

作为中考改革的第一届学生，在中考后的志愿填报时，所有考生都是迷茫、不确定的。我填报了二十二中的宏志班。当周围人听说是二十二中宏志班，都点头称赞。我很开心的是，开学一年了，在这里收获的远多于我的想象：优美的新校区、负责的保安人员、上课幽默认真的老师、热心友爱的同学、充满竞争又温馨友爱的学习氛围、不定期开展的各式校内外活动，丰富了我的生活。

◆束楠同学：

二十二中像一个大家庭，学生相互关心、相互激励，形成和谐融洽的关系。老师们就像对待自己的孩子一样，呕心沥血、一丝不苟地传授我们知识，并教会我们如何做人。这里有严厉但值得尊敬的张老师，这里有心软的老俞，这里有教我们如何做人的"奥期卡"，这里有幽默风趣的"曹爷爷"。人生的每一次选择都会带来不同的惊喜，我不会后悔，因为这是我的选择，我自己的人生。

◆李心慧同学：

作为这一届的高一新生我们很荣幸参与了"翻转课堂"，体验了信息时代下新的学习方法。这个活动提高了我们参与课堂的积极性，有助于我们养成课前预习、课后复习、主动提问的习惯，一举多得。

◆朱宏宇同学：

在这一年的学习生活中，我感觉一开始我选择这所学校是十分正确的。这里有十分优秀的教学资源，良好的学习氛围。来二十二中是十分正确的，并没有让我失望。

◆谭静同学：

当我第一次进入二十二中时，觉得环境很好，学习氛围也很好。在快一年的学习中，发现这里并不让人失望。老师们很关心我们这个集体。由于是住宿班，班主任时常提醒我们注意身体，告诉我们怎样去适应住宿生活。宿管老师很好，每天晚上都会查房，她也会时不时提醒我们注意休息，我们觉得很温暖。

◆郑萌同学：

四季轮回，不断更迭，我们在不知不觉中成长，经历过充满梦想与希望的春，经历过包含坚持与勇气的夏，经历过蕴含挫折与失败的秋，经历过含有努力与奋斗的冬，相信总有属于我们的季节。是二十二中给予我们实现梦想的机会，我会珍惜在这里的每一天。

◆张单单同学：

我们有幸成为师生、成为同学、成为朋友，我们有缘来相逢。二十二中如同我们避风的港湾，为我们遮风挡雨；又如同永远敞开大门的家，不管我们离开多久，都等待着我们的再次归来。我们有幸成为一家人，我们患难与共，携手前进！

◆史倩同学：

最开始对二十二中的印象就是觉得它很偏远，但是当我们渐渐熟悉这里的环境，我们都爱上了这里。校区很新也很大，这是它的优点之一。同时它也有很好的老师，每个老师都有自己独特的教学方法，在下课时也不停歇地为我们解决疑惑，直到我们明白。这种不惜把自己的时间拿来给我们辅导的精神让人敬佩。高一已经快要接近尾声，我们也渐渐融入这个大家庭，将来我们会在二十二中绽放自己的光彩。

◆何绍玉同学：

步入高中，是我初三那年一直在为之努力的目标。进入二十二中，很幸运在新校区开始高中生活。进入高中后，认识了很多新朋友，学会了与同学们认真对待学习、珍惜学习时间，积极乐观地向上地成长着。我相信，在这里我会更加快乐、积极地成长。

◆王君钰同学：

师生关系融洽，欢乐的学习氛围中又有着激烈的竞争。如果有疑难问题，老师办公室的大门永远为你打开。同学之间相互关爱，互帮互助。在学习中，也有过挫折、迷茫和错误，但在老师的引导下，我还是找到了正确的方向。感谢二十二中，让我成长！

◆童孝亮同学：

来到二十二中这个大家庭已有一年了。在这里，我感受到了许多温暖。老师们认真讲课、热爱工作。同学们相互关爱，相互帮助，求同存异，学习上你追我赶。每位同学都为着自己的梦想而努力，我相信每位同学都能在二十二中实现自己的梦想，能够继续自信地在自己的人生道路行进下去。

◆常叶敏同学：

虽然我的中考成绩不令人满意，但是二十二中并没有让我放弃。它总像父亲一样，在背后不断鼓励我，给予我最大的信心。在遇到挫折时，它总是和我沟通，帮我找到最佳的解决方式；在遇到学习上的困难时，它总是耐心地教导我，让我不要退缩。

◆魏文倩同学：

来到二十二中的校园，第一印象就是这里很干净、很安静，是一个学习的好地方。初来乍到，接触到新的老师，他们就像父母一样体贴，无微不至地给我们关怀和爱，我不仅崇敬老师，更喜爱他们。他们给予我们知识，以最好的方式让我们的知识得以消化。

◆季京京同学：

我毕业于一个小镇上的普通初中，毕业后本可以选择离家近一点的乡县高中上学，但是最终我还是填了二十二中，原因有两条：作为三县的学生，我们应开阔视野，不应该局限于小县；虽然离家远只能住宿，但我觉得住宿可以锻炼自己，为以后的独立生活打好基础。

◆郭含春同学：

踏入学校前，我迷茫；进入学校后，我坚定；踏入学校前，我踌躇；进入学校后，我立志。七中给了我力量，二十二中给了我方向。同学们互帮互助，老师们耐心教导，孜孜不倦。这里是我们的母校，这里就是我的家！

【毕业生】

◆王静：

坐在舒适的图书馆里，桌上堆着厚厚一摞的资料，看累了就顺势抬头，顺着透明的窗玻璃向外看去，满眼师苑风光尽收眼底，美不胜收。

还记得两年前的那个夏天，当看到自己名字前的那几个大字在喜报上是那样夺目时，心里有抑制不住的喜悦，不仅是为自己理想实现而高兴，更重要的是为自己没有辜负几年来许许多多人的关怀、期待而高兴。

从踏入宏志班的那一刻开始，我们这群幸运儿就生活在了一个充满爱、充满人间真情的环境里。我们的家庭面临着许许多多的问题，尽管我们学习成绩优异，可是我们却面临失学的可能。然而我们是幸运的，社会各界的好心人及时向我们伸出了援助之手，让我们可以安心地学习。

三年的高中生活，因为在宏志班里，我们省去了很多的烦恼，把精力都集中到学习上。我们明白，我们承载着许多人的期望，只有实际的成绩，才能够报答大家给予我们的爱和关怀，才能将这份温暖继续传承下去。我们始终怀着一颗感恩的心，始终自豪地告诉别人："我是宏志生！"这句话包含了我们所有的感激，所有的真情，以及所有的对未来的期许。

做一名人民教师，这就是我的理想，我充满光明的未来，而为了能够培养出更多优秀的人才，首先自己必须具备优秀的专业素养和广博的知识，所以我坚决选定全国师范院校中首屈一指的名校华东师范大学。在这片让我放飞梦想的土地上，每一天都是一个新的开始。现在，我已经扬起了我人生的风帆，向着我的目标前进……

时间过得真快啊，一转眼的工夫就大二了，回想过去的一年，有太多值得体味，觉得最大的变化就是人变得成熟了，适应能力增强了。

◆何宇飞：

近来想写一篇回忆母校的文字，才发觉我离开母校十五年了，离开宏志班则有十七年了。

"十七年"是一个很能引人做些文艺思考的字眼，它可以是《红灯记》里李奶奶的"风雨狂怕谈以往"，也可以是从一个高潮到另一个高潮期间的文学群像。但既然是文艺，总不难让我想起从毛主席诗词开始的文学启蒙，想起这些年来教授我汉语言的诸位先生，想起晓平老师——她是我的语文老师，更是我的人生导师。

我首先想到她对我诗歌创作的教诲。尽管我的古汉语底子很薄，读两汉六朝骈赋实在吃力，但我那时总要摆出"厚古薄今"的架子——总以为讲平仄的近体诗好，像劈竹节般"犬牙参差"的现代诗不好，而我一时兴起的那些古体诗文，后来无一不被燕园诸先生批得体无完肤。晓平老师自然看出了这一点，她一面觉得我是个"好古文，行古道"的好后生，一面又教导我现代诗虽脱了格律的约束和用典的习气，但原本引而不发的那些情感、风骨，却刹那间迸发出来，能驾驭得当，娓娓道来，方才见诗人功底。

"驾驭得当，娓娓道来"，这八个字实有分量，待我悟出一二要义，也是多年以后了；换言之，从那时起不知写出多少"无病呻吟"乃至"不知所云"的东西。我看范成大《霜天晓角·梅》不错，又不甘心直引，总觉"颠词倒句"式的化用更妙，于是《红土地的呼唤》就留了"晓角霜天"这个硬伤；我看秦观《满庭芳·山抹微云》甚佳，但我断无静安先生《人间词话》的功力，断品不出"天连衰草"的"高阁意境"，便以为"寒鸦数点，流水绕孤村"可写尽天下一切村落，后来写《青弋江上》《游石桥记》，总有这种"卷不去，拂还来"的痼疾，着实很坏。许多年来，我每每写作，无论山川草木，抑或历史人生，总能想到晓平老师对我的教导，总要把"娓娓道来"作为我作文的第一指南；我想，如果老师看到了我近几年来的一些文章，总会有些许欣慰吧！

由这诗歌的"今古之辨"，我想到那间五楼楼梯口，每每让我费些力气才能进入的教室了，也想到晓平老师的语文课了。我能记起"中流击水，浪遏飞舟"的雄心与"一个民族已经起来"的呐喊，这些意气风发、志气恢宏的句子化作旗帜与号角，指引我后来许多年的人生道路。这间现在看来略显拥挤的教室，恰是我确立理想、历练品性、全面发展的起点，也恰是我青春荣曜、民族光华、天地情怀的起点。从十七年后回望当年，我用青春的金线和幸福的璎珞，编织起所有的日子，献给我爱戴的师长和这个朝气蓬勃、前途远大的班集体。

我其次想到她对我领导力的培养。我进入班委，是从宏志班开始的。一如晓平老师所言：班干部既是服务者，也是管理者，要充分发挥自身的主观能动性。我很愿意为集体多做些事情，但我并不明白服务与管理的平衡点在哪，也不明白这个"能动性"应如何发挥——好像我完成了"上传下达"，就算尽职履责了；但我终究是想做管理者的，我想更有智慧地开展工作，一如我的蒙名"额尔德木图"那样。

智慧总是先要躬行，而后体悟的。躬行就是踏实、勤恳地做，我和其他班委成员利用课余时间做调查、写报告、开主题班会、搞文娱活动；体悟就是深入、有重点地谈，这不难让我想到晓平老师创设的"课前分"环节——每节语文课前的五分钟，找一两位同学上讲台谈对学习、活动、班级建设的看法，如果能提出相应建议或主张则更好。这个环节很受大家欢迎，每位上台的同学都会用心准备，很有学术发言的意味。我那时好钻研文字，正巧语文课正讨论"古人忠义"，便选了"义"字。我在台上说：

"义"的本义是"我的羊"。把羊高高举过头顶，古人看这是宣示财产与权力，进而体现威仪；而我看则是怎样处置这只羊——是做成菜，是当作供品，还是做种下小羊。做成菜能饱口腹之欲，但只图一时；当作供品是为了祈求神灵，当时看也是为了部落的利益，但还是短浅了些；壮大种群，让更多人有更多肉吃，进而有更强的气力和更聪明的头脑，这才是长远考量。古人造字只描述了一个场景，路向哪里去，还是靠我们自己摸索。

这番话很能"俘获人心"，自然也得到了晓平老师的赞赏。她说我能看到个人与集体、"小我"与"大我"的关系，很是不错。她又启发我说："'壮大种群'，让更多人参与，这就有了管理；'让更多人有更多肉吃'，这个朴素的想法实际包含了组织。当你问我'怎样做管理者'这个问题时，我以为与其用道理阐释，不如从你的这个例子出发，因为这已经是"很好的管理"了，换言之，这就是古人所谓的'善治'。"

"管理即组织与协调"，这断然不是学理的定义，但它却深刻地影响了我对管理的认识。从那时起我意识到，"协同各方，审慎用权"，愈是难以做到，愈是凸显管理者的智慧。其后数年，从钢城到宜城再到京城，我有幸仍参与班委工作，并牢牢记住了这八个字。

最使我不能忘却的，当然是她为宏志班集体的付出。我没有问过她的籍贯或常住地，但从她爽朗的笑声、果断的行事、坚毅的性格看，她大概率是北方人，或者可能"南人北相"。我们这个班级历来藏龙卧虎，而"精兵"总是需要"强将"的，晓平老师作为掌舵人，自然是不二人选。尽管我在这个集体里只生活了一年，但忆起晓平老师为我修改《航天精神颂》三句半稿，指导《红土地的呼唤》的朗诵，牵头制定《值周班长制度》，不得不感叹她在语文教学上是"行家里手"，在班级建设上是"一把好手"，总言之是"红旗手""多面手"，她对工作的一腔热忱、对教学的孜孜以求是这个班集体的永不退却的底色。

离开宏志班后的第十个年头，我也成为了一名教师，无论我有怎样的头衔，也无论我从事哪一学段的教学，我愈发体会到晓平老师，以及和她一样奋战在教学及管理一线的各位老师的辛勤与不易。想必晓平老师应已退休，宏志班也在历届"接棒人"的不懈努力下有大进步、大发展。祝老师心安体泰，阖家幸福；祝这个传统优良、人才济济的班集体鹏程万里，筑梦神州！

◆濮雄：

晃眼间，我们结束了高中三年的生活，又是转眼间，大学生活已经过去两年了。在这两年里，每每回想起高中生活那段时光，不禁感慨万千。

虽然高中的学习比较紧张，学习压力比较大，但我们却生活得很充实。作为一名宏志生，我有着明确的生活和学习目标，清楚自己该走的路。然而同学之间并没有因为繁重的学习压力而忽视了和其他人的交往，大家都相处得很愉快、很融洽，并由此结下了异常珍贵的宏志友谊。即使时间流逝，我想，这些美好的记忆也不会被我们所淡忘。

大学的生活远没有高中学习的繁忙和紧张，学习压力在我们身上根本体现不出来，我们有了更多的可自由支配的时间，我们的理想也有了广阔的驰骋的空间。大学给我们提供了丰富的资源，我们尽可以来发展自己的兴趣和爱好，但同时也容易让人迷失在这座象牙塔里，很多人在大学四年的生活中都没有一个明确的学习目标，不知道自己将来到底要做些什么，能做些什么。曾经以为大学的学习不过是为了找工作，一度经历被动式的在学习，现在想想似乎不是那么回事，毕竟能考上大学对于我这样的宏志生来说不是件容易的事，我不应该就这么浑浑噩噩地浪费四年光阴。每当我困惑时，总是能想起高中宏志班的日子，想起自己曾经的迷茫和清醒，想起自己的理想和志向。所以我坚定地选择了考研这条路，可能这条路不好走，但我想走这条路，让自己不负青春和年华，至少这是我自己的意愿，我的大学光阴不会就此白白流逝。考研的路是艰难的，每天都得付出比别人多几倍的努力，但我相信我一定能走下来，我可是一名宏志生呢。

现在，在大学里，每次上课看着老师在讲台上侃侃而谈，我就会想起高中时上课的光景，想起我们的那些老师，想起政治老师的打趣，想起地理老师的严谨，想起语文老师的一本正经和数学老师的不修边幅……这些都是我记忆中最珍贵的东西，好想再坐回高中的课堂，再听他们讲一次课，对于他们来说，我永远是他们的学生，这是永远不会改变的，而学校和老师给我带来的一切，将永远影响着我，让我的未来充满希望与阳光。

◆韦艳：

离开母校已经两年多了。时间过得真的很快。假期，受校长的邀请，我们宏志生有幸聚在了一起。面对曾经的同学，回忆着曾经的点点滴滴，虽然时间短暂，但感觉是温馨的、幸福的。我们就像是久别的亲人，絮叨着家常。

想说的太多了，真不知道该从何说起。就谈谈我的恩师吧。

班主任姓刘，教历史。因为其他课程老师也有姓刘的，所以有一次大家无意中说到要区别一下，于是就把他称为"史刘"。哈哈，听起来总觉得怪怪的，有不尊重师长的嫌疑。没关系，我们都是在他背后说的。也许是因为当班主任的缘故，他经常苦口婆心地教导我们，虽然有时会觉得反感，但我们心里明白，他是为我们好。老师的性子很随和，在我的记忆中，他很少发脾气，即使有，也是因为我们做得太过分了。他经常会语重心长地说："同学们啊……"老师很关心我们。就拿我来说吧，记得有一次，我在日记里提到父母身体很差，结果他拎着礼品就跑来了。当他站在我家门口时，我都蒙了，天哪，居然有这么热情的老师。有段时间，我接连生病，最后还感染了水痘，不得不在家静养。老师又跑来看我，当时，我吓得都说："老师，离我远点，这病传染。"还有一次，因为接连的模拟考失利，心灰意冷的我想要放弃，老师知道后，和我谈了整整一下午。虽然最后重新振作，但高考还是考砸了，所以到现在都没去拜访过老师，总觉得没脸见他。

政治课的老师也姓刘，被我们称为"政刘"。虽然她是个30多岁的人，但言谈举止却像个孩子。和她在一起，我们可以肆无忌惮地说任何话，开任何玩笑。在我们的意识里，她不是老师，而是朋友，是心理年龄与我们同岁的哥儿们。

语文老师也姓刘，他的思想特别开放。他经常会和我们高谈阔论，谈教育、谈社会、谈人生。他经常会说："做老师，尤其是语文老师，不仅要教会学生知识，更要教会他们如何做人。"他特别有思想，也很有魄力，他的教学方式丰富多样。有的时候，还会让我们收集散文和诗歌，然后再把它们组编成册。至今为止，我还保留着当年的散文集和诗集。虽然手工很粗糙，但那是我们自己的心血。

英语杨老师是个沉默的人，平时除了上课，他很少说其他课外的话题。但这并不代表他不关心我们。通过和他的几次谈话我才发现，其实他对我们每个人都了如指掌。真是个深藏不露的高手。

地理任老师是个工作狂，用这个词来形容她一点都不过分。她是高三才带我们的。记得那时只要我们一有时间，她就立马把它抢过来给我们上地理课。很多时候，我们都不得不惊叹："好厉害的体力和嗓子啊！"

数学蒋老师是我见过的最大大咧咧的老师。除了研究数学时，他做事不拘小节。他还有很多经典名言，曾经，我们还特地将他的话记录下来，命名为"蒋老师语录"。现在回想起他说的那些话，还是忍俊不禁。

说这么多，只是想告诉宏志班的学弟、学妹们：要庆幸自己可以待在这所学校，因为二十二中是一所人文气息很浓的学校，它会让你们有施展自己的空间；要相信现在正在教你们的老师，因为他们都是一群爱岗敬业、无私奉献的好老师；要相信自己，不要因为自己的家庭贫困就感到自卑，不要因为接受别人的资助就感到羞耻。因为现在的一切都是暂时的，只有将现在的一切化为动力，努力学习，将来才会有回报的机会。

或许，你们会认为我说得夸张了。但到了将来，当你们走进大学，走进社会时，你们就会感受到高中生活是多么美好，感受到拥有那群老师、同学是多么幸福！

最后，祝愿学弟、学妹们生活快乐，祝愿老师们身体健康，祝愿学校越办越辉煌！

◆高世艳：

2020年，这是个读起来、听起来非常浪漫的年份，却在刚刚开始就让我们措手不及。一场新冠肺炎的入侵，让全世界都陷入了抗疫之中。看着电视上播出的新闻，无数白衣天使、人民警察、百姓志愿者都奋战在一线的主战场，他们英勇无畏的身影，深深地感动了我。于是我想，像我这样的18岁高中生能为这场战疫做些什么？引发了我内心深深的思考。

今年2月，因为疫情的影响，学校宣布延期开学，小区实行封闭管理，我们就一直居家学习。一次和妈妈下楼活动的偶然瞬间，我在楼梯道的墙壁上看到了招聘社区志愿者的信息。当时我想，我要是能够成为一名社区志愿者，为这次特殊时期的战斗奉献自己的一份力量,那是一件多么意义非凡的事情。于是在妈妈不注意的瞬间,我用手机拍下了宣传页最底部的联系电话。一回到家,关上房门,我就拿起手机拨通了这个电话。

对面传来的是一位阿姨的声音,我告诉她我想报名当志愿者,于是她开始询问我的住址和信息。当初我记得,我说我是一名学生,没想到对面的声音问我,是不是大学生。当时我心里就想,肯定是我这个高中生年龄太小,不符合他们的条件。于是我停顿了一下,"小聪明"地回答道:我是一名大学生,已经大二了。我小心翼翼又无比坚定地把这件事告诉了妈妈。妈妈一开始不同意,认为那太危险了。我软磨硬泡用尽了各种办法,最终说服了妈妈。那一刻,我发现妈妈看我的眼光变了,充满着鼓励和欣赏,还带着一点自豪。说实话,之前妈妈从没有用那种眼光看过我,一瞬间我觉得我做的决定无比正确,小小的我用青春的力量第一次肩负起了大人都觉得困难的责任。

就这样,第二天就有人来上门登记我的信息,我也穿上了红马甲,拿上了体温枪,在我分管的小区门口站起了岗。因为我的年龄小,社区一般不会给我排夜班。只有一天晚上,组织实在无法调配人员,我被临时安排了一次夜班。

2月的下半夜气温非常寒冷,我在临时搭建的帐篷里和另外一名志愿者阿姨一起,围着一台很小的取暖器值夜班,冻得手脚冰凉直打哆嗦。半夜只要有人来,就要走出帐篷核验他们的出入证,给他们量体温,一整夜没有合眼。第二天终于盼到了换班的人来,疲惫不堪的我随口问了阿姨一句:"阿姨,您累吗?"没想到阿姨回答的三个字,是那么让我出乎意料,她说:"习惯了。"一时间,我心里仿佛有无数的话要说,但无论先说出哪一个字都不能表达我的思绪。我难以想象,2月的下半夜,武汉的那些医务工作者是什么样的?那些坚守在一线的警察是什么样的?那些身处武汉,为了武汉付出的人又是什么样的?

就这样,一直到了3月份,由于上网课,我退出了志愿者的工作,开始了我的学习之旅。直到这个时候,我才和他们摊牌,其实我才上高二,是一名十七岁的高中生。当时所有人都惊讶了,有的人疑问:孩子你怎么这么傻呢?

你太小了，这份工作充满着危险……

现在国内的疫情趋于稳定，本土确诊病例零增长。回顾那段最严峻的日子，我这样一名普普通通的高中生，也为抗疫贡献出了自己的力量。李文清、刘亚琴、罗雪……在武汉有太多太多和我一样的00后、95后在为了这场战斗赴汤蹈火。我们是青春的力量，在中华民族母亲受伤之际，必将奉献自己的血肉，去缝合祖国母亲的伤口。青春的力量，会有信心让中华民族永远屹立在世界之林！

◆张芷琦：

人间忽晚，山河已秋。

走在秋风萧瑟的大学校园里，看着落叶成批量地从枝头飘落，看着路人不自觉裹紧的衣裳，我忽然想起了高考前怎么都难以记住的诗句："秋风萧瑟天气凉，草木摇落露为霜。"我又想起了郁达夫在《故都的秋》中的感慨："可是啊，北国的秋，却特别地来得清，来得静，来得悲凉。我的不远千里，要从杭州赶上青岛，更要从青岛赶上北平来的理由，也不过想饱尝一尝这'秋'，这故都的秋味。"当时读着这样的句子，就觉得好美，觉得郁达夫好率性、好浪漫。至于深层的情感分量，我却知之甚少。直到我真的来到了北国，置身于北国的秋中，我才真正感受到北国秋风的凌厉，哀叹北国草木摇落的肃杀，更是悲鸣郁达夫那浸透肺腑的悲凉。原来，赏鉴优美的文辞，不仅需要丰富的想象，更少不了丰厚生活的沉淀。感谢地处北国的我的大学，她不仅收藏了我的梦想，还沉淀了我的过往，让我的生命在不断回味中不断丰盈。正如当年郁达夫痴情于北国之秋一样，此时的我也禁不住地怀想起我那"秋尽江南草未凋"的小马城，怀想起那不知季节变换，只有青春不散场的我的母校。小马，母校，你们都还好吗？

犹记得刚进入二十二中宏志班的日子，第一次班会课就接受了宏志精神的洗礼："特别有礼貌，特别守纪律；特别能吃苦，特别能忍耐；特别有志气，特别有作为。"对于一向顽劣的我，当时听了这些要求，总有一种想笑的冲动，但不久我就"受挫"了。首先是宏志班的学习氛围是我始料不及的，在我不想学习只想找乐子的时候，我几乎找不到队友，无论课上还是课下，大家要么一起低头要么一起抬头，没有人迎接我的目光，也没有人接我的话茬儿。几度试探极度孤独之后，我不得不矫正自己，主动融入这个爱学习的大家庭。其次，是老师的教学和管理，让原本掉以轻心的我不断被改造，上课不敢再走神，课后不敢糊弄作业，手机游戏硬生生被从惯性生活中剥离，就连晚自习都不敢稍有懈怠，因为老师的教学和管理有板有眼，张弛有度，我稍一疏忽就找不到节奏。特别是从二十二中毕业，我又到别处去补习了一年，才感受到二十二中宏志班的老师真的很强大。老师们的博学、严谨、睿智及对教育的赤诚，都让我"曾经沧海难为水"。我无数次地痛悔，因为自己的年少轻狂，而错失了在宏志班应有的成长。好在我及时醒悟及时止损，知道了人生必须高目标，求上进，严律己，苦奋斗。这大概就是二十二中宏志精神留给我永远的精神财富吧！

"一年一度秋风劲，不似春光，胜似春光，寥廓江天万里霜。"吟诵着毛泽东的诗词，欣赏着窗外的秋景，看到墙外马路上穿着校服的高中生，我的思绪也回到了我的高中校园。还记得当年的校运动会吗？我们宏志班一群半大的孩子，奔跑在操场各处，像四溅的水花，自由而欢乐。尽管我们班没有骄人的体育成绩，但是我们有全校公认的体育精神：我们参与度最高，我们呐喊声最响；我们的互助最默契，我们的笑容最灿烂……整个运动会，我们没有稳居榜首的成绩，但我们收获了满满的快乐和情谊。

还记得高一、高二学年的秋季研学吗？一长溜的大巴车载着我们整个年级的同学，到过苏州，到过上海。啊，那种壮观呀，想想都激动。其实到哪儿并不重要，重要的是跟谁在一起有怎样的过程。当年烟雨朦胧的寒山寺和车水马龙的上海街道，都成了我们漫游奔跑的美妙背景。我们的青春曾在那里定格，我们的梦想也从那里延伸。今后无论我们走到哪里，曾经研学的经历，都是我们抹不去的记忆。

还记得我们的晚自习吗？尽管老师在讲台上激情澎湃，但我们在下面也会有暗流涌动。我们会暂时脱轨，我们会传看小说，我们会传递小纸条，我们还会因为不起眼的小插曲而乐不可支……最难忘的是高三的晚自习后，因为压力和疲惫，我们三五个好友，会到学校的小池塘边静坐，黑暗中我们什么也看不见听不见，我们只会彼此挤紧身体，静听着彼此的心跳，然后彼此攥紧拳头。这大概就是友情的力量吧。因为友情，艰难岁月里，我们才能咬牙坚持。

还有高三那属于我一个人的青涩爱情。也许是高强度的学习压力，让我想突围，我总想找一点学习之外的东西，来调节整日紧绷的神经。某一天，一位帅气的异性就闯入了我的眼帘，进而闯入了我的内心。从此，我多了一份牵挂。有意无意、有事无事我都会追随那个身影，就想知道他在干什么，有时甚至只为了看他一眼，我会找借口爬上四层楼。而对方自始至终都不知道，在他不远处有一双热辣辣的眼睛在注视着他。就是这种单方面的牵挂，支撑我刷完了一套又一套模拟卷，熬过了一场又一场模拟考试。现在我已考上大学，那个当年我心仪的男孩，你在哪里？其实这也不重要。重要的是我在二十二中宏志班的青春，又多了一个特殊的符号。

人间忽晚，江河已秋。岁月的轮回有序又有节奏。但人生没有轮回，在单程行进的人生路上，如果我能铭记并践行宏志精神，那我的人生不管在哪一季，都会有不错的风景，我确信。

◆王文倩：

马鞍山第二十二中学开展"宏志教育特色办学"已20年整，学校坚持"用奉献担当使命，用温暖托举人生"，作为它的受益者，我感受颇深，让我们共同回顾学校不平凡的教育，感悟初心与使命、荣光与伟大。

"宏志教育"是我国新世纪教育改革与发展的一个创新典范，二十二中积极跟进时代脚步，努力创新。北京宏志中学是全国第一所专门招收家境贫困、品学兼优学生的最大公益性学校，是宏志教育的领头羊。二十二中始终向其看齐，学校团结学生家长，共同帮助学生成长成人成才。

"特色办学"是指人无我有、人有我优、人优我精。二十二中的宏志教育有着自己的风格，我感触最深的便是"爱的教育"，教育管理者若没了爱，犹如植物缺少阳光，便会慢慢枯萎，直至死亡，教育管理者和老师对教育的忠诚和热爱是"爱的教育"最基本表现。老师与学生之间也充满了爱，任玲老师是我们高三（12）班的地理老师，虽然我们只短短相处了一年，但却足够让我回忆一生，比起师生关系，我们更像是朋友。她会每天元气满满地来给我们上课，高三很累，但在她的课上那疲惫的外壳好像会自动退去，她的课更像是一场沉浸式的旅行。

二十二中把"德"放在首位，坚持立德树人，为国育才，一所学校的发展与成就，离不开每一位宏志生与老师的努力，高中三年，学校组织了不少关于"德"方面的活动，比如文化周中"德"印章的收集、红歌比赛等，让我们在学习的同时也拥有了良好的品质，时刻践行"立志、勤奋、质朴、文明"的校训。

时间总是过得很快，转眼三年多过去了，仿佛昨日才踏入学校，现在我已成为大学生 60 多天。作为一名曾经的宏志班的学生，我始终记得在刚开始听到这三个字时还不明白是什么意思，百度搜索得知北京宏志中学 2010 届宏志毕业生李傲轩的故事，他是中科院区块链与边缘计算实验室的一名密码学研究人员，在校时参加北京市翱翔计划而与密码学结缘，又通过宏志中学与高校展开的合作项目，进入澳门理工学院就读。在美国洛杉矶加州大学攻读完研究生后，回国加入中科院区块链与边缘计算实验室。直至现在我还牢记他的故事，始终激励着我，鼓舞着我，即使我不能如他一般进入中科大或者到国外读研，但可以在现在的程度上进一步，再进一步，慢一点也没关系。

我是宏志教育特色办学的受益者，也希望未来有更多的同学能得到它的帮助，将来成才立业、服务社会、报效祖国。祝母校越来越好！

◆李成睿：

进入大学一个多月了，回想起高中时光，忆起一些场景、一些人和事，突然无比怀念，以此拙作记之。

　　对于我自己的三年来说，我想回忆高三这一年。没有人不怀念高三，但很少有人想回到高三。高一、高二的课业压力较小，过得非常轻松愉快，在高二下学期我拿到了年级第一的名次，这极大增强了我的自信心。到了高三的时候，已经逐渐演化为自满，高三初期的考试结果让我猛然醒悟，我感受到自己知识的浅薄，有的同学在暑假悄悄实现超越，我想要再去追赶已是望尘莫及。9月末到12月初那段时间尤其煎熬，本身我上课就经常走神，难以集中注意力听课，下课时有时去向老师寻求解答时受到各种阻碍，那个寒冬使我感到非常燥热（体质原因，封闭环境非常干燥），一次又一次考试过去，名次却又止步不前，我感受到无尽的迷茫。到了12月份的一次考试，成绩终于有了起色，而在之后的一模中更进一步，跃进到年级第十左右，我终于松了一口气。到了高三下学期，逐渐感受到高考的临近，计划永远都赶不上变化，任何时间都面临着许多事情要去完成，周日的大半天时间也在补习班之间不断奔波。到了二模的时候，名次依然在第十左右，但是当我了解到二中有的学生总分最高能达到近七百分，我又一次陷入迷茫和思考，毕竟高考是全国考生的竞技。班主任石老师说："不要一边干一边怀疑自己，要不断努力向前。"这使我明确了目标，但是随后的三模我的排名却又下降了一些。直到最后一模的成绩排到了第八。考试通常是一次成绩好，下一次成绩就会差，这就像是一个规律，我不禁问自己："高考会怎样？"在最后这半年，在上学路上，在食堂里，在晚自习课堂上，在去老师办公室的路上，在深夜书桌前，在去图书馆的路上，我常常会问自己："你的未来会怎样？"我当时无法回答这个问题，只是有时会做白日梦，会想象高考之后的狂欢，我的思绪回归，又重新面对现实。我三次模考成绩均未达到一本线，高考实是非常幸运。

　　讲述了我自己的学习生活，就不得不提到与我们朝夕相处的老师们。二十二中的老师们普遍出身名校，教学尽心尽责。在这三年间我认识了许多老师，他们都非常和蔼可亲，而给我留下印象最深刻的是谢霖菁老师，在高一第一学期我曾经做过她的学生，而在高一、高二两年我有时会去找她询问题目的解法，并不是说别的老师的解答水平差，只是有的老师对于基础知识的讲解速度较快，而谢老师的解答对于我来说更容易听懂和理解，更加适合。只是当时不懂事，很多时候在老师忙的时候去问，老师都会详细地进行解答，一丝不苟地演算和推导，让我能够在准备学考和高考的过程中更加轻松。非常感谢二十二中我所遇到的每一位老师，他们都是教学水平极高的老师，我很荣幸成为二十二中的学生，很荣幸成为他们的学生，只是一一写下来过于冗长，便不在此进行表达。

在临近毕业时，学校在门岗花费巨资设置了测温系统和金属探测装置，也许很多学生认为学校的决策并不明智，但大门上的字做了解释——"成功之门"，学校对我们给予了厚望。学校旁边有个工地，有时施工会发出刺耳的噪声，学校采取措施努力去营造一个安静的学习环境，实在是付出了巨大的努力。在校园里还有日复一日清扫校园的清洁工，看守学校大门的保安，静坐于校医室里的校医，恪守职责的宿舍管理团队，这些人都给我留下了深刻的印象。鲁迅先生说过："无穷的远方，无数的人们，都和我有关。"学校作为一个小型的社会，与每一个人都密切关联，是一个整体，与每个个体都密不可分，正如勒庞在《乌合之众》一书中所说，"对历史而言，个人命运可能隐藏在很小的一个小数点里，但对个人而言，却是百分之一百的人生"。

洒洒千言，简单地回忆了我在二十二中的一切美好。也许每个人都有自我觉悟的时刻，或早或晚，船到桥头自然直，德国名将古德里安说过："我们唯一要做的就是前进，前进，再前进。"球形世界，前进才是唯一。

◆吴昌悦：

白驹过隙，时光荏苒，转眼间我已经从马鞍山市第二十二中学宏志班毕业快四年了，回忆起校园的红墙白瓦、一草一木，无数画面历历在目。我记得朴素的校门，大门内书本状的雕塑，池塘里游动的鲤鱼……印象中的高中校园就像一位慈祥的母亲，她好像永远包容，永远慈爱，永远屹立在那里，等着我们时常回去看看。

印象中，宏志班的老师们始终勤勤恳恳地教导我们，将最大的精力和心血都花在了我们身上，学校也竭尽所能给予了宏志班更多的机会和资源，每一年的宏志班是学校的希望，更是整个年级的榜样。数千名宏志学子从这里走出，带走的除了优秀的品格、深厚的知识，更将"立志、勤奋、质朴、文明"的校训，"六个特别"的宏志精神装在心中。

现今，宏志班已经二十岁了，也许还不出名，也许并不出色，但它总是用自己的方式努力着，奋斗着，为每一名学生、每一位老师谱写着一段绚丽的生命乐章！办学二十年，宏志班正处于朝气蓬勃的青年期，因为年轻，我们还有许多需要努力和改善的地方；因为年轻，我们更有激情创造辉煌；因为年轻，我们敢于创新、追求遥远的梦想；因为年轻，才充满着无限的希望。

二十年，在历史的长河中，是白驹过隙的瞬间，对于宏志班来说，却是不断进取、成就辉煌的长篇画卷。二十年来，挥洒过青春热泪的沃土，而今已遍地开花；二十年来，聆听众位恩师谆谆教诲的学生，而今已飞翔四方；二十年来，走过的风风雨雨，而今已成甜蜜的往昔。一批又一批的学子，怀着希望而来，在这片土地上，洒下汗水，留下欢笑，付出努力，获得成长，最终渴望着搏击苍穹、乘风破浪。多少个日夜，他们刻苦奋斗，终有雄鹰展翅振飞的力量，可以去更广袤的天空翱翔；多少个日夜，他们无所畏惧，终能驶向更辽阔的海域，挑战惊涛骇浪……

现如今，回首往昔，在宏志班的生活仿佛就在昨日，我们在课堂上头脑风暴、操场上挥洒汗水、在体育场上激扬青春，离开二十二中越久，记忆里母校的风越显温柔。我永远怀念2018年的夏天，怀念那群曾一起并肩作战的人，怀念毕业合照时大家嘴角扬起的弧度，怀念那走过无数次的白色瓷砖和抚摸过无数次的蓝色课桌。

不久，我也将大学毕业进入社会，告别自己的最美好的学生时光，但不管经过多久，二十二中宏志班所带给我的、教会我的，始终在心底里永不褪色且一生受用。

◆池天雨：

我与二十二中的故事始于 2018 年的金秋，终于 2021 年的盛夏。我非常有幸能在二十二中宏志班就读三年，与数十位同学、恩师相识。9 月我重返校园时，目之所及，皆是回忆，心之所向，皆是过往。转眼三年已经过去，终要别离，纵然万般不舍，也要笑着再见。一路走来我一直在成长，拼搏过也迷茫过，成功过也失败过，有过欢笑也有过泪水。二十二中"立志、勤奋、质朴、文明"的校训早已铭记在心，二十二中教育工作者辛勤耕耘育英才的一幕幕我都不会忘记，二十二中的宏志教育理念也将温暖我一生。

饮水思其源，学成念吾师。在母校宏志教育特色办学 20 周年之际，我谨以此文感谢我的母校，感谢所有帮助过我的恩师！

我的家庭条件较差，但我在二十二中这个大家庭并没有感受到歧视，而是无尽的温暖。这就是我对宏志办学最直观的感受！

进入高中时，我的入学排名为年级第 62 名。在宏志教育理念的影响下，我树立信心，坚定理想，通过高一一年的学习，我在期末考试中取得年级第三名的成绩，并一直保持在了年级前列。成绩如此突飞猛进，除我个人的努力，更重要的是二十二中的教学环境、学习氛围和老师们的辛苦付出。

在此，我要特别感谢我的班主任石焱老师，以及其他任课教师张尔钢老师、王荣善老师、鲁露老师、王进老师、姚卫国老师。

石老师是一位严厉中透露慈爱的班主任，他一向严格要求，以身作则。他要求我们每日 7 点整到校早读，而同学们到校时，总能在班级看到他的身影，三年如一日，难能可贵。他充分关心每位学生的思想变化和学习状态，总能在最关键的时候给予我们帮助和指导。我还记得，我在去年 9 月学习态度出现了问题，逃避难题，抄袭作业，化学成绩严重下滑。他立刻对我进行了严厉批评，使我醒悟到高考迫在眉睫，不能懈怠。此后我迅速恢复了状态，抓紧时间，积极备考。他不仅传授知识，而且教我们做人。他告诫我们，现在拿着国家的助学金，不要觉得理所当然，一定要成为爱党爱国、正直善良、有志气、有作为的人，将来回报社会。

除了我的任课老师外，我更为感谢那些对我有莫大帮助的非任课老师。感谢他们在二十二中与我相识、相伴，每当我有疑难问题向他们请教时，他们总是用休息时间为我解疑释惑，甚至耽误了吃饭、下班。我深深地感受到二十二中老师高尚的师德，深深地感谢你们：张虹老师、谢霖菁老师、汤伟老师、李蓓老师、吴冬霞老师、吴潇楚老师。张虹老师所带班级曾在我班隔壁，一次，我有一道物理题无法理解，鼓起勇气向她请教。她热情、耐心地为我讲解，我十分感动，因为她并不认识我。我们渐渐熟悉，我经常在晚饭时间、晚自习下课请教她问题，她总是不厌其烦。汤伟老师不但指导我团支书工作，更为注重我的学习。高考前的最后一个晚自习下课，我找到他请教数学题，他为我解答到了 10 点多才回家。重要的是，当晚他纠正了我一个非常基础的错误，双曲线的焦距是 2c 而不是 c，因此我在今年高考数学填空题中得到了宝贵的 5 分。

我还要感谢胡学平校长、办公室王忠主任、宿管聂梅阿姨等所有燃烧自己放飞希望的教育工作者。

感恩我的母校二十二中，感恩我的老师，感恩我的同学！

正是二十二中的宏志教育思想深深打动了我，我才会如此坚定地选择考入师范大学，努力成为一名教师。

滴水之恩当涌泉相报，我一定会继续提升自己，赓续百年初心，担当育人使命，延续这一份责任和温暖，献身教育事业，为社会做出贡献！

◆褚君：

怀着憧憬步入高中的行列，开始自己的追梦之旅，虽充满坎坷，但也有惊喜。

刚来二十二中时，我其实是怀着一颗忐忑的心，四周都是质疑的声音。但我下定决心，要好好努力三年，用成绩来说服众人。我遇到了我可爱的班主任——石焱老师，还有许许多多认真负责的老师——王进老师，鲁露老师……老师们很优秀、很负责，工作一丝不苟，在学习和生活中都给予了我许多帮助，为我拨开迷茫的云雾，为我加油打气建立自信。遇到了活泼可爱的同学，同窗三年，同学们也给我许多鼓励和帮助。

一直以来，我对自己极度不自信，所以我愿意花更多的时间努力。焦虑，烦躁，痛苦……各种负能量塞满了我，我常常哭泣，眼泪总是忍不住地掉下来。我十分感激班主任，他不断地提醒我的闪光点，不断地鼓励我自信。他的话总是触动我心弦，他宽容我的小缺点，激励我不断前行。我永远记得他的话，"要相信自己，要有舍我其谁的自信"。所有的任课老师都认真对待工作，努力将每一个知识点讲清楚、透彻，我们都因此更加努力！很感激，遇到的老师；很有幸，进入二十二中的大家庭。

二十二中是一个充满正能量，积极进步的地方。老师、同学们都在努力奔跑。然而学习的道路不是一帆风顺的，我偶尔会迷茫、失意、想偷懒。内心纠结万分，抬起头环顾四周，发现同学们都在努力追梦，为了自己的梦想拼搏奋斗，看到这一番情景，奋斗的激情再次燃起，同为寒窗苦读，我怎甘人后。我也很感动，曾听同学谈起，在他们失意的时候，我努力的身影也曾鼓舞他们。追梦之路漫漫，我们互相扶持，互相激励，跌跌撞撞但从未停止，感谢可爱的同学们！

刚入学时，我常常后悔，今天离开学校，我的内心充盈温暖，我深爱这个地方，这个教我成长的地方，这个我洒满汗水与泪水的地方。今天离开学校，我的内心满是感激，我感激这三年里所有的成功与失败，感激二十二中的一花一草，感激我抱怨了无数遍的 1 班。今天离开学校，但这三年所有为梦想奋斗的身影留在我的脑海里。这三年我们都尽力奔跑！

新的征程开启，我将秉持着追梦之心继续奔跑。未来不可预料，但未来可期！

◆芮一然：

在大学愈是待得久了，愈是感怀在二十二中的点滴，似一支泄了力的箭矢回望满弓待发的样子。都说高中三年时光快，但忆起来却像藏起了头的线团。

张尔钢老师风趣幽默，敢说敢想又拿得起放得下。现如今，我已很久没有看过书了，我想念阅读课，也想念一起看电影的日子，若不是应试，语文真当是一门享受的科目。王荣善老师的数学课让我习得了重要的学习能力。想起鲁露老师，第一浮现的，是笑容。鲁露老师的英语课有一种女性的包容力，在上了两个月含有地方口音的大学英语课后，我有时会回忆起鲁露老师标准的读音，还有唤醒课堂、鞭策我们的"硬气"的音色。王进老师很喜欢上课，那是一种追求，一丝不苟地讲解每一个知识点。王老师不善言辞，他对学术的严谨态度以及过硬的水平真的很让人敬佩。石焱老师是我们班的班主任，三年来发生了很多事情，我想每一个人都有自己与石老师专属的记忆，很荣幸我曾是石老师带过的学生，也可能是最后一届以班主任的身份带过的学生。石老师为人低调，十分尊重学生自己的看法，将每个学生看作一个独立的个体，能做到这一点的老师真的很不容易，这是一种奉献，也是石老师常说的当老师的职责和操守。姚卫国老师曾说过，可能大家会忘了生物课教授的生物知识，但还会记得姚老师说过的话。的确如此，我还记得姚老师说过的几个小故事，在高三的时候，尽管偶有反感其唠叨，但也确实带来了一些动力。那些住宿的时光，宿管爷爷、宿管阿姨、小胡子宿管，还有每天早晨的起床音乐，学校大门前的过桥、水里的鲤鱼、元旦会演、文化周、机器人竞赛、广播体操比赛等都令人难忘。那些早晨的悸动、深夜的奋斗，都在二十二中留下了印记，也在我的记忆里刻下了痕迹。二十二中给我的也伴随着我一同进入了大学校园，在某个角落书写着二十二中人的续集。

◆夏梦凡：

2018 年的夏天，我结束了中考，中考成绩是初中三年考得最好的一次，但我因为担心跟不上实验班的学习而选择了二十二中的宏志班。转眼三年过去，我觉得当初的选择没有错，感谢二十二中宏志班在三年间教会我的一切。

当我打下这些字的时候已经身处大学里了，说实话，虽然高考失利了，但我并没有抱怨学校的一切，我敢说宏志班的老师们都特别认真负责，特别是我的班主任石焱老师！我的班主任每天早上7点到班督促学生早自习，坚持了三年，风雨无阻，所有的作业几乎都改，而且是认真地改，会汇总学生们错的较多的题目统一解答。只有脱离了一个环境之后，才能体会到之前一个环境真正的价值。拿班主任每天要求学生7点到班来讲，作为一名学生，起大早到教室上自习，大家多多少少会有点不乐意，有时会觉得很烦；现在我是一名大学生，脱离了高中的那个环境，偶尔想起高中的某些片段，真的蛮怀念的，就连令人讨厌的早自习都变得可爱与向往了起来。

高中三年，我是住宿生，在二十二中三年的住宿经历让我成长了很多，让我大学的住宿生活变得容易了起来。高中生活真的很美好！每天只需要学习，放学了就冲到食堂吃饭，想念二十二中食堂里的饭菜了！

2021年，我参加了高考。二十二中这一届考得还不错，虽然我没考好，但我为母校感到自豪。来这里的一些人虽然初中基础不好，但并没有放弃，二十二中的老师们也没有放弃，大家都一起等待着一个奇迹，一个努力过后收获的果实，终于在2021年的高考喜报中到来，达线人数创近几年新高。

遗憾既然已经存在，那么我们就要带着遗憾去奔赴更好的未来。在这里我想跟学弟学妹们说，特别是想对现在的高三生说，我知道你们很累，但请再坚持坚持，结果不会让你们失望的。要在适当的时候放松放松，别给自己太大压力。但也不要抱侥幸心理偷懒哦！有时成败真的就在那一刹那！我还想对一小部分担心考不好的同学说，适当焦虑是正常的，但必须是适当！学姐我就没考好，现在不也照样过得好好的。那些焦虑过头的同学想想源头的后果自己是否能接受，若能接受，其实就能解决一大半的焦虑情绪了，想好退路才能毫无负担地勇往直前！你们的名字那么好听，一定要出现在录取通知书上面哦！

最后，感谢二十二中三年来对我的教育与指导，我很荣幸作为宏志生在二十二中毕业，我现在还没什么能力为母校做点什么，那就祝福母校二十二中的宏志班越办越强，宏志精神被宣传得越来越广泛，期待母校创造的下一个奇迹！

◆陈夏暑：

选择了传媒艺术，大概是我今生最美丽的选择。

还记得那个平凡的午后，一张介绍传媒艺考的宣传单子来到了我的面前。当同学们欢笑打闹着将纸张折成纸飞机时，我未曾想过在未来，会真正乘着这艘希望之舟去往远方。

打小我就是个偏科的孩子，数学学科相当薄弱，不好看的分数一度是浮在心头的一片阴云。当我拿着宣传单子兴冲冲地叩开班主任办公室的门时，老师好像知道我要问什么一样，微笑着看着我。

老师很赞成我去学习编导专业，鼓励我将自身的长处发挥到极致。于是，我有些懵懵懂懂地踏上了这条未知而美丽的道路。身边的恩师和好友们都是温柔的人，她们给予了我极大的慰藉和鼓励。语文老师鼓励我在校刊上投稿，锻炼写作。历史老师和我谈心时，对我的艺术专业前景很是看好，我们会一起聊歌剧和电影等，引导我对专业更加充满学习的兴趣。

在外艺术求学的日子好似离家的游子一般，去外地漂泊，去提前感知世界和社会光鲜亮丽的表象和骨感暗面。有欢笑，有泪水，有时我也会暗暗怀念起在二十二中班级里的大家，他们会在这时候做些什么，感知到什么呢？既定的道路虽有了一些不同，但我们的未来实际上殊途同归。成堆的试卷和习题，只是写下的文字逐渐可以称之为"热爱"和"理想"。

电影教会了我如何去度过漫长岁月。痴迷于镜头的语法，光影胶片印刻的永恒。艺考集训的时光短暂而充实，我第一次理解了热爱和投身于理想的快乐。志同道合的小伙伴，极富魅力的专业课老师，没日没夜的即兴评述。

艺术的道路上，我渐渐因为距离远离了昔日的友人，但我们的友谊从未被时间冲淡。我的心可以每天开出一朵花，已经能深刻理解，不是形影不离才是好朋友，才是恩爱有加的恋人，我们可以有自己的爱好和事业，不在一起的时候，认真做手头的事，在一起的时候，开心地说说心里话。在班级里的短暂时光里，朋友们很热情地询问我的艺考生活和在外求学的经历，他们有的怀着诚挚的祝福，有的眼神中也流露出对艺术道路的未知的向往。

该奋斗的年纪就该拼个昏天黑地，方才不负美好韶光。

那种吃苦也似享乐式的人生，便叫青春吧。在外来的新风吹拂下，我终于在自身的努力拼搏中，用名为"梦想"的心使得花朵绽放，这一切的一切，令我感铭于心。

高考的战场硝烟渐渐散去，离开母校后，滚烫的逐梦感和激情也随时间渐渐褪色。我不知道在未来的某一天，还能不能没有删节地想起在二十二中度过的漫长岁月，在新的关怀与被关怀之间，我是否还能容身进来。但这份回忆的情感在我心里永远不会腐烂，它将是我今生最美丽的储藏。

其实每一个选择，在当时都已经是最好的。高中时期的我们，对自己与外部世界的探索仅是刚刚开始，人的自我需要在与世界不断碰撞后才能慢慢清晰。现在的自己，学会了随遇而安地生活。读我真正想读的书，想我愿意想起的事。被沉重的事情所打击，也被微小的烦恼所困惑，生活密布的细刺，将我磨得粗糙而平静。

趁年轻，只要想要改变，一切都来得及！与二十二中邂逅的记忆是一个美丽的长梦，在这里我放飞过梦想，拼搏过人生，流下最纯粹的泪水。我深知，我是一只迟迟不肯飞去的蝉，留在树上的是我的蝉蜕，我金黄而脆弱的过去依然在阳光里，温柔无比。

◆袁宏：

在二十二中生活了三年，遇到了一群可爱的人，如今，我在大学的校园里回忆往昔，那段日子历历在目，依然能感觉到那时的温度。

我记得那年夏天刚踏入母校，看到认识的小伙伴在一起开心地打闹，对新环境的好奇与兴奋好像一定要用语言来表达才最生动，那时候我们几个你一言我一语就选择了文科；我犹记第一次见到各位老师的时候，他们或长或短，或严肃或温柔的自我介绍，我把它们都记在了课本上，永远都能翻到。我记得那时的早读课上班主任总是悄无声息地来看看，有时候在教室里，有时候在窗户边，有时候看到的只是背影；我记得课堂上老师们的声如洪钟、娓娓道来、温声慢语、幽默话语，以及黑板上满满的板书，有的遒劲，有的优美；我记得课下缠着老师问题目，老师没有因为我们占用他们的个人时间而不满，听不懂的就不厌其烦地讲解，像园丁在呵护他的花朵，他们也在护着我们成长；我记得晚上在宿管阿姨那儿自习，有时候我们学得晚了，到阿姨休息的时间了，她也不进来，她总是和我们说，你们想学到什么时候就学到什么时候……

这三年，从初时的懵懂到后来为高考而忙碌，很多不曾细细体会，但当我走过去再回头，却温暖得让我热泪盈眶。

教室一边的尽头，围墙外是一栋栋高楼的从无到有，我们刚入高一的时候老师就说，日子过得很快，等这几栋楼建好了，你们也就毕业了。高三那年，时间紧了，每个早晨我们总爱去那边对着围墙背书，从微光点点到太阳渐渐出来。后来，高楼拔地起，我们也到了离别的时刻。教室另一边的尽头是操场，高一体育课的时候我们一起玩过游戏，测长跑的时候跑得腿软，运动会的时候加油声直击耳膜，最后的毕业照也是在那里拍摄的。

在学校里，有老师对学生的关切，有长辈对晚辈的操心与牵挂，有我们的奋笔疾书，还有老师在黑板上、在草稿纸上的振笔疾书，有我们每一个努力的样子，还有每一次包含着热忱的答疑解惑。我们带着满满的祝福离开了，感谢母校和恩师的托举。时值宏志教育二十年，祝愿母校更加辉煌美好，祝愿老师们顺心如意，希望学弟学妹们在这段美好的时光里勇往直前！

◆徐雪颖：

十年树木，百年树人。宏志教育二十年，立德树人满成荫。

三年的日子眨眼间过去了，如同轻烟一般，被微风吹散了。但久久不能忘怀的是那份母校情。

我的母校——马鞍山市第二十二中学是马鞍山市四所省示范高中之一。三年前，中考成绩出来后，我陷入了选择之中，最后通过深刻的了解，最终以提前批次进入马鞍山市二十二中宏志3班。当我怀抱着忐忑的心情踏入校园后，看到学校里"小桥流水人家""斜阳草树""芳草如茵"的环境，一种轻松、愉悦感油然而生。

在高中三年的学习过程中，我遇到了认真负责、立德树人的老师们，他们每个人都有自己的教学特色，给枯燥的学习生活增添了一抹亮色。虽然我离开了朝夕相处的老师们，但老师们对我的这份恩、这片情，让我永生难忘。难忘可爱活泼的同窗们，给我机会让我加入了班干部行列，使我充分发挥自己的能力，为班级、学校服务，一次又一次地超越了自我。

一天中最宝贵的时间就是早晨，早读的时间是从 7:00 到 7:40，在这段时间里我调整自己进入学习状态，记忆英语常用句式和文综知识，为以后打下坚实的基础。在母校的最快乐的日子就是午饭的时候，放学铃一响大家争先恐后地奔向食堂，这个时候你会发现在排队等待时，有些同学手中捧着一个小本子，里面记着笔记，是因为老师说用碎片化的时间去记忆是最有效的记忆方法，于是大家便在空闲的时候纷纷采纳。午饭后就是午间静校时间，有些同学陷入了午休，为下午听课做准备，有些人同学选择刷题看书，这种安静的氛围使休息和学习的人得到了更多的好处。美丽的校园，在安静的环境下显得一派祥和。

我们微笑着在校园的林荫小路下散步，撒下最欢乐的时光，当我们离开校园的那一刻，再让我们回首以前走过的路，剩下的是眷恋不舍，还有未虚度年华的自豪和对美好未来的憧憬。

在母校的三年生活中，我经历了痛苦与焦虑，最终也收获了快乐、果实与充足。时光荏苒，岁月如梭。如果说相聚是因为缘分，那离别是为了重逢。

我相信，母校一定会越来越好。希望同窗们"少年不惧岁月长，彼方尚有荣光在"。祝学弟学妹们高考顺利！多年后，你我顶峰相见！

◆李继玲：

我是来自原高三（5）班的李继玲，很荣幸能在"纪念宏志教育 20 周年"征文活动中表达我对母校的感谢。母校是我学习、生活了三年的地方。记得刚踏进校园时，父母帮我将行李送到宿舍后就离开了。从此，宿舍、教室、食堂，三点一线的生活开始了，可是我一个人也不认识，而就在那时，我结识了我的好朋友。

记得我在烈日下排队充饭卡，忽然投下一片阴影，我抬头看见了一把伞在为我遮挡太阳，回头时，是一个女孩儿灿烂的笑容。"今天好热哦，你撑一下……"询问姓名才知是同班同学，之后的课间、教室、宿舍，我们无时无刻不在一起，感谢母校，让我拥有这么志同道合的朋友。虽然之后因文理分科我被分到了隔壁理科班，但我们依然有时间就见面。即使到了高考冲刺阶段，只要我们一见面，还是会互相鼓励对方，好好学习，一起考大学！

进入理科班后，我感受到前所未有的竞争压力，同学们在学习上铆足干劲，你追我赶，老师也很认真负责地教学。我们的班主任是一名优秀的数学老师。他平时不怒自威，大家既害怕又敬重他。但他也爱开些小玩笑来活跃课堂氛围，是个负责任的好老师。记得在高二下学期，他身体出了点小毛病，在做手术前两天还在给我们讲课，做完手术一个星期后就赶回来给我们上课。他说，课不能多耽误。我觉得他像个操碎心的老父亲，教导我们成才。感谢母校让我拥有一位这么认真负责的班主任！

疫情无情，校园有情。一场突如其来的新冠疫情，不仅影响了原来热闹的春节，也影响了各学校的正常开学。在二十二中党总支的号召下学校开设了"宏志教育空中课堂"，利用网络组织全体学生在家在线学习，一场来自学校的抗击疫情战斗就此打响。胡学平校长带头示范，老师们纷纷注册登录认证，开设以"教师姓名＋学科"为直播间名称的空中课堂。我们在疫情期间在享受家庭温暖生活的同时也能踏实学习，让我们在疫情肆虐期间停课不停学！

这一个个人，一件件事，让我感受到了母校如家般的温暖和关怀。感谢母校让我拥有了志同道合的朋友，感谢母校，让我拥有了认真负责的好老师，感谢母校的无私奉献。愿母校越来越好，永驻辉煌！

三、历届宏志学子名录（部分）

第1届（2002级）高中宏志生名单

01 赵　文	02 姜丹妮	03 陈　寅	04 李　想	05 谷芳芳
06 张发宝	07 余益天	08 花常琪	09 刘　松	10 濮　雄
11 王　峰	12 贾　鹏	13 高　南	14 赵志洋	15 欧婵娟
16 韦　艳	17 来李慧	18 辛蓓蓓	19 纪　蓉	20 王　静
21 王　荣	22 席维娟			

第2届（2003级）高中宏志生名单

01 陶晶晶	02 王　倩	03 沈政卿	04 张洪燕	05 姜　捷
06 谷　慧	07 许　彪	08 郝忠原	09 王　媛	10 汪　彬
11 叶丽文	12 徐宗柳	13 俞　雪	14 李　盛	15 郭振东
16 蔡泽华	17 魏兴星	18 伍　文	19 宣宗果	20 陆　康

第3届（2004级）高中宏志生名单

01 丁　浩	02 季　羽	03 董凌云	04 王　瑷	05 万　磊
06 许明慧	07 刘　佳			

第4届（2005级）高中宏志生名单

01 王莹莹	02 宁丹丹	03 谢　刚	04 张伟伟	05 陈甜甜
06 丁少云	07 高阳敏	08 季　敏	09 曹　阳	10 戴　杰

第5届（2006级）高中宏志生名单

01 王　文	02 陈冬君	03 计昭超

第6届（2007级）高中宏志生名单

01 陶碧云	02 朱子健	03 盛丹丹	04 王　琴	05 张月松
06 杨　婷	07 程恭霞	08 张　庆		

第7届（2008级）高中宏志生名单

01 吴金柱	02 戴婉靖	03 郭玉娟	04 李文静	05 陶志强
06 严　康	07 王海晨	08 潘园园	09 王　方	10 裴善勤

第8届（2009级）高中宏志生名单

01 赵　菁	02 司　冬	03 谢丽媛	04 孙嘉威	05 徐裕欣
06 习　强	07 章晓丹	08 吴　丹	09 张高健	10 倪小路
11 陈太莉	12 陶　然	13 马　丽	14 袁　军	15 闵　敏
16 郑晨宇	17 闫自强	18 章　靖	19 叶添程	20 张　萍
21 吴　婷	22 陶　娟	23 邓小亮	24 郭艺楠	25 陈丹丹
26 徐　祥	27 丁迎春	28 钱媛媛	29 戴　丽	30 章　婷
31 汪嘉鑫	32 陈继军	33 陈旭琴	34 宋　曼	35 陈兴睿
36 印治勤	37 杨浩宇	38 王文霞	39 刘　俊	40 丁　铃

第9届（2010级）高中宏志生名单

01 吴　雷	02 汪　为	03 朱孟颖	04 王圆圆	05 邵文学
06 舒　婷	07 耿琴琴	08 钱　瑶	09 储恩光	10 孙梁吉
11 邢姝怡	12 汪　敏	13 刘　龙	14 龙伟强	15 秦洪刚
16 毕亚琴	17 钱　玮	18 方静静	19 沙晓宇	20 胡　红
21 刘　萍	22 刘　娟	23 李一凡	24 孙　蕾	25 吴开金
26 傅朝林	27 苏　欣	28 王　琪	29 马寅前	30 李　茹

第10届（2011级）高中宏志生名单

01 王　勇	02 霍　然	03 芮正玉	04 钱开峰	05 李文娟
06 杨　彤	07 葛　蓉	08 宋华剑	09 丁　晨	10 夏　宇
11 张东平	12 邢俊岭	13 汤　星	14 吴　穷	15 杨成成
16 张元洁	17 陈郑文	18 陈慧敏	19 徐正珍	20 邹　毅

21金 睿　22夏 蔓　23叶 海　24耿伟华　25戴剑波
26张真东　27凌 蓉

第11届（2012级）高中宏志生名单

01张 欢　02许园园　03陈张露　04周 涛　05黄 敏
06陶 争　07郑碧峰　08姚龙仁　09朱 艳　10俞春新
11贺万祥　12徐 岚　13谷 雨　14周静静　15袁亮亮
16汤 健　17周 立　18高 卫　19王雪梅　20刘 茜
21蒯兴莉　22王巧辰　23李 涛　24孙紫航　25吴兴强
26李明文　27陈佳丽　28陶博文　29狄玉伟　30陈也能
31韩 茹　32陶默妍　33陈新培　34谢志康　35郭孝坤
36徐 彧　37陈 吴　38吴子强　39邹钱林　40施大华
41栾荣荣　42徐子未　43许德强　44徐蒙恩　45赵和意
46黄昌军　47方夕伟　48谢润智　49周 晨　50陈慧敏
51张 林　52张世满　53谢正霞

第12届（2013级）高中宏志生名单

01文鹏飞　02周 蓉　03杨文慧　04吴 静　05周睿虎
06张益国　07王非凡　08卫 萌　09韦 强　10赵陈磊
11于 亮　12章 伟　13姜 琴　14季 蔚　15李祥婷
16张好芸　17许齐纯　18陶明雨　19张婷婷　20李道婷
21汪芙蓉　22吴坤斌　23张 莹　24唐 杰　25尹昌燕
26邹 帅　27秦含笑　28迟 鹏　29柳杜鹃　30吴欢欢
31许 鑫　32石 涛　33吴 艳　34杨红雨　35王 晶
36陈安德　37迟道飞　38周 媛　39胡宜梅　40杨 明
41徐 甜　42夏业凤　43卫仁珍　44尹彩霞　45汪显文
46张良曦　47马 洋　48曹萍萍　49干桂玲　50姚小飞

51 张厚敏　　52 陶　曜

第13届（2014级）高中宏志生名单

01 张志明	02 刘　芮	03 翟呈澄	04 邵念晨	05 汪爱莲
06 程庭宏	07 张　敏	08 李辛雨	09 史　清	10 王　慧
11 张玉伶	12 韩文妮	13 陶美菱	14 黄丽娟	15 后　雯
16 孙　慧	17 唐菊红	18 张千河	19 姚婉君	20 宋维扬
21 王欢欢	22 王梦悦	23 刘　雅	24 戴泽超	25 魏文倩
26 裴晶晶	27 陶倩倩	28 许振宇	29 唐露露	30 程璐璐
31 季京京	32 石贤聪	33 朱星星	34 刘明阳	35 朱书雅
36 徐　怡	37 吴　健	38 杨　帆	39 杜君瑶	40 刘康靖
41 郭志浩	42 汪雅慧	43 周晨露	44 王宇航	45 秦　瑶
46 李馨雨	47 钱嘉琪	48 张力源	49 吴　晨	50 金　玥
51 陈晓净	52 张尚雪	53 汤　敏	54 刘　安	55 吴　昊

第14届（2015级）高中宏志生名单

01 高　妍	02 刘伊凡	03 车清华	04 杨　昊	05 秦立昊
06 杨　帆	07 胡天鸿	08 高天全	09 戴文俐	10 文泽远
11 曹　峰	12 孙　静	13 卞承欢	14 何　璐	15 李梦瑶
16 刘家翔	17 刘培朕	18 焦梦芸	19 王静茹	20 周　琦
21 娄曼晴	22 汪　洋	23 洪雨晨	24 陶羽洁	25 于　震
26 程　前	27 李宇辰	28 赵博阳	29 张　雨	30 王雨晨
31 李　鑫	32 周吟杰	33 吴露露	34 谢婉蓉	35 彭雨凡
36 冯书昌	37 赵子祥	38 刘　毅	39 吴浩洋	40 夏克珍
41 杨文龙	42 麻　杰	43 王雯珊		

第15届（2016级）高中宏志生名单

01 陈健宇　02 王知远　03 王幸如　04 张婧琪　05 谢　锋

06 徐沁悦　07 鲁瞳彤　08 汪曦璇　09 沈贤阳　10 尹龙欣

11 黄茹玉　12 张　缘　13 丁一鹏　14 刘宇轩　15 倪骏杰

16 陶诗琪　17 高吕健　18 郭安妮　19 孙庆扬　20 李芳媛

21 刘亚明　22 孙丽萍　23 曹雨霖　24 韩　成　25 李泽群

26 马雨琳　27 汪卢静　28 赵振宇　29 黄　媛　30 张雨晨

31 刘海飞　32 周　彤　33 刘欣宇　34 唐以杰　35 袁　宏

36 程　前　37 张小庆　38 戴红如　39 韩　杰

第 16 届（2017 级）高中宏志生名单

01 纪凤靓　02 廖宁娜　03 尹子元　04 童骏杰　05 王羽童

06 张文慧　07 柳天羽　08 陶　谦　09 王海青　10 迟　云

11 徐　欣　12 吴再恩　13 姜既豪　14 朱心如

第 17 届（2018 级）高中宏志生名单

01 胡　咏　02 李成睿　03 葛家乐　04 芮一然　05 徐珊珊

06 冯胤祺　07 朱鑫宇　08 陈柯汝　09 汪佳琪　10 陈曦瑜

11 孙妍雯　12 陈鸿宇　13 邵　璟　14 韩　鹏　15 杨蕴钰

16 范心月　17 王若梅　18 杨　茜　19 谢秋至　20 杨平之

21 夏梦凡　22 印馨雨　23 印　俊　24 陶　鑫　25 林紫媛

26 徐雪颖　27 褚　君　28 程　鹏　29 张晨羽　30 邓永婕

31 朱心蕊　32 刘家梅　33 唐俊豪　34 周小璐　35 刘新阳

36 钱　点　37 杨乐洁　38 施　琦

第 18 届（2019 级）高中宏志生名单

01 孙佳欣　02 许　诺　03 齐诗雅　04 朱清悦　05 王思恬

06 张宝仪　07 金文轩　08 徐香香　09 郦嘉璐　10 刘龙辉

11 朱紫璇	12 程鸣思	13 殷张泰	14 陈 红	15 张智睿
16 李继玲	17 杨心文	18 沈 倩	19 戴 妍	20 邢应果
21 王心怡	22 李雪妍	23 孙峻巍	24 汪光涛	25 周费阳
26 李 畅	27 王 洋	28 卢梦琦	29 丁静仪	30 刘明慧
31 徐 昊	32 谢雨蝶	33 张创虹	34 汤俊杰	

第 19 届（2020 级）高中宏志生名单

01 沐晓婕	02 刘华翔	03 黄建辉	04 程 果	05 汪国彦
06 徐兴涵	07 刘宏羽	08 马欣荣	09 赵欣悦	10 饶景榕
11 王睿文琪	12 周 琪	13 王 慧	14 陈自然	15 王宋毅
16 陆志成	17 陈宝怡	18 杨 璇	19 田浩然	20 陈菲儿
21 王姝朗	22 查鑫蕊	23 计永伦	24 吴雨彤	25 葛文静
26 王璐雨	27 芮 雪	28 金 龙	29 戴雅雯	30 陶 洋
31 管绮雯	32 鲁梦颖	33 麻月琴	34 尹 磊	35 郑 蕊
36 吴文燕	37 童 彤	38 李 媛	39 曹为容	40 席广胜

第 20 届（2021 级）高中宏志生名单

01 陈济楠	02 刘宇昊	03 孙佳凝	04 褚 楚	05 许子豪
06 刘洋洋	07 汪 慧	08 潘颖萱	09 张世奇	10 朱广龙
11 郑锐峰	12 潘思凌	13 王年珏	14 王自立	15 曹 健
16 嵇 睿	17 司乐怡	18 武博文	19 赵之悦	20 张 唱
21 章仁旭	22 张 凡	23 曹元睿	24 黄 磊	25 张文雅
26 盛逸雯	27 邵静涛	28 王天琦	29 王英豪	30 朱欣冉
31 陈浩宇	32 钟其然	33 张欣若	34 杨子豪	35 董若麟

四、历届宏志班班主任名录（部分）

2002 级　李淑玫

2003 级　苏晓平

2004 级	后勇军			
2005 级	季　峰			
2006 级	倪泽燕			
2007 级	后勇军			
2008 级	彭粹明			
2009 级	倪泽燕			
2010 级	张　虹			
2011 级	汪　冰	彭粹明		
2012 级	陈　瑶	金诚岩	倪泽燕	孙东林
2013 级	沈　斌	刘国庆	后勇军	魏志军
2014 级	刘和洪	俞含林	汪　冰	胡明静
2015 级	陈　瑶	金诚岩	孙东林	石　焱
2016 级	张炎平	刘国庆	倪泽燕	李　旭
2017 级	陈　胜	崔序芳	周美华	俞含林
2018 级	金诚岩	陈　瑶	吴　强	石　焱
	孙东林	王　辉		
2019 级	刘国庆	赵培辰	李　旭	张　虹
	刘宝明	吴宜平		
2020 级	陈　胜	崔序芳	张　秀	汪建军
	杨益明	周美华		
2021 级	张　昕	董　成	吴　强	王引德
	陈　瑶	王　辉		

后　记

　　《普通高中育人方式改革的校本探索——宏志教育 20 年回顾》终于完稿了，有一种如释重负的感觉。

　　记得 2012 年宏志班办班 10 周年时，我市教育界一位领导对我们说，可以用适当的方式纪念一下，于是邀请市电视台记者为我校拍了 3 个微视频，统称为《我也可以飞翔》，视频 1 讲述了当时正在我校就读高一的一名宏志生的成长故事，视频 2 讲述了已经毕业的 3 位宏志班学生对母校师长的感激和对学弟学妹的寄语，视频 3 讲述了多年来担任宏志班班主任倪泽艳老师的感人故事。这 3 个视频在师生中都产生了积极的影响。

　　又是 10 年过去了，学校已经易址办学，条件也大为改善，宏志班的办学规模和办班方式都发生了很大的变化。

　　这 10 年，我们在全校师生中大力弘扬"六个特别"的宏志精神，营造积极向上的宏志文化，专门研究宏志教育育人方式的省级课题"普通高中实施'学生成长导师制'的实践与探索"、市级课题"高中宏志生心理健康状况分析及心理干预策略研究"、市级课题"普通高中'宏志教育'的特色构建与实践探索"、省级课题"线上线下立体融合开展高中宏志教育的实践与探究"相续结题或即将结题，研究成果在省内外产生了广泛而深远的影响。

　　这 10 年，我们大力推进课堂教学改革，从翻转课堂到智慧课堂和空中课堂，从宏志讲坛再到宏志教育叶连平课堂，教师们都主动学习、积极参与，先实践再总结，一大批课例在国赛、省赛和市赛中获奖，不少课例荣获部级优课、省级优课，不少论文公开发表或获奖，兄弟学校领导和教师先后来我校交流累计超过1万人次，我校不少教师也应邀在各类论坛上交流分享。

这10年，中央电视台新闻频道先后两次报道宏志班办学和学生活动，省、市电视台10多次报道我校宏志教育、学生成长导师制、翻转课堂、教育信息化、集体家访、宏志讲坛（叶连平课堂）、党史学习教育成果；《中国教育报》《德育报》《中国财经报》和省市媒体也先后多次报道推广；我校被教育部确定为"普通高中化学学科安徽教研基地实验校"。

基于此，我们就有了把宏志教育20年特别是近10年的办学历程用文字记录下来的想法。这里我们要感谢全体师生，学校取得的每一项成绩都与大家的共同努力分不开，宏志教育要进一步发扬光大依然离不开大家的接力奋斗。我们还要感谢市教育局几任领导对我校宏志教育的关心和支持。

衷心感谢江西教育出版社主编夏荣华、编辑冯会珍的热情支持，使本书以最快的速度和读者见面。他们的鼓励和鞭策是推动本书编撰工作的动力。

育人方式探索永无止境，我们会不断努力。